经济结构的历史性变迁与战略性调整

——兼论21世纪初叶江苏经济发展的主线

吴先满 主编

人民出版社

策划编辑:李春生
责任编辑:李　赟
装帧设计:肖　辉

图书在版编目(CIP)数据

经济结构的历史性变迁与战略性调整——兼论21世纪初叶江苏经济发展的主线/吴先满主编.
-北京:人 民 出 版 社,2003.9
ISBN 7-01-004016-8

Ⅰ.经…　Ⅱ.吴…　Ⅲ.经济结构-调整-研究-江苏省
Ⅳ.F127.53

中国版本图书馆CIP数据核字(2003)第080421号

经济结构的历史性变迁与战略性调整
——兼论21世纪初叶江苏经济发展的主线
JINGJI JIEGOU DE LISHIXING BIANQIAN YU ZHANLUEXING TIAOZHENG

吴先满　主编

人民出版社 出版发行
(100706　北京朝阳门内大街166号)

北京新魏印刷厂印刷　新华书店经销

2003年9月第1版　2003年9月北京第1次印刷
开本:850毫米×1168毫米 1/32　印张:12.25
字数:287千字　印数:1-5,000册

ISBN 7-01-004016-8　定价:22.50元

邮购地址 100706　北京朝阳门内大街166号
人民东方图书销售中心　电话 (010)65250042　65289539

前　言

人类社会的经济发展不仅表现为经济的持续增长，而且表现为经济持续增长中的结构调整与变迁。经济结构的调整、变迁，给予人类社会经济生活以广泛而深刻的影响。伴随人均收入水平的提高，特别是进入工业化社会后，结构调整的力度加大，结构变迁的节奏加快。世纪转换期，中国经济发展进入中期工业化阶段，又面临着入世后经济进一步走向全球化、市场化和信息化的机遇，结构变迁无疑增添了新的动力和内容，结构调整的任务变得更加紧迫而又繁重。中国经济已到了必须通过结构调整才能促进发展的阶段，正由于此，结构调整与变迁的问题得到了理论界和实际工作部门从未有过的广泛关注与重视。国家“十五”计划把结构调整作为新世纪初叶中国经济发展的主线，党的十六大在提出全面建设小康社会奋斗目标时确立新型工业化战略，把结构调整作为关系经济长远发展的全局性的重大战略问题来抓。为了贯彻中央的战略部署，江苏也把结构调整作为新世纪新阶段富民强省、全面建设小康社会和率先基本实现现代化的重大战略问题加以对待。无论是从全国还是从江苏来看，当前和今后一个时期，加快改革开放与发展步伐，加强体制制度与管理、技术创新力度，以加紧推进经济结构的战略性调整，实现经济结构新的变迁与跃升，业已成为全面建设小康社会和基本实现现代化的必由之路。

鉴于结构调整问题的重要性，江苏省哲学社会科学研究“十五”规划把“江苏经济结构战略性调整研究”作为重点工程项目之一招标立项，江苏省社会科学院的经济研究所和信息研究所也分别于2001年和2002年将此问题的研究作为本所的重点课题来抓。本书即作为本课题研究的最终成果，具有双重性质，它既是江苏省“十五”社科规划同名称重点工程项目的最终成果，同时又是江苏省社科院经济所2001年度和信息所2002年度同名称重点课题的最终成果。

显然，这是一个难度很大的课题，需要理论界和实际工作部门的协作攻关。为高质量地完成本课题研究任务，我们除了吸收江苏省社科院信息所、经济所、农发所、中科院南京分院地理所的一些研究人员以及南京农业大学经贸学院我的三个研究生以外，还邀请江苏省发展计划委员会、江苏省经济贸易委员会、江苏省统计局、江苏省农村经济社会调查局、江苏省信息中心等一批实际工作部门的同志参加，组成力量精干的课题组，由我负责牵头总主持，朱晓明同志为副组长，并由我和胡健生、刘光平等同志分别担任主课题产业结构调整，子课题农村结构调整、工业结构调整和服务业加快发展等有关专门课题的负责人。两年来，课题组全体同志精诚合作，按照课题实施计划，收集阅研了一大批文献资料，分赴江苏省内苏南、苏中、苏北地区进行实地调查，开展课题组内部的研商、切磋，齐心协力，形成成果。应该说，本书是课题组全体同志共同劳动之成果，集体智慧之结晶。本课题（本书）研究的基本思路、框架结构与逻辑体系，最初由我设计提出，后经课题组同志讨论而具体化。本书研究对象是江苏经济结构的历史性变迁与战略性调整，研究内容分总体研究和专题研究两大部分，包括导论、上、中、下篇共13章。导论即第一章着眼于从总体上研究江苏经济结构的历史性变迁和战略性调整，为课题研究总报告；上篇即第二章至第五章，集中研究江苏产业结构的变迁与调整；中篇即第六章至第八章，集中研究江苏城乡与区域结构的变迁与调整；下篇即第九章至第十三章，集中研究结构调整的支持基础与条件。课题研究内容在时间上大体涵盖20世纪下半叶特别是改革开放以后至新世纪最新的10～20年。本书各章初稿执笔分工如下：第一章，吴先满；第二章，吴先满、朱晓明、陈雯、左莉、罗诚、刘兆德；第三章，刘光平、徐志明、周和生、蒋书明；第四章，胡健生、姚晓霞、陈涵；第五章，吴先满、彭金智、林康、张震、贾薪；第六章，朱晓明、陈雯、王志宪；第七章，刘兴远、徐华；第八章，汪海、陈涵、刁化功；第九章，潘宪生、程友华；第十章，丁云芬；第十一章，黎开颜；第十二章，方维慰；第十三章，肖平。初稿形成后，由我提出修改意见，反馈给作者本人修改，刘光平、胡健生同志分别对第三、四章进行初审修改，其余各章由我初审修改，全书最后由我负责总纂、修改、定稿。芮从东同志参与了本课题研究提纲的讨论，发表了宝贵意见。符明荣同志参加了本课题调查，许晨同志提供资料帮助。总体说来，对照原课题申报书（本课题列入省“十五”社科规划的内容只包括产业结构调整主课题以及农业结构调整、工业结构优化升级和服务业加快发展3个子课题），本课题可以说是超额完成了任务。

本课题的调查与研究，得到了江苏省哲学社会科学规划办公室，江苏省社会科学院及其科研处、信息研究所、经济研究所、农村发展研究所，江苏省发展计划委员会、江苏省经济贸易委员会、江苏省统计局、江苏省农村经济社会调查局、江苏省信息中心，中科院南京分院地理所、南京农业大学经贸学院，以及徐州、连云港、扬州、南通、苏州、无锡市人民政府及其办公室（研究室）的大力帮助和支持，得到了本课题顾问、江苏省社科院经济所原所长沈立人研究员的热情关心和指导，在此我们表示衷心的感谢！陈涵同志协助我开展本课题联络，肖平、方维慰、师文等同志协助我打印文稿，特别是人民出版社经济编辑室李春生主任以及责任编辑李赟同志为本书的出版问世付出了辛勤劳动，这里我们也一并致以谢忱！

经济结构历史性变迁和战略性调整，涉及的问题广泛、深刻，研究的任务繁重、艰深，需要作出持续性的攻坚努力。我们的这项成果是一个开头，意在与社会合作，共同为深化这一问题的研究贡献力量。限于时间和水平，本书的不足之处在所难免，敬请广大读者批评、指正！

吴先满

2003年1月18日于南京

目　录

导　论

上　篇

中　篇

下　篇

导　论

第一章 经济结构的历史性变迁与战略性调整

——兼论21世纪初叶江苏经济发展的主线

本课题的主要任务是研究21世纪初叶江苏经济发展的主线，即江苏经济结构的历史性变迁与战略性调整。为此，我们需要从总体和局部的结合上进行分析研究。在对主题作局部的具体分析之前，我们首先对主题作总体的概括性的研究。

第一节 经济结构的深刻内涵

经济结构是人类社会经济生活中的一种极为多元复杂的社会经济现象，自身蕴含着极为深刻丰富的内涵。对于经济结构，国内外经济学理论作出了长期持续而卓有成效的研究，形成了不少文献成果；实际工作部门也给予了持续关注，并采取不少的政策措施予以推进，亦收到积极的社会经济效果，但这样的理论研究和实践探索并没有穷尽，也不会穷尽，将始终伴随人类社会经济发展的全过程。

马克思主义经济理论坚持以辩证唯物主义和历史唯物主义的方法，剖析人类社会的经济结构，赋予经济结构最为广泛、深刻的内涵，以形成完整精辟的经济结构理论。以马克思主义经济结构理论看，这一理论大体是从以下几个角度或层面来研究经济结构的：第一是从生产力的角度研究经济结构，包括对生产过程的劳动者、劳动资料与劳动对象的结构分析，对生产过程的劳动力、资本、土地与管理、技术的结构分析，对社会科技进步、技术创新、生产过程的技术构成与资本有机构成的分析等。第二是从生产再生产的角度研究经济结构，包括社会分工、社会再生产的两大部类及其相关的产业经济分析等。第三是从生产关系的角度研究经济结构，包括经济基础的理论概括与所有制财产制度、生产再生产过程各环节经济关系的分析等。第四是从生产力与生产关系、经济基础与上层建筑相统一的角度研究经济结构，诸如社会生产方式、社会形态与结构、社会形态与社会经济形态的运动与更替等。马克思主义经济理论不仅对经济结构研究的视野广阔，而且其研究的出发点与方法也是辩证的、历史的和唯物主义的。马克思主义理论家历来把人类社会经济发展看作是一个自然的历史过程，因此他们也是从人类社会需要出发，来研究经济结构的变化、演进，把经济结构变迁也视为一个自然的历史过程，人类社会的需要与利益，这是引致经济结构形成与变迁的出发点、动力和归宿。西方经济学理论，从早期的、古典的到新古典的、现当代的，在以供求分析为中心的长期发展过程中也对经济结构进行了有益的分析研究，形成了不少有科学价值的成果与方法，诸如配弟－克拉克定理、重农学派纯产品理论、古典经济学的产业分工学说、新旧制度经济学的制度结构分析、投入产出分析、库茨捏滋与钱纳里、刘易斯等人的经济增长与发展理论以及产业经济学等。与经典马克思主义经济结构理论不同的是，西方经济学理论对经济结构的分析主要致力于经济增长与发展的结构特别是产业经济的结构与动力分析，同时更多地运用现代计量经济分析方法。就在马克思主义经济理论和西方经济学理论发展的同时，20世纪后半叶现代系统论、控制论及其方法与学说迅速形成和发展起来。系统论、控制论最初起源于对自然过程、军事工程等的创新研究，但后来随着科技与社会加速发展、自然科学与社会科学的交叉渗透与混合生长，系统论、控制论的原理与方法也被很多社会科学的专门研究所接受，从而在社会经济运行分析包括对经济结构与体制制度变迁的研究中广泛运用。与马克思主义经济理论和西方经济学对经济结构研究相区别，现代系统论把自然界和人类社会都当作系统，一种包括复杂多元多层结构的巨系统，来进行分析研究，从而也就很自然地从系统论的角度来理解人类社会的经济生活与经济运行。根据现代系统论的原理，现代社会经济系统是一个多维多层的复杂巨系统，其中包括很多子系统，诸如宏观经济系统与微观经济系统、产业经济系统与地区经济系统、政府经济系统与企业经济系统及居民家庭经济系统、经济运行与发展管理的体制制度系统等。无论子系统亦或母系统（大系统），都是一种人工系统，必须适应系统的外部环境变化，再通过系统内部的力量组合与结构调整，以发挥系统的功能与作用。

马克思主义经济结构理论、西方经济学经济结构理论和现代系统论的结构分析方法与理论，为我们分析研究经济结构问题提供了极为丰富的科学的理论依据与方法论基础，是我们开展此项研究工作锐利的思想理论武器，我们在此项研究中将予以结合运用之。

经济结构丰富、深刻的内涵，提醒人们在认识和对待经济结构问题时不应简单化、浅层化。但是另一方面，也正因为经济结构的内容广泛、丰富、深刻，这就要求理论研究不应包罗万象，面面俱到；实际工作更要有所选择，突出重点，以便在一个相对有限的时间和空间范围内，充分发挥理论工作者和实际工作者的有限的精力和智慧，寻求突破，实现创新，取得成效。正因为如此，2000 年 10 月，中共中央在《关于制定国民经济和社会发展第十个五年计划的建议》中，强调提出了经济结构战略性调整的任务，突出了产业结构调整、城乡结构调整和区域结构调整。① 据此，2001年3月九届全国人大批准实施的国家“十五”计划纲要，在关于经济结构战略性调整中，强调提出抓好产业结构、城乡结构和区域结构的调整。② 根据中央的统一战略部署与要求，结合江苏省情，中共江苏省委关于制定“十五”计划的建议和江苏省“十五”计划纲要，也都把产业结构、城乡结构和区域结构的调整作为经济结构战略性调整的主要任务来抓。③

基于以上的种种考虑，本课题在研究江苏经济结构的历史性变迁和战略性调整时，我们主要是从产业结构、城乡结构和区域结构上来理解和把握经济结构，从产业结构、城乡结构和区域结构上展开对主题的分析研究，与此同时，对促进经济结构战略性调整的若干基础与条件进行一些必要的分析探讨。这便构成了本课题的分析研究架构，也是本书的理论逻辑框架。

应该说，经济结构的这些主要内容并不是彼此孤立的存在，它们之间实际上是相互结合、紧密关联、互为影响、互动互进的。经济结构的形成与发展，首先是指产业结构的形成与发展。经济理论揭示了一个既浅亦深的规律或原理，即人类社会的需要与利益的满足，是社会生产形成与发展的出发点、动力和归宿，也是产业结构形成与演进的出发点、动力和归宿。人类社会成员生活提出了种种的社会需要，吃穿住用行，物质与精神，纷繁复杂多变，这些社会需要均要由具体的物质产品和服务活动满足，

---

① 参见《中共中央关于制定国民经济和社会发展第十个五年计划的建议》，《人民日报》2000年10月19日。

② 参见《中华人民共和国国民经济和社会发展第十个五年计划纲要》，《经济日报》2001年3月18日。

③ 参见《中共江苏省委关于制定江苏省国民经济和社会发展第十个五年计划的建议》，《新华日报》2000年11月6日；《江苏省国民经济和社会发展第十个五年计划纲要》，《新华日报》2001年2月24日。

于是社会出现了不同的物质产品和服务活动的生产与供给，这些产品与服务的持续增长与扩展，就逐渐形成了各种社会行业与经济产业，大到天文地理，小到餐馆美容，涵盖农业、矿产、工业制造、商业贸易、金融保险乃至政府机关公共服务，不一而足。人类社会的需要是不断改善、提高的，与此相适应，人类社会的产业门类也是不断扩展和加深的，产业结构的层次与水平亦是不断转换提升的，社会需要的扩展加深与产业结构的转换、升级相结合，即构成自然的历史的人类社会经济发展过程，承先启后，继往开来，永不停息。但是这种社会需求的扩展、加深总是在一定的时间和空间范围内进行的，受到一定的时空条件限制，例如在空间上的结合即形成特定空间范围内的社会需求与产业供给，表现为地方的、区域的、全国的乃至世界性的，亦表现为乡村的、集镇的、城市性的等等。因此，特定时空范围内的社会需求与产业供给结合，便自然形成各种不同情形的生产要素及产业活动的分布与集合，形成特定的区域经济结构与城乡经济结构（专门研究此类问题的经济学便有空间经济学、生产力布局理论、区域经济学和城市经济学、城镇化理论等）。产业经济活动是以满足人类社会的需要为中心的，产业经济活动又总是离不开特定的时空条件与环境，产业经济活动以及以产业经济活动为基础的区域经济活动、城乡经济活动，它们的形成与变迁、它们的结构及状态势必给予人们的生活及利益以极大的影响，此乃人们广泛关注产业经济结构、城乡经济结构和区域经济结构的基础，离开产业及其结构，人们便无法说明城乡结构和区域结构；另一方面，特定的城乡结构与区域结构形成及其变化，又反转过来给予产业结构以相当大的作用与影响，所以要充分地说明、解释产业结构及其变化又不能完全撇开城乡结构与区域结构因素。特别地，为了满足趋于上升和膨胀的社会需求与利益，人类社会必须相适应地调整、变换既有的产业结构，这是最基本的，但是与此同时人们通常也还要通过多种方法与手段，去调整、变换既有的城乡及区域经济结构，并且这些产业结构、城乡与区域结构的调整、变换是结合在一起的，是互相联系、互相影响与作用的，是互动并进的。从历史上看，一个国家或地区，在一个较长的时间内，它的产业结构是变换、升级的，往往它内部的城乡与区域结构也是变换、升迁的，恰恰是这种互动并进式的结构转换过程，成为一个国家或地区经济社会发展的不竭的动力。从这个意义上说，抓结构调整，也就是在抓经济社会发展的动力，加强结构调整，也就是在增强经济社会发展的动力。

推进产业结构、城乡结构和区域结构的调整、转换，目的是为着满足日益增长的人类社会需要与利益，离开这一目的的调整努力是毫无意义的，也是难以凑效和持续的。所以，我们必须时刻牢牢把握结构调整的出发点和最终归宿。另一方面，我们还必须研究实施和推进结构调整的战略、政策与手段，以便使每一个具体步骤的结构调整都能实施见效。人类社会所有的活动既是客观自然的，同时又离不开人类自身的主观努力，这一点对于结构调整也不例外。结构变迁有其自身的规律，但不可否认，它是前人努力的结果。所以，推进结构调整，必须要充分发挥人的主观能动性，自然不是唯意志的莽动。结构调整是一个人与自然以及人们之间的相互作用的过程，因此，为着推进结构调整，人们还必须努力寻求有效的技术的、经济的、社会的工具与手段，采取恰当的方式与路径，借助于这些适宜的工具、手段、方式与路径，人们关于结构调整的努力才有可能事半功倍。结构调整为着人们的利益增进，但是结构调整往往也会不可避免地触动人们已结成的既得利益，所以实施结构调整有时不仅会受到技术创新条件的制约，而且还受到来自人类社会成员自身既有利益的障碍，要克服这些技术的和利益的障碍，社会也必须仔细地研究提供相应的政策措施。因此，实施和推进结构调整，必须具备相适应的技术、经济、社会环境条件，以此作为结构调整的基础和支持。人们不能仅仅关心结构变化和调整本身，还应该关注并研究提出促进结构调整的技术、经济、社会条件与措施。

第二节　经济结构的历史性变迁

理论的力量在于说明现象、解释世界，理论工作者的职责也是在于说明现象、解释世界，并努力为人们改造世界提供方法与手段。本课题以研究江苏经济结构为己任，具体而言，就是要研究江苏经济结构的历史性变迁，分析江苏经济结构的现实状况与问题，探求实施和推进江苏经济结构战略性调整的基本思路与政策措施，以服务于新世纪新阶段江苏富民强省、全面建设小康社会和率先基本实现现代化。

研究经济结构的历史性变迁，是研究经济结构战略性调整的历史的与逻辑的起点，也是分析研究结构性的矛盾与问题及其对策的基础。我们首先研究江苏经济结构的历史性变迁。将江苏经济结构的历史性变迁置于一种开放型的国际国内经济社会背景与环境条件之中加以实证分析。

一、经济社会的重大发展

江苏经济社会发展历史悠久，源远流长。新中国成立以来，江苏经济社会发展取得了巨大的历史性成就，江苏现已成为中国东部沿海地区经济比较发达的一个省份。第一，社会主义初级阶段基本经济制度得以建立并得到巩固和发展。新中国成立以后，伴随国家的生产资料所有制社会主义改造的完成，江苏建立起了以公有制为主体的社会主义基本经济制度。五十多年来，经过大规模的社会主义经济建设和经济体制变迁，这种以公有制为主体、多种所有制经济共同发展的社会主义初级阶段基本经济制度不断得到巩固和发展。目前，在江苏经济中，国有经济、集体经济、个体经济、私营经济、外资经济以及各种联合经济、混合所有制经济均得到较快发展，大体说来，国有经济仍发挥主导作用，公有制经济仍占主体地位，城乡个体私营经济约占经济总量的25%，外资经济占经济总量的20%左右。[①] 第二，社会主义市场经济体制初步建立。党的十一届三中全会以后，江苏贯彻国家经济体制改革的方针政策，从农村到城市，从生产到流通到分配，从微观到宏观，坚定地走市场调节、扩大市场调节和市场经济成体系的建设之路，持续不懈地推进经济体制改革，取得了丰硕成果。到目前为止，市场机制在政府的宏观调控下对经济资源配置发挥基础性的作用，一个有中国特色的社会主义市场经济体制在江苏初步建成。第三，国民经济体系对内对外广泛深入地开放。党的十一届三中全会以后，江苏认真贯彻国家对内对外开放的方针政策，从南通、连云港沿海开放港口城市到苏锡常对外开放区，从呼应上海浦东开发开放的沿江开发开放到全省广大腹地的开发开放，从开发区到工业园区、高新技术园区，从工业生产领域到农业、商贸流通与金融保险，江苏经济体系全面广泛深入地实行对外开放。与此同时，江苏积极扩大和加深对内开放，广泛深入地发展与国内兄弟省市区的经济技术合作与商品及生产要素交流。既引进来，也走出去。如今，一个宽领域、多层次的开放型经济体系在江苏基本形成。第四，物质生产力和国民经济加

---

① 参见吴先满：《加快发展江苏个体私营经济的战略思路与对策研究》报告，2002年12月。

快了发展。社会主义初级阶段基本经济制度的建立与发展，经济体制体系的持续改革开放，极大地调动了江苏省内的广大企事业单位、劳动者和地市县乡镇各级党政部门的积极性，从而加速推动了社会生产力的进步和国民经济的发展。经过五十年来的持续不懈的努力，江苏省内各种产业全面开发和提升，江苏已从过去的农业大省转换为后来的工业大省再转变为现在的经济大省，成为全国重要的经济阵地和前沿地区，很多工农业产品均在全国占有重要的地位。各种劳动方式、手段和生产经营技术全面开发，高新技术份额渐次上升。国民经济加快了发展步伐。全省国内生产总值从1952年的48.41亿元，扩大到2002年超过10000亿元，按可比价格计算，江苏经济总量1998年比1952年增长38.8倍，1953～1998年的经济年均增长率达到8.3%，1953～1978年为5.2%，1979～2002年达到12.4%。[①] 由于国民经济加快发展，江苏经济于1997年实现了比1980年翻三番，人均国内生产总值于1999年实现了比1980年翻三番。第五，城乡居民生活水平显著提高。1952年至2001年，江苏城镇居民人均可支配收入从100元增长到7375元，农民人均纯收入从88元增长到3785元，人均国内生产总值从131元增长到12922元。[②] 城乡居民生活水平总体上于上世纪80年代解决温饱，于上世纪90年代实现小康。江苏面积10.26万平方公里，仅占全国总面积的1.06%，人口2001年达7354.29万人，占全国总人口的比重从1952年的6.5%下降至2001年的5.8%，而经济总量却从1952年占全国的7.1%上升至2002年的约占全国的10%，提升近3

① 参阅李富阁、吴先满联合主持：《江苏经济50年》总论部分，江苏人民出版社1999年9月第1版；1998年和2002年的《江苏统计年鉴》等。

② 参阅《江苏五十年》（中国统计出版社1999年9月第1版）和2002年《江苏统计年鉴》等有关资料。

个百分点。[①]

二、经济结构的历史性变迁

伴随国民经济的加快发展，江苏的经济结构也发生了历史性的变迁。这种经济结构的历史性的变迁，尤其突出地表现在国民经济的产业结构变迁、城乡与区域结构变迁以及所有制结构的变迁等方面。

1. 产业结构的变迁

总体上看，20世纪下半叶，是中国经济加速发展、社会主义现代化建设加速推进的历史时期，同时也是中国城乡居民生活显著改善和产业结构显著变迁的历史时期。这期间，国民经济的各种产业全面开发、成长、壮大，产业结构升级转换。从全国来看，从1952年至2001年，全国第一产业增加值从342.9亿元增长到14610亿元，1953～1998年农业增加值的年均增长3.3%，增长3.5倍，1996～2001年的第一产业增加值年均增长3.3%，2001年比1995年增长21.8%；第二产业增加值从141.8亿元增长到49069亿元，1953～1998年工业增加值的年均增长11.6%，增长157.7倍，1996～2001年的第二产业增加值年均增长9.6%，2001年比1995年增长73.5%，第三产业增加值从194.3亿元增长到32254亿元，也实现了较快增长。由于三次产业的发展速度不同，其结果导致了它们在国民经济中的地位的相对变化。从1952年到2001年，全国一二三次产业增加值占同期国内生产总值的比重从50.5∶20.9∶28.6演变为15.2∶51.1∶33.6，近五十年间，第一产业比重下降了35.3个百分点，第二

① 根据《江苏五十年》、《新中国五十年》以及2002年的江苏与中国统计年鉴有关资料计算。

产业和第三产业的比重分别上升了30.2和5个百分点。① 全国的三次产业结构位序，在解放初期呈现为“一三二”的格局，到20世纪70年代中期呈现为“二一三”的格局，到20世纪80年代中后期呈现为“二三一”的格局。三次产业比重的显著相对变化和三次产业格局的两次大的转换，充分说明了这期间中国产业结构的显著变迁和跃升。

在全国产业结构变迁和江苏自身经济加快发展的综合作用下，最近五十多年来，江苏的产业结构也发生了显著的变迁和跃升。从1952年至2001年，江苏的三次产业均获得了大的发展。1952年至2001年，江苏第一产业增加值从25.49亿元增长到1082.43亿元，1953～1998年年均增长3.7%，增长3.3倍，1996～2001年年均增长4.5%，2001年比1995年增长30.3%；第二产业增加值从8.53亿元增长到4907.46亿元，1953～1998年年均增长13.1%，增长291.4倍，1996～2001年年均增长11.8%，2001年比1995年增长95.3%；第三产业增加值从14.39亿元增长2001年的3522.02亿元，1953～1998年年均增长8.8%，增长45.5倍，1996～2001年年均增长12.3%，2001年比1995年翻了一番。从1952年至2001年，江苏一二三次产业增加值占同期国内生产总值的比重从52.7:17.6:29.7演变为11.4:51.6:37.0，近五十年间，第一产业比重下降了41.3个百分点，第二、三产业比重分别上升了34.0和7.3个百分点。②

与全国平均水平相比较，至2001年，江苏第一产业比重比全国低3.8个百分点，第二产业比重比全国略高（高0.5个百分点），第三产业比重比全国高3.4个百分点，近五十年间，江苏

① 参阅《新中国五十年》和2002年《中国统计年鉴》。

② 参阅《江苏五十年》和2002年《江苏统计年鉴》。

第一产业比重比全国多下降6个百分点，第二产业比重比全国多上升3.8个百分点，第三产业比重比全国多上升2.3个百分点。从三次产业结构的位序变化来看，解放初期，江苏与全国一致，也是“一三二”的格局，江苏大约于20世纪60年初期实现了从“一三二”到“一二三”的位序转变，于20世纪70年初实现了从“一二三”到“二一三”的位序转变，约比全国提前3~5年，于20世纪80年代末实现从“二一三”到“二三一”的位序转变，这一转变比全国滞后一些。总的看，五十多年来，江苏的产业结构经历了三次大的转换，其变迁与跃升也是显著的，并且产业结构的水平与层次上较全国平均水平略高一些。

2. 城乡与区域结构的变迁

伴随经济加快发展和产业结构的显著变迁，城乡与区域经济结构也发生了重大变化。

经济加快发展和产业结构显著变迁，带动了城乡经济关系的发展和城乡经济结构的变化。城乡结构变化集中表现在城乡经济各自的加快发展以及城乡经济的对比特别是城市化等方面。从全国来看，二十世纪下半叶以来，全国广大的农村经济和城市经济均获得加快发展。经过五十多年的开发建设，全国广大农村的农业生产水平有了很大提高，主要农产品产量和单产都有了显著增长，全国范围的粮食生产约于1993年起稳定地过关，与此同时，多品种的经济作物、多种经营和多样化的非农产业兴起，大大增强了农村综合经济实力。至上世纪九十年代后期，全国大农业的结构格局形成，农业总产值中农林牧渔业之结构比由1952年的85.9:1.6:11.2:1.3演变为2001年的55.2:3.6:30.4:10.8[①]，纯农业的比重下降30.7个百分点，多种经营的产值比重上升了

① 参阅《新中国五十年》和2002年《中国统计年鉴》。

30.7个百分点。在农业加快发展的同时，农村的工商建运服等多种非农产业迅速成长壮大。乡镇企业发展有力地促进农村工业化，改变了传统的农村产业结构面貌。1987年全国乡镇企业产值首次超过农业产值，工业开始成为农村经济的支柱，与此同时，建筑业、运输业和商贸流通业等产业也发展起来，至上世纪90年代中后期，全国农村一二三次产业结构的位序呈现出“二一三”的格局，彻底改变了单一的传统农业经济模式。农业和农村经济的持续发展为城市经济的快速发展奠定了深厚的经济基础，改革开放市场经济的形成，更增添了城市经济的活力。五十多年间，特别是改革开放以后，全国城市经济迅速崛起，不仅城市数量大规模地增加，全国城市数量由1949年的132个增加到2001年的662个[①]，而且城市的经济实力和各种功能得到显著增强，城市经济现已成为整个国民经济运行与发展的主导。由于城市的产业扩张和经济发展速度更快，农村大量的人口和剩余劳动力不断地大规模地向城镇流动、转换，从而加速了中国经济的城市化进程。以人口的城乡分布为例，全国城乡人口比例从1949年的10.6:89.4演变为2001年的37.7:62.3，以劳动力的一二三次产业就业分布为例，全国劳动力在一二三次产业就业比例从1952年的83.5:7.4:9.1演变为2001年的50.0:22.3:27.7[②]，五十多年间，全国非农人口比例上升了27.1个百分点，非农产业就业的劳动力比例上升了33.5个百分点。从江苏来看，这五十多年间，城乡经济也得到了加快发展，城市化水平显著提升。农村经济沿着如下的轨迹加快发展，一是提高农业生产水平，苏南、苏中、苏北粮食以及其他经济作物和多种经营的生产能力与

① 参见《新中国五十年》和2002年《中国统计年鉴》。

② 资料来源：《新中国五十年》、2002年《中国统计年鉴》。

供给水平在上世纪的八十年代、九十年代相继过关，农林牧渔业总产值由 1949 年的 22.59 亿元增加到 2001 年的 1956.1 亿元，农林牧渔业在农业总产值中的比例（农业:林牧渔业）由 85.9:14.1 演变为 2001 年的 58.4:41.6，纯农业的比重下降 27.5 个百分点；二是率先培植发展乡镇工业，乡镇企业异军突起，进而带动农村工商建运服等多种非农产业的加快发展，农村工业化的进程走在全国的前列。计划经济时期，江苏农村即有乡镇工业的初步萌芽和发展，改革开放以来乡镇工业加速发展，农村非农产业全面振兴，农村传统的产业结构面貌彻底改变。江苏农村经济中工业于二十世纪八十年代初即已超过农业，早于全国 3～5 年，此后一直占据农村经济的主导地位，至 2001 年，全省农村社会总产值的结构（农业与非农业之比）为 12.7:87.3[①]，结构层次高于全国平均水平。五十多年来，江苏的城市经济发展更快，城市的经济社会面貌焕然一新。1983 年起，江苏即在全国率先全面实行市管县的管理体制，改革开放步伐的加快推动了城市产业全面开发和城市经济的快速崛起，至 2001 年底，江苏现有 13 个地级城市，28 个县级城市，以及南京、无锡、徐州、苏州等一批大城市，集镇（1202 个）星罗棋布[②] 大中小城市的区域经济、政治、文化等功能普遍增强。在城乡经济共同发展的基础上，江苏城市化进程加快，全省非农人口比例由 1949 年的 14.8%上升至 2001 年的 33.6%，五十多年间增加 18.8 个百分点，，非农产业就业的劳动力比重由 1952 年的 6.7% 上升至 2001 年的 58.2%，非农产业就业的劳动力比重近五十年间增加了 51.5 个

① 根据《江苏五十年》和 2002 年《江苏统计年鉴》有关资料计算。
② 参阅 2002 年《江苏年鉴》。

百分点。① 与全国相比，江苏的非农人口比例上升较缓，但是江苏的非农劳动力比例上升大大加快，这说明江苏工业化加快，非农产业吸收劳动力的能力更强，农村中的劳动力就地转移明显。

经济加快发展和产业结构变迁，还影响着区域经济结构的变化。这五十多年间，无论是全国亦或江苏，区域经济结构均经历了一个不平凡的演化、变迁的历史过程。全国的区域经济结构变迁主要表现为国内东部、中部和西部经济的相对变化方面，而江苏的区域经济结构则集中体现在省内苏南、苏中和苏北经济的相对变化上。从全国区域经济结构的变迁看，大致呈现如下情形：纵向比较，东中西部三大经济地带的经济均加快发展，人民生活得到改善，但是横向比较，东中西三大经济地带之间差距明显。计划经济时期，这种差异即有但并不显著，改革开放以后，伴随国民经济市场化过程的渐次梯度推进，东中西部经济发展速度有别，持续相当一段时间，结果三大地带之间的经济差距拉大，以人均国内生产总值为例，至“九五”期间，东西部之比约为2∶1，城乡居民的收入与消费水平亦有差距。有鉴于此，世纪之交国家制定和实施西部大开发战略，“九五”计划以来，中央明显加大了对西部地区经济社会发展的资金、人才以及政策资源的投入力度，以便缓和和缩小地区经济差距，初见成效。与全国的情况极类似，江苏经济也长期存在着区域经济差距，计划经济时期主要表现为以长江为界的苏南与苏北两大板块之间的经济差距，改革开放以后，北沿江地区于上世纪八十年代后期至九十年初期初步崛起，遂形成了省内的苏中地区，包括现在的南通、泰州、扬州等地，其经济发展水平介乎于苏南（主要是苏州、无锡、常州等）和苏北（包括徐州、连云港、淮安、宿迁、盐城）之间，

① 参阅《江苏五十年》和2002年《江苏统计年鉴》。

苏北的经济板块有所缩小，于是形成江苏省内苏南、苏中、苏北三级区域经济地带。必须指出，经过五十多年的投资建设，南中北三地带的经济均实现了加快发展，但由于种种原因，苏南发展更快一些，苏中次之，苏北较缓，至上世纪九十年代上半期南中北差异显现。为缩小区域经济发展差距，中共江苏省委、江苏省人民政府曾于1994年作出了“区域共同发展”的战略决策，之后采取了一系列的投资和帮扶政策措施，加快苏北发展，积极提升苏南，促进苏中崛起，区域经济差距一度有所缩小。1997年亚洲金融危机、国内买方市场环境形成以后，经济增长普遍趋缓，苏南借助外向型经济依旧快速发展势头不减，而苏中特别是苏北发展则有所放慢，再加上历史原因，省内南北差距再次拉大，至“九五”期末，南北之间的人均国内生产总值之比约为3.8:1，苏北的一些居民收入指标甚至尚未达到全国的平均水平，足见江苏省内的区域经济差距，值得我们高度重视，并努力予以解决。

3. 社会所有制结构的变迁

考察以往半个世纪的经济结构变迁，我们不能不谈所有制的结构问题。事实上，二十世纪下半叶以来，无论是全国还是江苏，其社会所有制结构均发生了显著的变化。从所有制结构的变迁轨迹来看，江苏与全国大同小异。解放初期，所有制结构均是多元化的，构成新民主主义经济秩序的重要基础。生产资料所有制的社会主义改造完成以后，所有制结构转换到以公有制（包括全民所有制和集体所有制）为主体的制度基础上来。20世纪60～70年代是所有制结构趋于单调化的时期。党的十一届三中全会以来，在市场取向的经济体制改革浪潮中，公有制经济获得了进一步的发展，非公有制经济（包括个体私营经济、外商投资经济、股份制经济等）从无到有，从少到多，从小到大，逐步发育成长起来，业已构成重要的市场经济主体，成为社会主义初级阶段基本经济制度的重要组成部分。至2001年，全国经济总量中，国有经济约占25%，混合经济约占30%，私营经济约占20%，外资经济约占25%。[①] 而从江苏来看，2001年的全省经济总量中，公有制经济约占58.3%，其中国有经济约占23.8%，集体经济约占34.5%，非公有制经济约占41.7%，其中个体私营经济约占24.4%，其他经济约占17.3%；规模上工业总产值中，非公有制经济约占60.3%，其中股份制企业约占25.5%，私营企业约占12.7%，外商及港澳台投资企业约占28.4%；全社会固定资产投资中，国有经济约占38.9%，集体经济约占12.1%，非公有制经济约占49.0%，其中股份制经济约占9.0%，个体私营经济约占16.0%，外资经济约占11.4%；城镇就业人数中，国有、集体单位以外的就业人员约占45.3%，其中股份制经济从业人员约占10%，个体私营经济从业人员约占26.4%，外资经济从业人员约占6.4%。[②] 江苏的情况表明，所有制结构的变迁相当显著，多种所有制经济竞相发展，多元化的社会所有制结构格局大体形成。与全国略有不同的是，“九五”计划以来，江苏狠抓了传统乡镇集体企业的改制与制度创新，使一大批个体私营企业脱颖而出，成为江苏经济近些年来的新增长点和市场经济的生力军，自2001年起，江苏个体私营企业总数已跃居全国第一。

三、结构变迁的基本经验

江苏经济结构所发生的以上这些重要方面的变迁，确实都是

---

① 参见《新华日报》2002年11月5日。

② 参见江苏省统计局：《统计分析资料》2002年第86期。

重大的变迁，也是历史性的变迁。这些重大的结构变迁，如同一幅历史画卷，充分展现了江苏经济社会发展所经历的不平凡的历程与所取得的丰硕成果。从这些结构变迁，我们看到了江苏经济社会的历史性进步，虽然这种结构变迁依然处于不断变化的过程之中，并没有完结，也不是一切都尽善尽美。

江苏经济结构的历史性变迁是来之不易的，它是全省人民集体智慧的结晶，是全省人民团结奋斗的结果。在经历了这五十多年的结构变迁中，江苏积累了宝贵的精神财富和经验。这些经验或认识概括起来，主要有如下几条：

（1）经济结构变迁是一个客观的自然历史过程，有其自身的内在规律，人们必须充分认识和遵循结构变迁的客观规律。长期的国际国内结构变迁的大量事实证明，结构变迁是发生于社会经济发展过程之中的事情，它经常发生，但是又总是有一个渐进的过程，一个从量变到质变的过程。这一点尤其明显地表现在每一次的大的结构变迁上。例如一个国家或地区的产业结构变迁，就不是一个短时间的事情，它往往是这个国家或地区经济长期发展到某一个特定阶段上的现象，到此阶段，结构的转型与变迁就势不可挡，未到这样的阶段，千呼万唤也不出来。引致结构变迁的因素或力量是纷繁复杂、多样化的，既有供给的因素，更有需求的力量；既来自生产要素的组合变化与技术进步，也来自管理革命和体制制度创新；既受外部环境影响，更受内部因素制约；大量的是常规因素，有时也有非常规的因素。

（2）实施结构调整，这是引导、促进经济结构朝着有利于人们的社会需要与利益转换、变迁的有效办法。同整个经济系统变化一样，经济结构的变迁也是一种人工合成系统的动态过程，其间渗入大量人群的行为过程。人们在认识和把握经济结构变迁的客观规律和内在趋势及要求的情况下，可以因势利导，通过采取积极的政策措施与具体的行动步骤，去影响和作用于经济结构，引导和促进经济结构的变迁。所以，相对于经济结构变迁而言，经济结构的调整则是必不可少的。结构调整是人们的一种主观努力，结构变迁则是人们实施结构调整的结果，已有的结构变迁是人们过去多年进行结构调整努力的产物，人们现在所施行的结构调整努力，经过一定的时间过程之后势必又会引致将来的结构变迁。结构变迁与结构调整一般情况下可以产生如期性的、一致性的效果，但是也有可能是不一致的，与人们的预期不相吻合或者说不完全吻合，发生后面的这种情形并不奇怪，甚至是常态。这是因为，引起结构变迁的因素过于复杂，有些因素是难以准确预测的，有些因素也是局部的人们所难以完全有效控制和把握的。特别是在操之过急、匆忙决断的情况下，调整往往欲速则不达，甚至事与愿违，例如“大跃进”和“文革”时期的一些情形就是这样。

（3）结构调整，应始终做到以人为本，从人的社会需要与利益出发。人类社会的所有经济活动，都是以满足人的社会需要与利益增进为目的的，结构调整也不例外。必须指出，结构调整本身不是目的，而是手段，是实现人的社会需要与利益的手段。具体说来，我们进行结构调整，就是为着实现社会主义生产目的，即不断满足人民群众日益增长的物质文化需要，不断增进广大人民群众的物质利益。离开这一目的，结构调整是没有意义的，也不会有任何动力。以往的结构调整，成功的，是这二者紧密结合，失败的，是这二者脱节了。这就告戒我们，在任何时候，任何地方，实施结构调整，都必须以服务于、满足于人们的社会需要与利益增进为出发点，把人的社会需要与利益增进作为开展经济结构调整的指导思想，一以贯之。

（4）推行改革开放和创新，实施结构调整，促进结构变迁。

这是推进结构调整、实现结构如期变迁的有效途径。从全国来看，几十年来的结构调整与变迁，正是在改革开放与创新的战略行动中实现的。计划经济时期，国家制定实施了工业化战略，这是一种创新的战略，对促进全国的结构调整和变迁起了十分重要的作用，改革开放和经营管理及技术的持续创新，大大加速了全国经济结构调整和变迁的进程。正是在持续实施的工业化战略和改革开放与技术、管理创新的浪潮中，中国由过去传统、落后的农业国转变为现在的发展中的新兴工业化大国。江苏的结构调整成果也得益于工业化战略和改革开放与技术创新举措。五十多年来，江苏坚持贯彻国家工业化战略，在省内相继掀起数次工业化浪潮，从上世纪50、60年代的初步工业化到上世纪70年代的工业主导地位，从上世纪80年代的轻纺工业大发展到上世纪90年代以来的重化工业和制造业的迅速崛起，江苏实现了从农业省到工业大省再到经济大省的结构转变。改革更是促进江苏经济结构调整与变迁的重大动力，上世纪80年代的乡镇工业大发展就是得益于走市场调节之路，上世纪90年代以来的乡镇企业大规模改制和个私经济发展，成为推进江苏近十年来结构调整变迁和社会主义市场经济生成的生力军。开放和技术创新对结构调整与变迁的促进作用也是显而易见的。改革开放以后，江苏充分发挥地处东部沿海的有利区位优势，牢牢抓住上世纪80年代的初步开放、上世纪90年代上海浦东开发开放和近年来加入世界贸易组织几次大的历史性机遇，通过实施经济国际化战略，坚持不懈地狠抓外向型经济，不断扩大和加深省内经济与国际经济的交流与合作，为推进全省结构调整和变迁提供源源不断的市场、需求、信息、资本、技术与管理。又通过实施科教兴省战略，落实“火炬计划”和“星火计划”，兴办高新技术园区和工业园区，开发信息技术、生物工程和新材料技术等，培植发展高新技术产业，改造传统产业，推动全省产业与结构升级。“区域共同发展”战略的实施，对于调节省内区域经济关系发挥了积极的作用。近年来制定、实施的城市化战略，在促进城乡结构调整和推进城市化方面也是初见成效。正是这些改革开放、技术创新和一系列重大战略的推行，加速了江苏结构调整、变迁和社会主义现代化进程。

第三节　经济结构的战略性调整

20世纪下半叶，江苏经济结构变迁确实取得了历史性的成就，但是江苏经济结构也还存在不少矛盾和问题。特别是进入21世纪，江苏经济社会发展的内外环境条件发生了诸多变化，结构调整面对的是变化了的新形势。如何确立新世纪新阶段江苏经济结构调整的目标，如何实施经济结构的战略性调整，需要采取什么样的战略思路与政策措施，等等，这些问题事关重大，亟待我们深入研究解决。以往的经验是有价值的，可资参考、借鉴，但我们却不可以满足于以往的成就与经验，而必须按照党的十六大的精神，与时俱进，努力作出新的开拓。

一、结构调整的环境变化

进入21世纪，江苏经济社会发展的环境发生了重大变化，江苏经济结构调整的环境也发生了重大变化。作为全国的一个省区经济，江苏经济发展与结构调整的环境变化主要表现在它所面临的国际经济环境、国内经济环境和江苏自身内部情况的变化等方面。

在国际经济环境方面，经济全球化趋势必将进一步增强，商品和生产要素将以更大的规模和更快的速度在全球范围内转移、流动，企业、地区、国家寻求在全球范围优化资源配置的需求和可能性进一步增强，但是跨国公司主导市场的格局一时难以改变。入世以后，全国和江苏的经济与世界经济的结合进一步加深，但发达国家和区域经济集团化以及相应的保护主义措施会影响发展中国家的经济贸易与投资。整个世界经济会进入一个结构大变动、大转型时期，后工业化社会因素、信息化趋势和知识经济等将会加速生存。在这样的国际环境条件下，江苏经济结构调整的市场需求与供给范围极大地开阔了，今后相当一段时间，国际商品和各种要素资源将会更多地涌入江苏市场，为江苏经济结构调整创造了有利的机遇与条件，但是另一方面影响江苏经济结构调整及效果的因素也在与日俱增，不可测、不可控的因素大大增加，从而增大了江苏经济结构调整的不稳定性、耗散性和工作难度，这是显而易见的。

在国内经济环境方面，江苏经济结构调整同样也是挑战与机遇并存。一方面，新世纪新阶段，全面小康社会的建设，势必产生持续的巨大的社会需求，其中包括产生一系列的与居民收入增长和消费升级有关的新的社会需求，这为江苏经济参与其间创造供给从而引致结构变迁提供了一个持续增长的广阔的国内市场空间。但是另一方面，东部沿海兄弟省市的快速崛起，形成对江苏经济的巨大压力。以山东为例，山东近年来经济总量规模与江苏的差距呈缩小之势，2002 年苏鲁双双过万亿元之大关，参与、抢占国内市场的竞争将是激烈的。中西部地区一些省市区经济的新崛起也会形成有效的特定的市场供给，参与市场调节和产业分工，形成与江苏经济的既合作又竞争的态势。在产业经济发展和供给方面，国家将持续推进新型工业化战略，包括以信息化带动工业化，以工业化促进信息化，致力于加快发展高新技术，与此相适应地，将会有一系列的政策措施出台。江苏工业化发展进入中期阶段，工业化基础较好，近些年来科教事业和高新技术及其产业化发展呈加速态势，江苏走新型工业化之路，有需求有条件，可以较好地与国家战略相结合，从中提升江苏的产业与结构层次及水平，但是江苏现有的传统产业比重大、改造升级任务重、省内科教研发资源配置的市场化程度低，与北京、上海、深圳等地相比差距不小，其形势与压力也是严峻的。在经济发展与结构调整的市场化机制与手段方面，未来一个时期呈现出加快步伐、加大力度、健全规范的趋势，相对于国家的目标与要求，江苏省内的市场化进程与市场经济体制制度还存有诸多薄弱环节，这些薄弱环节将会伴随全国市场经济健全完善而得到加强，但是这其中也会遇到一些困难和障碍。就整个经济的市场化运作而言，江苏与广东、浙江相比也有一定的差距，需要迎头赶上，下大功夫。

从省内自身的基础和条件看，应该说在新世纪新阶段实施结构调整的基础更扎实、条件更好、可资利用的工具与手段更多更充分。例如，伴随省级财政状况的较大改善，政府可以加大对结构调整的财政支持力度，保持社会稳定，化解结构调整的利益障碍因素。在入世后，国内外金融创新和省内金融改革步伐加快的情况下，实施结构调整的投融资条件也会进一步趋向拓宽、改善。未来一个时期，省内民营经济仍会保持加速成长之势，这无疑为推进结构调整、创造新供给、满足新需求提供新的主体力量。市场经济秩序的进一步规范和社会信用体系建设，也有益于推进结构调整。但是省内区域之间、行业之间、企业之间、家庭之间以及个人之间经济差距的扩大，又会一定程度地影响结构调整的深化推进。体制改革深化、结构调整加快还会分离出大量的城乡人口和劳动力，就业和再就业的形势不容乐观，这也会在一定程度上制约结构调整升级的步伐。对于这些情况与因素，应加以考虑，要有充分的思想准备。

二、经济结构的主要问题

面对新世纪国内外经济的新形势和省内自身经济的新情况，江苏经济结构显现出相当的不适应性，存在以下一些主要问题：

（1）国民经济的产业发展效能较低，产业结构层次不高。多年以来，江苏经济结构是在调整、变迁的，基本能够满足经济社会发展需要，但是冷观现实，江苏经济结构仍然存在很多问题，现状不容乐观。江苏经济结构存在的问题，首推产业结构问题，集中表现为产业发展效能较低，产业竞争力不强，产业结构层次不高。首先，产业结构相对低度化，产业结构层次不高。江苏现有产业中，传统产业比重偏大，高新技术产业比重偏小。目前江苏高新技术产业增加值占工业增加值的比重仅17.05%，而广东高新技术产业增加值占工业增加值的比重已超过28%，江苏高新技术产业比重低于北京、上海和广东。2001年，广东电子和电气机械两大新兴支柱产业对工业增长的贡献率达到49.3%，推动工业增长6.3个百分点，而江苏“九五”期间确定的电子、机械、石化、汽车四大支柱产业对工业增长的贡献率仅为48%。传统产业的支柱不强，工业中涌现了一批大企业大集团，但总体名牌产品和竞争力强的企业不多。高新技术产业不仅产业化不够，比重偏低，产业偏弱，而且效能不高。2000年的一项调查表明，高新技术产业企业增加值率为24.69%，比全部制造业的增加值率低0.2个百分点。农产品在国内外市场上并未显示出成本和品质的比较优势，入世以后更是如此，竞争乏力。第三产业中的智力型、科技型行业薄弱，现代服务业弱小，服务业竞争力不强。其次，地区产业结构趋同化现象严重，特色化和比较优势不显。尽管经济增长趋缓，经济增长方式转变，但是工业分散投资、重复布点、盲目建设的现象还广泛存在，致使地区工业、产品、产业结构雷同。再次，产业集中度低。以工业产业集中度为例，2001 年，江苏前十位企业产值占总计的比重为 7.2%，低于广东 3 个百分点，企业规模效益不显。第四，产业缺乏核心技术，自主知识产权偏少，自主创新能力不强，这不仅在传统产业中很明显，在高新技术产业中也很突出。第五，国有工业经济的效能偏低，困难状况未根本改观。

（2）城市化水平偏低，区域经济差距显现。如前所述，目前江苏工业化发展已进入中期阶段，但是城市化水平偏低，城市化与工业化的发展不同步、不协调。2001 年，江苏国内生产总值中，第二、三产业的比例已分别达到 51.6% 和 37.0%，而同年江苏城市化人口仅占总人口的 33.6%，从自身看步伐不协调，而且低于全国同期水平。从三次产业增加值的比与三次产业劳动力就业的比的相互关系来看，江苏产业结构偏离度大，不对称。产业结构偏离度一般被定义为三次产业产值结构与三次产业就业结构之差的绝对值之和，通过 2001 年与 1995 年的对比分析表明，1995 年至 2001 年江苏产业结构偏离度均在 52～62 之间，2001 年为 60.8，1995 年为 53，2001 年与 1995 年相比较，产业结构偏离度增大了 7.8 个百分点，表明江苏三次产业增加值的比重变化与三次产业劳动力就业的比重变化存在较大的反差。第二产业产值比重过高，第一产业就业比重过高，第一产业劳动力比重虽持续下降，但仍高于其增加值比重，第三产业的劳动力比重虽持续上升，但仍低于其增加值比重。相对于产业结构变动而言，劳动力就业结构变动缓慢，第一产业仍存在大量的剩余劳动力，而最具吸纳劳动力的服务业发展不足，劳动力就业比重偏低，造成产业结构的整体效益水平偏低。同时，大量劳动力滞留农业而引发的低收入与低消费，又成为制约工业化和服务业进一步发展的结构性因素。[①] 省内南中北区域经济差异显现，特别是人均国内生产总值、城乡居民人均收入与消费水平的差距显著。这不仅影响苏中、苏北本身经济的进一步加快发展，而且也制约了苏南经济的进一步扩展，限制了江苏经济省内的进一步扩张的空间。

(3) 多种所有制经济发展仍显不足，所有制结构对比差距突出。江苏多年来积极调整社会所有制结构，使得省内初显多种所有制经济并存和共同发展的局面，但是纵向对比社会主义市场经济体制的目标要求，横向对比广东、浙江等省区，江苏多种所有制经济发展仍显不足，所有制结构仍有差距。江苏国有、集体经济仍占经济总量中的主体份额，这并没有什么不好，但关键的问题在于如何进一步寻找多种有效实现形式，进一步把国有、集体经济活力增强。在一些传统国有、集体经济占较大份额的地区和行业，这些地区和行业经济发展的效益与活力或多或少受到一定的影响，这是一个客观存在的事实。另一方面，江苏的个体私营等民营经济虽然近几年发展步伐显著加快，但其在国民经济中的地位与作用较之广东、浙江要弱。以江苏与浙江相比，2002 年，个体私营经济在浙江经济中几近“半壁江山”，而在江苏经济中最多也不超过 30%。特别是在诸如平均企业注册资本、拥有资产和实现销售收入等质态指标上，江苏与广东、浙江的差距更大。2001 年，浙江个体工商户户均注册资本为 2.1 万元，私营企业户均注册资本为 80.4 万元，注册资本超过百万元的私营企业有 2.87 万户，超千万元的私营企业有 2050 户，而同年江苏私营注册资本超过百万元的仅有 1.97 万户，2002 年 6 月底，江苏私营企业户均注册资本为 66.8 万元，超过千万元的私营企业仅

① 江苏省统计局：《统计分析资料》2002 年第 87 期，第 3～4 页。

有1290户。[1] 相对而言，江苏个体和私营企业在国内跨地区投资经营创业的能力与广东、浙江相比也有差距，这同样也是一个不可否认的事实。由此看来，江苏个体私营经济等民营经济不是发展多了，而是发展不足；多种所有制经济不是发展充分了，而是远远不够；社会所有制多元化结构不是到位了，而是尚有很大的调整余地与空间。

江苏经济结构调整当前所面临的问题除了以上所述的这三大问题以外，我们认为结构变迁更大程度的市场化与结构调整方式方法简单化、行政化，两者之间不协调、不同步、不适应的问题也很突出，应当引起足够的重视。在推进结构调整时，传统的思想观念较普遍地存在，影响较大，结构调整的思维方法与理念创新不足，也与市场化的结构变迁相脱节、不适应。

三、战略性调整的本质特征

适应新世纪经济社会发展和结构调整的环境新变化，针对江苏经济结构所存在的这些问题，需要我们更新观念，与时俱进，研究提出实施和深化推进经济结构战略性调整的基本思路及具体的政策措施。

2000年至2001年，党的十五届五中全会通过的《中共中央关于制定国民经济和社会发展第十个五年计划的建议》以及九届全国人大四次会议通过的《中华人民共和国国民经济和社会发展第十个五年计划纲要》，高度重视新世纪我国经济发展中的经济结构问题，指出，我国已经进入必须通过结构调整才能促进经济发展的阶段，强调要坚持把结构调整作为新世纪中国经济发展的

---

① 吴先满：《加快发展江苏个体私营经济的战略思路与对策研究》报告，2002年12月。

主线，整个“十五”计划在指导思想上提出要坚持以发展为主题，以结构调整为主线，以改革开放和科技进步为动力，以提高人民生活水平为根本出发点。“十五”计划的建议和纲要还具体规定了经济结构战略性调整的内容、任务和要求。这期间，中共江苏省委关于江苏省“十五”计划的建议和江苏的“十五”计划纲要，也充分贯彻和体现了中央的精神和要求，并紧密结合江苏实际，提出了推进经济结构战略性调整的指导思想、目标、任务和政策措施。2002 年，党的十六大提出了新世纪新阶段全面建设小康社会的奋斗目标和方针、政策、措施，据此江苏也及时地予以贯彻、执行，丰富、完善了已有的规划与方案。

实施经济结构战略性调整，需要充分认识和把握经济结构战略性调整的基本特征。结构调整以往进行过多次，“八五”、“九五”期间，江苏还曾经把结构调整作为全省经济社会发展的重要战略机遇来抓，然而新世纪之初提出并实施的经济结构调整与以往有很大的不同。首先是社会背景不同。以往的结构调整是计划经济主导或者是在计划调节还占重要地位的情况下提出和实施的，带有浓厚的计划调节和行政调节色彩，而现在关于经济结构调整是在全国、全省经济体制改革取得长足进展、社会主义市场经济体制初步生成、市场对经济资源配置的基础性作用趋强的情况下提出和实施的，虽然仍坚持了计划指导，但更强调市场机制对结构调整的重要作用。以往的结构调整是在没有加入世界贸易组织的有限的开放环境下进行的，而现在的结构调整则是在加入世界贸易组织、国内省内市场全面广泛深入的开放环境中予以实施的。以往的结构调整是在短缺经济、卖方市场条件下进行的，而现在的结构调整却不得不面对买方市场和过剩（充裕）经济的现实。因此，比较而言，现在的结构调整在国内、省内的经济体制与运行机制、内外经济开放和宏观经济格局等方面均发生了显著变化，情况大不相同。其次是调整目标有别。经济结构调整的直接目的是提高经济效益、提高国民经济的整体素质和竞争力，实现可持续发展，其根本出发点和最终目的是为了改善城乡居民的物质文化生活，满足人们日益增进的社会需要和利益，这是各个国家和地区、各个不同阶段和时期结构调整的共同点或共同的本质要求，但在不同的社会经济发展阶段，人民生活改善与提高的具体目的、内容和要求是很有差别的，因此，结构调整服务于人民生活需要，在一个国家或地区的不同社会经济发展阶段上，其目标、内容和要求也是不尽相同的。具体说来，在20世纪的下半叶，全国和江苏的结构调整的目标相继是解决温饱和基本实现小康，现在这两个阶段性的目标均已相继实现。进入新世纪新阶段，也就是在21世纪的头20年，我国经济社会发展的奋斗目标是全面建设小康社会，江苏的奋斗目标则是富民强省、全面建设小康社会和率先基本实现现代化。因此，在新世纪新阶段，结构调整的目标就是为了全面建设小康社会，满足全面小康社会建设阶段人们的各种物质文化需要和利益的增进，这是一个与以往阶段目标既有继承联系又有发展区别的全新的目标，它是我们实施结构调整的基本依据。再次是调整内容相异。20世纪下半叶包括改革开放这二十多年，配合国家工业化战略，结构调整突出强调产业结构调整，无可厚非，现在进入新世纪新阶段，单纯突出产业结构调整已经不够，也难以奏效，必须顺应形势变化，积极拓展结构调整的内涵，从产业结构调整向城乡结构调整、区域结构调整、所有制和体制结构调整等领域或方面拓展、延伸。这不是单一化的调整，也不是局部性的调整，而是影响国民经济整体的全局性的调整，是积极主动、全方位式的调整，这不是短时间的、立竿见影式的调整，而是需要作出长期不懈的努力、逐步积累而见效的调整。对于这样的结构调整，既要有紧迫感，更要打持久战。由于结构调整的对象和内容大大拓展了，结构调整的任务也就更加繁重了，结构调整的难度也相应加大了。第四是调整方式与策略更新。结构调整的基础、环境、目标和任务的变化，决定了实施结构调整的方式、方法与手段、策略也必须相应变化。以往的调整更多地运用行政的、指令的、计划的手段与方法，在过去环境下可以见效，现在就不适应。新世纪新阶段的结构调整并非一概排斥计划的、行政性的方式与手段，但是必须强调市场机制的导向与调节作用，要充分发挥市场机制的作用，突出以市场引导结构调整。以往是强调单项调整，以求尽快启动、突破，但现在调整的范围宽了、调整的对象多了、调整的内容复杂了、调整的任务和难度加重了，这就要求克服单项独进的习惯做法，立“系统观”，打“组合拳”，把产业结构调整、城乡结构调整、区域结构调整、所有制及体制结构调整等紧密结合起来，系统组合，联动推进，以求新突破。第五是调整主体发生了变化。与计划经济亦或计划调节为主的体制及做法相联系，以往的结构调整主体比较单一，主要是政府作出调整，似乎结构调整就是政府部门的事，这有必要性，也有成效，但在走向社会主义市场经济体制深度生成的今天，再单纯依靠政府调整已远远不够，也不适应形势需要，现在必须因势利导，突破以往的传统思维定式，拓展结构调整的主体结构，从政府主体向企业、社会中介组织、事业团体组织等社会主体拓展、延伸，促进结构调整多元化主体格局的形成。政府要解放思想、更新观念、与时俱进、准确定位、恪守公共管理和服务的职能，积极调整自身的行为，努力做到不缺位、不越位、不错位，简减机构，下放权利，包括下放对结构调整的权利，培植政府以外的、民间的、社会的结构调整主体和力量，大胆放手让广大企事业团体、社会中介机构、各类投资者和消费者以及基层政府部门积极参与结构调整，充当结构调整的生力军，如此做法，政府机关或许会暂时失去一些既得利益，但却可以使结构调整的责任分担、风险分散、减轻负担，提高结构调整的效率、效能与效果，增加调整的准确性，做到事半功倍。

四、战略性调整的基本思路

在认识、把握新世纪新阶段经济结构战略性调整的本质特征和内在要求的基础上，我们的研究提出江苏经济结构战略性调整的基本思路。

（1）新世纪新阶段，推进江苏经济结构战略性调整，这是江苏经济发展的主线，事关江苏经济发展水平的提高和富民强省、全面建设小康社会以及率先基本实现现代化目标的实现。

多年以来，江苏的经济增长速度很快，1979～2001 年年均增长 12.3%，约比全国同期平均增长率高 3 个百分点，增长速度一直在全国领先，经济总量规模也一直稳居全国第二位，相比之下，结构调整进展及其效果却并不令人满意，产业竞争力和国民经济整体素质并不很高，与江苏经济在全国的比重或份额不尽相称，因此结构调整和经济效益是江苏经济的一条“短腿”。新世纪新阶段，江苏要富民强省、全面建设小康社会和率先基本实现现代化，宏伟目标已定，但问题在于如何实现。实现这一奋斗目标，自然需要保持经济足够强劲的增长，自然需要经济总量再扩大，但关键是要向结构要速度，向结构要效益，向结构要素质，也就是说，必须以结构调整作为经济发展主线，通过实施经济结构的战略性调整，以提高经济增长的效益，提高经济在国内外的竞争力，提高全省国民经济的整体素质。江苏经济发展的很多问题都是带有结构性的，紧抓结构调整这条主线，这些问题就可以迎刃而解。例如工业、农业以及服务业的发展效益、后劲和竞争力，就是带有结构性的，不仅它们之间的结构有缺陷，而且它们各自内部的结构也有问题。优化三次产业之间以及它们各自内部的结构，就可以有效地提升江苏产业竞争力，从而提高整个国民经济的素质。结构调整还影响老百姓生活需要的满足，影响富民进程。因此，能否抓好经济结构战略性调整，是事关新世纪新阶段江苏经济社会发展宏伟目标能否如期实现的大问题。从这个意义上说，结构调整也是江苏经济的大战略。因此，要一手抓经济总量增长，一手抓经济结构调整，在发展中推进结构调整，在结构调整中实现持续发展。

(2) 新世纪新阶段，实施江苏经济结构的战略性调整，必须以不断增进全省城乡居民的物质文化生活需要和利益为根本出发点，把结构调整与富民强省、全面建设小康社会和率先基本实现现代化的目标紧密挂钩。

多年来，江苏经济增长很快，这是事实。但是江苏城乡居民收入和消费的增长与国内生产总值的增长不尽同步，与全国及有关兄弟省市比较亦有某些差距。从经济总量增长与居民收入增长的比较来看，这二者的差距江苏比全国大。1996～2001 年，全国经济年均增长 8.1%，城镇居民人均可支配收入和农民人均纯收入的年均增长率分别为 6.2%和 4.6%，分别比同期经济增长率低 1.9 个百分点和 3.5 个百分点；这期间江苏经济年均增长率为 11.0%，城镇居民人均可支配收入和农民人均纯收入的年均增长率分别为 8.1%和 7.5%，分别比同期经济增长率低 2.9 个百分点和 3.5 个百分点，[①] 江苏居民收入增长相对于自身经济增长显得缓慢，虽然江苏经济增长率和居民收入增长率均比全国水平高。与全国相比，20 世纪 90 年代以来，江苏消费占经济中的比例大约下降了 10 个百分点，目前仅占 50%左右，而这期间全

① 2002 年的《中国统计年鉴》和《江苏统计年鉴》。

国的消费占经济的比例基本保持在60%左右，且大体稳定，因此就消费对经济增长的贡献率与推动作用而言，江苏弱于全国，虽然江苏城乡居民整体的收入与消费绝对水平高于全国。与浙江、广东和上海的横向比较表明，江苏居民收入与消费水平均低于浙、粤、沪，这反映江苏在富民方面与其他地方有差距。① 以上情况说明党的十六大提出的全面建设小康社会的战略方针对江苏很有针对性，在基本小康和基本现代化之间，江苏经济发展必然要经历一个全面小康社会的建设阶段，这是江苏经济最大的现实省情，实施江苏经济结构战略性调整必须从这一基本的省情出发，把结构调整与强省和富民挂起钩，近期尤其需要突出与全省富民挂钩。所谓与富民紧紧挂钩，就是意味着（要求）把富民作为实施经济结构战略性调整的方向或着力点，突出富民对经济结构战略性调整的导向作用，实际上也就是要求按照有利于持续增加城乡居民收入、有利于持续增强城乡居民消费动力、有利于促进老百姓富裕的路子去推进经济结构战略性调整。因此，新世纪新阶段江苏经济结构的战略性调整，在产业结构调整上就要注意进一步发展多样化的产业以促进扩大就业；在城乡结构调整上就要大力推进城市化，同时发展小城镇，有利于促进农村剩余劳动力转移；在区域结构调整上就要加快苏北开发建设，加大对苏北支持力度，以缓和和缩小业已扩大的收入差距；在所有制结构调整上就要加快培植发展民营经济，以扩大百姓的投资和消费；在企业组织结构的调整上就要大中小多样化地发展企业，特别是促进中小企业成长壮大，以有利于增加就业，增加老百姓的收入与消费，等等。因此，那些先导的、主导的、支柱的产业与企业都

① 吴先满主编：《江苏富民战略研究》，中国财政经济出社 2002 年 1 月第 1 版第 11～18 页。

应当有利于而不是相悖于全省的富民。实际上，全面小康社会建设的核心就是城乡居民的生活富裕，民富了，强省就有了更加扎实的基础，基本现代化也就不难实现。

(3) 新世纪新阶段，开展江苏经济结构的战略性调整，应进一步走市场化、社会化的调整之路。

江苏以往结构难调、成效不显的一个重要原因是调整方式上的过于行政化，调整力量上的过于单一化，市场机制和广大企事业单位对经济结构的影响和调整作用不足。人们经常所见所闻的多半是政府部门在抓，行政官员在喊，虽然花费了很大的心血和力气，也取得一些成绩，但远不尽如人意。在新世纪新阶段全面建设小康社会和加速推进国民经济市场化、健全完善社会主义市场经济体制体系的过程中，江苏开展经济结构的战略性调整再也不能走老路，必须大力强化结构调整的市场化和社会化意识，进一步走市场化、社会化的结构调整之路。这其中包括两个要点：其一，在开展经济结构战略性调整中，加大市场机制导向力度。凡是一般性的、竞争性的、盈利性的产业、企业活动，包括它们的投资、消费活动，首先是将它们引向市场，纳入市场经济循环之中，接受市场机制调节，由市场价格、利润、成本、利率、汇率等信号引导它们调整自身的行为与活动。不仅微观经济层面的结构调整要加大市场机制作用，而且省级综合经济层面的结构调整诸如跨地区、跨部门、跨所有制、跨省区、跨国界的投资、消费活动也应该加大市场机制引入，更大程度地直面市场，尽可能地减弱一些主观的、人为的、意志的因素对正常经济循环流程、产业开发和结构调整的影响或干扰，使结构调整的主观努力更符合客观规律。从理论上说，政府的职能对几乎所有的结构调整都可以产生影响和作用，但实际上由于信息不对称、利益关系和拥有财力及自身职能身份的限制，政府在每一类的结构调整上的作用又是有限的，就结构调整而言，政府也应该是有所为有所不为，以便集中精力做那些市场和企业等组织所做不了或做不好的事情。如何界定政府对结构调整的作用度呢？这需要深入研究，其中一个不失为有效的办法，就是以政府的公共财政为基础，以政府所能动用的资金为限。其二，放开手脚，放开投资，简减审批，规范管理，强化服务，进一步增强省内广大企事业单位和社会团体及中介组织的自主性、独立性，进一步培植新的多样化的微观经济社会组织，充分发挥它们在全面小康社会建设中的职能与作用，使它们也尽快成为江苏经济结构战略性调整的主体力量，在结构调整主体力量的配置与机制上，同样需要大声急呼防止和克服"政府垄断"，这就是结构调整的社会化，要让结构调整成为社会性的事业，成为广大企事单位和民众共同参与的事业，成为开放、透明的生机勃勃的事业。

（4）新世纪新阶段，江苏要统盘考虑，系统谋划，综合资源和力量，整体协同推进经济结构战略性调整。

结构调整的内容繁多，各个方面的结构调整有其自身的特殊性，但是也不应否认它们之间有相通点和结合部。以上所述的三点实际上就是各种结构调整的共同之处。然而这里所讲的综合、协同，重点是指要把产业结构调整、城乡结构调整、区域结构调整、所有制和体制结构调整等方面统筹结合起来推进。江苏以往结构调整的不足不仅在于调整的方式与力量配置有问题，而且在结构调整的内容安排与操作面的组合方面也有偏差。就江苏自身来看，相对而言，产业结构调整进展较大，城乡与区域结构调整成效次之，所有制与体制结构调整滞后。所以，在新世纪新阶段，大力推进江苏经济结构战略性调整，仍要花大力气深入推进产业结构调整，但更需要加快体制和所有制结构调整，适当加紧城乡与区域结构调整，以使它们大体协调同步，产生"共振"效应。多年以来，江苏体制改革也是不断推进的，但是体制改革和制度创新仍然不足，不仅影响了经济发展的后劲，而且也拖了结构调整的后腿。人们常说，结构性的矛盾与问题是深层次的，可深藏在结构性矛盾与问题的背后却是体制与制度，体制性的障碍、制度性的缺陷，成了结构难调的症结之所在。例如，诸多产业与企业的不规模、不经济的现象屡有滋生，其问题的根本原因还是在于体制，即投资的行政化和政府的短期甚至超短期行为，这在省内很多市县乡镇都有。一些地方为了眼前一时的政绩和利益，不惜投入巨资，超负荷地上一些大项目，至于其市场前景与效益则少有问津，结果是投产之日即萧条之时，一些空壳市场项目即属于这种情形。它挤占了宝贵的资源，削弱了即期居民消费，带来的却是产业、企业上的低能、无效。因此，如不加紧体制改革和转换政府部门的行为与职能，这类现象今后还会“批量再生产（再复制)”，长此以往，产业自然难以提升层次和竞争力。须指出的是，不仅传统产业的发展上存有此类问题，而且近年来在一些高新技术及其产业的发展上也不知不觉地感染上了这种毛病，盲目投资和重复建设的情况亦很严重，答案只有一个：投资主体未彻底转换，政府行为未根本改变。体制改革的不彻底对城市化的阻碍作用也是显而易见的。农村剩余劳动力的转移，农民变为市民，不只是一个简单的户籍管理问题，更有投资、就业、就学、保障等一系列深层次的身份管理与地位平等化等体制制度性的问题。所以，下一步江苏要以体制改革推进结构调整，通过加快体制改革和制度创新来促进产业结构和城乡及区域结构的调整。结构调整本无什么捷径，如果有什么捷径，恐怕舍此无别。

(5) 新世纪新阶段，江苏实行经济结构战略性调整，应结合各方面结构调整的实际情况，确定各自的难点或重点，集中攻坚，取得突破。

关于产业结构深化调整。产业结构调整是江苏新世纪新阶段经济结构战略性调整的重头戏，必须花大力气深化推进下去，以求更大的效果。但是产业结构调整的基础是社会需求和科学技术。加入世贸组织以后，国外的需求对国内、省内的产业发展与供给的影响明显增长，国内、省内全面小康社会建设的进程必将持续地促进社会需求特别是城乡居民消费需求的较快而稳定的增长，这些持续、较快、稳定增长的国内外、省内外需求为江苏发展产业经济、调整产业结构提供了强大的动力和广阔的市场空间。另一方面，伴随信息技术、生物工程和新材料等高新技术的加快发展，江苏产业经济发展和产业结构调整将会获得更多的高新技术支持和更大的技术创新空间。因此，加入世贸组织和全面小康社会建设，不仅对于江苏经济总量持续较快增长是一个重要的战略机遇期，而且对于江苏产业结构深化调整也是一个重要的战略机遇期。江苏应该抓住这一机遇，结合需求和供给两方面的动力，深化推进全省的产业结构调整。如何深化江苏产业结构调整，这里难以作出细致、准确的规划，但是强调指出如下几点是必要的。

首先必须明确，产业结构调整只能在产业发展中进行，必须高度重视产业多元化、多样化、多层次化的发展。产业结构调整不是不要产业发展，只是不同的产业在产业经济体系中的相对地位的不同变化。在加入世贸组织和全面小康社会建设中，包括城乡居民消费需求在内的社会需求是巨大的，这种重大的社会需求需要更大规模的产业供给来满足，因此在新世纪新阶段，也就是21世纪头20年内，国内所有的产业都有一个大发展的过程，江苏的产业经济也会有一个进一步扩张的过程，因此要尽力避免一些既有的陈旧落后观念和一些急于求成的结构调整做法对江苏产业发展的限制。今后一段相当长的时期，江苏各类产业都需要发展，都能够发展，不仅三次产业都会发展，而且各个产业内部的各个行业都会发展。只要有市场、有效益，不论劳动密集型产业亦或资本、技术、知识密集型产业，不论传统产业亦或现代新兴产业，不论一般产业亦或高新技术产业，都能够发展，都需要发展，不必受什么框框条条限制。

其次必须明确，伴随着产业经济的进一步发展、扩张、壮大，各次产业、各种产业之间的结构必将发生新的调整、变迁，这也是客观存在的事实。这是因为，加入世贸组织和全面小康社会建设对江苏产业发展与供给所提出的巨大的多样化的社会需求仍然是分层次的、有差别性的，这些分层的、差别性的社会需求对江苏各种不同产业发展及供给的需求情形（诸如需求总量、总量增长速度、需求品种结构、需求的收入与价格等各种弹性等）是很不相同的，从而引致各次产业、各种产业的增长速度和发展水平的差别，进而形成它们之间的相对变化，一些产业发展更快，另一些产业发展次之，还有些产业发展相对较慢，有的产业或行业甚至可能被淘汰，这主要是竞争和市场机制调节作用的结果。所以，何种产业应限制、何种产业应优先、何种产业要扶持，客观的标准就是看其是否有需要、有市场、有效益、有竞争力，主要由市场说了算，同时给予必要的政府引导和调节。应该承认，在这方面，我们的智慧和力量，包括政府的计划和产业政策，其作用及效果是有限的，不能夸大其辞。政府的产业发展计划及政策，内含着对过去经验的总结和对未来前景的展望，进行了不少的定性定量分析，甚至带有深层次、规律性的探索，但即便如此，这种计划与政策相对于未来而言仍然只是预测性的，并不确定、精确，对于产业部门和企业、家庭的行为决策而言仍然是参考性的，不是必做的、不可更改的指令。“十五”计划提出，要加强农业基础地位，调整农业和农村经济结构，促进农村经济全面发展；要优化工业结构，增强工业国际竞争力；要大力发展服务业，提高服务业的供给能力和水平；要加强基础设施建设，加速发展信息产业，大力推进国民经济和社会信息化等等。党的十六大提出，要大力实施科教兴国战略和可持续发展战略，走新型工业化道路。坚持以信息化带动工业化，以工业化促进信息化，走出一条科技含量高、经济效益好、资源消耗低、环境污染少、人力资源优势得到充分发挥的新型工业化路子。要推进产业结构优化升级，形成以高新技术产业为先导、基础产业和制造业为支持、服务业全面发展的产业格局。优先发展信息产业，在经济和社会领域广泛应用信息技术。积极发展对经济增长有突破性重大带动作用的高新技术产业。用高新技术和先进适用技术改造传统产业，大力振兴装备制造业。继续加强基础设施建设。加快发展现代服务业，提高第三产业在国民经济中的比重。正确处理发展高新技术产业和传统产业、资金技术密集型产业和劳动密集型产业、虚拟经济和实体经济的关系。① 这些无疑都是带有本质和规律性的科学研究成果，应该成为江苏新世纪新阶段深化产业结构调整的行动指南。江苏经济是全国的一个省区经济，产业发展基础较好，门类较全，下一步产业结构调整宜突出以下的方向或环节：一是农业和农村产业结构要进一步朝着市场化、比较效益与优势的方向调整、发展；二是坚定地走新型工业化之路，充分发挥江苏生产制造业和信息产业发展的基地优势，加快以信息化带动工业化，以工业化促进信息化，优先发展信息产业，重视开发生物工程和新材料技术及产业，进一步推进高新技术产业化，加速用高新技术和先进适用技术改造传统产业，促进工业优

---

① 江泽民：《全面建设小康社会，开创中国特色社会主义事业新局面》，《中国共产党第十六次全国代表大会文件汇编》，人民出版社 2002 年 11 月第 1 版，第 21 页。

化升级，把江苏生产制造业做大做强；三是加快服务业市场化、专业化、社会化进程，增强服务业发展的竞争性，继续发展一般服务业，大力发展现代新兴服务业，在全面发展服务业的过程中逐步提升服务业的层次结构，最终引致服务业在国民经济中的比重上升，促进服务业地位的增强；四是加大基础设施建设和基础产业开发建设的市场化、社会化的探索，继续加强全省基础设施和基础产业。新世纪新阶段，江苏要争取在全国率先完成工业化，进入服务经济和信息经济社会。

关于城乡与区域结构进一步调整。进一步推进城乡与区域经济结构调整，是新世纪新阶段江苏深化推进经济结构战略性调整的重要组成部分。“十五”计划和党的十六大都很重视城乡与区域结构调整，并提出具体的方针与要求。根据“十五”计划和党的十六大的精神，结合江苏实际，当前和今后一个时期，江苏进一步推进省内城乡与区域经济结构调整应注意以下几个重要之点：在区域经济结构的进一步调整上，江苏要充分发挥苏南、苏中、苏北各自的特点和优势，继续鼓励南中北各自开拓创新和加快发展；鼓励苏南、沿江地区大力发展信息制造业、生物医药等高新技术及其产业；重视苏中、苏北地区的先进适用技术产业和一般而有特色产业的发展，着力调整农业和农村产业结构，继续大力推进苏中、苏北地区的工业化；继续加强跨江通道等跨区域的重大基础设施建设和基础产业发展，实施沿江经济轴化战略和徐连经济带战略，促进以上海为核心的长江三角洲地区经济和苏南板块经济向苏中、苏北地区扩散、延伸，带动苏中、苏北经济加快崛起，继续采用财政转移支付等有效的政策与手段，加大对苏北的帮扶和支持力度，持续不懈，同时又加快苏北自身的制度、管理与产业、技术创新，由此实现苏北大开发、大发展，缓和和缩小区域经济差距。在城乡经济结构的进一步调整上，江苏要一手抓农业和农村经济的发展、繁荣，以增加农民收入，改善农民生活状况，提高农民生活水平，一手抓城市化战略的深入推进和城镇体系的进一步建设，特别是要重视大城市的培植发展以及城市本身的经济社会发展与现代化，进一步增强南京、苏锡常、徐州等大中城市的功能和对本省及周边地区经济社会发展的带动作用。城乡结构深化调整要着眼于农村剩余劳动力转移，农村剩余劳动力转移要着力抓信息沟通、中介服务和职业技术的教育与培训，进入城镇二、三产业就业的省内外农村剩余劳动力的对待必须公平，非歧视，他们同样是现代城市文明的建设者和城市社会的主人，因此下一步的城乡关系处理的关键在入城劳动者的问题，要着力抓好由农民向市民的彻底转换，不仅要继续改革完善户籍管理制度，而且要把他们的就业、就学、工资待遇、社会保障以及参与社区文化、政治活动等问题的解决提上议事日程，由易到难，由浅入深，积极地予以推进解决。

关于所有制与经济体制结构加快调整。新世纪新阶段，加快所有制与经济体制结构调整，既是深化江苏经济结构战略性调整的重要内容，同时又是实现其他经济结构调整的有效方式和途径，因此就经济结构战略性调整而言，所有制与经济体制的结构调整具有双重的意义。经过二十多年的改革，全国经济体制变化很大，已到了社会主义市场经济体制进一步生成、健全和体制系统的整合期，因此现阶段的改革深化相对于以往更带有体制结构调整、优化整合的性质。如前所述，二十多年来，江苏经济体制不断地得到改革创新，社会主义市场经济体制初步形成，但是江苏经济体制改革远没有到位、完成，现有的体制状况对比目标要求、对比国际标准还有很大差距，加入世贸组织以后这种差距更凸现了。从江苏社会主义市场经济体制内在结构的现状和相对比较来看，市场机制和市场关系发展更快一些，企业微观基础的重构进展稍快一些，政府职能转换和社会保障体制建设都是滞后的，收入分配关系的调节也比较乏力；在市场机制和市场关系方面，商品市场发展较快，要素市场较为滞后，有形市场增加很多，市场关系不够健全，市场交易信用较差，市场秩序不够规范；在企业微观基础重构方面，外资企业发展很快，乡镇企业改制较大，国有企业改革艰难，城镇集体企业改革较为滞后，个私企业发展不足；在政府职能转换和社会保障体系重建方面，内部也有不平衡的情形，如城镇社会保障改革重建进展较大，农村社会保障改革重建明显滞后，政府对商品、物资、价格的管理放开较多，但对投资、融资、土地使用流转等放开较少，政府机关审批管理相当繁杂，政府公共服务比较简单；苏南市场经济机制和意识较强，苏中、苏北市场经济机制与意识较弱；等等。这表明江苏现有的社会主义市场经济体制发育是不均衡的，各部位、各环节、各地区之间的差异较大，作为一个完整的现代经济体制其结构还不健全，其系统还不完整，其功效还不显著。所有制结构也有不足之处，如前所述，目前江苏经济总量中，公有制经济与非公有制经济之比约为58.3∶41.7，国有经济约占1/4，集体经济约占1/3，个体私营经济约占1/4，外资、股份制经济等约占1/5，公有制经济仍占主体，个体私营等民营经济发展不足。所有制与经济体制结构上的这些问题都有待在进一步的结构调整中加以解决。针对加入世贸组织后的体制挑战和国内、省内全面建设小康社会过程中民营经济加速发展以及社会主义市场经济体制的健全完善所提出的迫切要求，下一步江苏必须不失时机地加快所有制与经济体制结构调整和优化的步伐。在加快所有制结构的调整与优化方面，贯彻落实“十五”计划和党的十六大精神，公有制经济和非公有制经济都必须毫不动摇地坚持发展。因此，包括国有经济和集体经济在内的公有制经济仍必须坚持发展，但必须要通过它们的结构调整和体制创新以实现新的发展。国有经济必须进一步作战略性的调整，国有资本要在国有资产经营管理体制改进完善的条件下加大调整力度，更多地退出一般性的竞争性领域，转向优势的领域和关键性的领域，以尽快提高国有资本的配置效益，从根本上解脱国有企业的困难。集体经济则要通过加紧改制创新，彻底摆脱传统观念与模式的束缚，尽快转到经济主体自愿互助组合的轨道上来，重点是加快城镇集体经济的改革创新步伐。另一方面就是顺应民意，加快全省个体私营等民营经济的发展步伐，加速其成长壮大，努力使他们在全面小康社会建设中发挥更大更强的作用，为江苏基本现代化做出更大的贡献。未来20年，国有经济仍会增长、发展，但民营经济发展会更快，潜力和空间更大，其结果是它们在经济中的数量比重进一步发生变化，总体趋势是国有经济比重相对下降，民营经济比重相对上升，二者之间或许会有平均每年1个百分点左右的变化率。在国有经济数量比例逐步减低的过程中，其对整个国民经济的主导作用和控制力仍会不变甚至趋强，国有资本的配置效率必然显著提高。今后国有资本会更多地以参股、控股的方式参与和引导国民经济，国有经济、集体经济、合作制经济、个体私营经济之间会有更多的渗透和融合生长。至于外资经济，今后还会增长、发展，以适度、适应经济需要即可。在加快经济体制结构的调整优化方面，当前和今后一个时期的重点则是健全、完善规范，其中包括把薄弱部位添厚，把短缺环节拉长，具体说来就是要加快统一、开放、公平、竞争的要素市场成长；构筑现代信用体系，规范市场秩序；加快政府机构改革和职能转换，建设现代市场服务型政府；开展农村现代社会保障体系建设，健全完善城镇社会保障体系，为城乡居民提供机会均等的多类型、多层次的社会保障；通过扩大就业、完善税收征管、加大转移支付力度、宽松创业环境、切实保障居民私有财产等手段，提高低收入者生活水平，扩大中等收入者比重，调节收入分配结构及秩序。在加快所有制与经济结构调整的过程中，注意与产业结构调整、城乡与区域结构调整的结合，在产业结构、城乡与区域结构调整的一些重难点、瓶颈部位和关键环节加大制度创新力度，加强体制制度支持。如通过深化投融资和财政体制改革，通过扩大和提高地方、部门和企业的资本经营，加大其对产业结构以及城乡与区域结构调整的支持。又如通过加快城乡户籍、劳动人事与人才管理体制改革的步伐，加快城镇就业、教育培训和社会保障改革创新的步伐，加强其对城市化、区域共同发展乃至产业结构提升的支持作用。再如通过发展各种自愿有偿、开放进出和互惠互利的混合经济，加大其对产业结构以及其他结构调整的有效引导和支持。总之，问题不少，办法也很多。

综合以上所述，经济结构确实是一个纷繁复杂的问题，涉及的范围广泛，蕴藏的内涵丰富。在国际国内的经济社会背景下，江苏经济结构，过去半个多世纪变迁巨大，成就蜚然，未来几十年调整艰难，任务繁重，但只要是方法对头，思路清晰，决策科学，脚踏实地，积极稳妥而又持续不懈地推进下去，那么就会是目标可期，前景看好，一定能为新世纪新阶段江苏富民强省、全面建设小康社会和率先基本实现现代化做出更大的贡献。此一番言语，着眼于从整体上研究探索江苏经济结构的历史性变迁和战略性调整，兼论21世纪初叶江苏经济发展的主线，作为本课题研究的一个总报告，算是一个开头和导引，供研究和决策参考。整体性的分析研究，不能代替对产业结构调整、城乡与区域结构调整等这些具体经济结构调整的分析研究，有关这些方面结构及其调整的具体分析研究则是本课题的相关子课题或专题的研究任务，读者朋友可参阅本书后续的有关篇章。

上　　篇

第二章　产业经济发展与产业结构调整

一个国家或地区的社会经济发展直接表现为产业经济发展和产业结构变迁，此二者是全部经济结构变迁与调整的现实基础，江苏的情况也是如此。本篇的中心任务就是分析研究江苏的产业经济发展、产业结构变迁与产业结构调整。我们首先从整体上分析江苏产业经济发展和产业结构变迁及调整，然后依次研究江苏的农业、工业和服务业的发展与结构调整。

第一节　产业经济发展与产业结构研究的理论概述

自20世纪20年代西方学者开始研究区域发展问题起，在一段时间里，人们对区域发展的理解仅限于区域国民生产总值、国民收入以及人均国民收入的增长和结构的变化。随着区域发展进程的延伸，工业在国民经济中的地位不断上升，农业相对地位下降，学者们开始注意到了区域发展过程中工业结构变化的规律，这是区域发展研究前期关于产业结构的基本概念。到了20世纪40年代，关于产业结构的概念已有了相当广泛的内容。国内外学者对产业结构的研究主要集中在以下方面。

一、产业类别与产业发展阶段论

德国经济学家霍夫曼（W.Hoffmann）考察了德国及西欧其他国家主要行业变化情况后认为，随着工业过程的发展，生产消费品工业和生产资料工业的净产值之比会逐步下降。这个论断提出于20世纪30年代，受学者本身的国度和经济发展阶段的局限很明显。霍夫曼定理只能解释德国及西欧部分国家截止20世纪30年代以前的工业化过程。原苏联的工业化过程是从重工业开始的，中国也是如此。第二次世界大战后一系列发展中国家的工业化过程在轻重工业顺序上呈现出多种格局，也说明了“霍夫曼定理”不能代表普遍特点。然而，他却是产业发展阶段论研究的开拓者。

1940年，经济学家克拉克（C.Clark）在《经济发展的条件》一书中提出了三次产业分类和产业结构演进的一般趋势。他将国民经济分为三种类型的产业，即第一次产业——农业，第二次产业——工业和第三次产业——服务业。他经过对发达国家经济结构长期变化的考察，得出这样的结论，即随着地区经济发展、国民收入和人均国民收入水平的提高，农业就业人数比重下降，第二、三产业职工人数比例上升。这主要是由各次产业的收入需求弹性差异引起的。另外，三次产业的技术进步率也有明显的差异，因为随着国民经济的发展，生产要素不可避免地从第一产业转移到第二、三产业。克拉克的理论解释了工业化过程的内在动因，他主要研究劳动力在三次产业之间的转换规律。中国和江苏多年来就业构成的演变趋势，是与配第-克拉克定律相吻合的。

美国著名经济学家西蒙·库茨涅兹（Simon.Kuznets）等人对产业结构演变规律进行了深入的研究。他的著作《各国的经济增长》一书从国民收入和劳动力这两个方面，对伴随经济发展而出现的产业结构演变规律作了分析，并得出结论。他所揭示的产业结构演化规律可以从日本、美国发展的历程中得到验证。

1960年，美国经济史学家罗斯托（W.W.Rostow）研究了西欧、北美的发展过程，提出了国家发展的五个阶段，之后又提出了每个阶段的主导产业（群）处于转换之中，从而推进产业结构更新和阶段演替。他在《经济成长的过程》和《经济成长的阶段》中首先使用“主导产业”来替代“经济基础部门”这个概念。他认为，在区域经济发展中，在不同层次的产业结构中，各个产业的地位和作用是不同的，现代区域经济增长，实质上是部门成长的过程，成长首先是从某些产业部门开始的，这些产业部门通过前瞻影响来带动其他产业部门的变化，因此来推动产业结构的演进，他将这类产业称为主导产业。他提出的五个阶段及其主导产业（群）可归纳如下：

表 2-1　罗斯托的产业结构转换阶段

经济发展阶段	主导产业（群）
1. 传统社会	手工制造业
2. 起飞预备	食品、砖瓦
3. 起飞	纺织、钢铁、电力
4. 推向成熟	一般机械、化工
5. 大众高消费时代	汽车、航空、耐用消费品

自 20 世纪 50 年代起，日本经济的高度增长证明了上述阶段的正确性，即经历了三次大的结构转移过程：由 20 世纪 50 年代以前较为轻型结构转向以重化工业为主体的重型结构；20 世纪 70 年代又从重型结构向高加工度化方向转化；20 世纪 70 年代后期开始由资本密集型向技术密集型的结构转变。

产业结构转换阶段论在战后一些高速增长的发展中国家呈现出不规则的情形。从轻型结构转向重型结构的过渡很快，一开始就选择了技术较高的行业部门作为主导产业，如钢铁工业、汽车工业等，如韩国。1994 年，美国斯坦福大学教授克鲁格曼在美国《外交事务》上发表了《东亚奇迹的神话》一文，对亚洲经济的高速发展提出了质疑。克鲁格曼的主要论点是，东亚经济快速增长主要是依靠增加对劳动力和资本的投入实现的，而对经济持续增长作用更为重要的全要素生产率，也即依靠技术革新促进的生产率没有多少提高。这种投入型的经济增长是有限度的，因为劳动力、资本等生产要素的投入不可能毫无止境的增加，只靠投入增加而没有提高效率的增长必将陷入收益递减的局面，高速增长的现象肯定是不能持久的。

产业群为什么能够不断地进行更替？经济学家葛丁（Golding）和弗里曼（Freeman.C）分别在1972年和1982年提出了产业和产品的生命周期论，可以进一步解释产业阶段和产业群演替的内在动力。根据某一产业（或产品）的市场供求、价格、利润关系，可以将产业或产品的生命过程划分为革新期、成熟期、大批量生产期及衰退期等四个阶段。能够进入成熟期产业的成功原则是领先，成功的条件是智力和奖金，得到的是高额利润和较少的竞争对手。能进入大批量生产阶段产业的原则是安全，成功的条件是潜在的最低成本，得到的是正常利润和激烈的市场竞争。产业（产品）生产的生命周期规律，说明任何产业都有它形成—发展—鼎盛—衰退的客观过程，这对于掌握市场变化，确定地区主导产业有重要的指导意义。

经济发展阶段是人类发展过程中经济发展水平和社会进步程度不断提高的过程，其核心内容是支柱产业不断更替，并将经济不断推向更高的发展阶段。由于支柱产业一般都是属于工业行业，所以经济发展的阶段和过程亦被称为工业化过程。支柱产业的更替是受社会需求变化和技术进步推动而引发的。随着社会经济发展水平的提高，对应于经济发展过程中的需求结构发生从维持基本生存的最初需求—中间需求—享受性、发展性的最终需求的轨迹变化；随着技术进步，对应于技术革命引致的生产要素投入结构发生从资源依赖型和劳动密集型—资本密集型—技术知识密集型的轨迹变化。因而各国的发展大致经历了以下几个阶段：农业主导的传统社会—轻工业为主的初期工业化社会—重化工业为主的中期工业化社会—高加工度化和现代服务业为主的中后期工业化社会—信息产业为主的后工业化社会。

在地区国民经济发展过程中，主导产业及生产要素组合特征具有相当确定的对应关系（见图 2-1）。

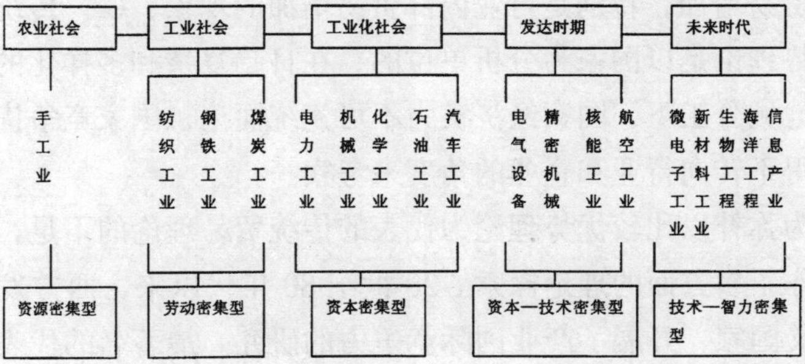

图 2-1　产业发展各阶段内部对应关系概图

二、国际贸易、全球化、比较优势和竞争优势

在进一步研究产品生命周期的区域和全球背景以及产业全球分工和迁移的状况时，学者们发现在不同阶段影响产业发展的各主要因素的作用也不一样，各国相互间贸易量也相差很大。国际贸易发展，对区域产业结构的更替及其分工体系的发展有了十分重要的作用。

区域产业分工机制是区域产业调控机制的重要组成部分。在我国，目前西方关于国际贸易和分工比较优势理论在区域产业分工中被广泛吸收和借鉴，成为区域产业分工的主要依据。比较优势理论对于解释区域内的专业化地域分工机制和经济一体化有一定指导意义，但随着全球经济技术的发展，上述理论模式与世界工业生产分布和贸易流动的实际格局差距越来越大，其局限性主要表现在四个方面：(1) 关于生产要素非流动性的假设以及实现公平与自由贸易的假设都远离客观现实；(2) 比较优势的稳定性减弱，动态性日益突出。新技术革命使生产要素成本的重要性日益降低，政府对贸易的干预能力有所增大并有可能直接影响贸易环境，从而影响比较优势；(3) 不能解释资源禀赋相似的发达国家间贸易增加，特别是行业内部贸易增加的现象；(4) 传统的比较优势理论是以国家为分析单位的，在日趋复杂和多样化的现代生产地域分工下，国家经济实力不可笼统而论，国家竞争优势问题不得不转向行业和企业的角度来考察。

为弥补以比较优势理论为代表的传统贸易理论的不足，经济学家作了多方面的理论探索。20 世纪 80 年代以来，西方发达资本主义国家，开展了产业国际竞争力的研究。最著名的代表人物是美国哈佛大学迈克尔·波特（Michael. Porter）。他通过对世界上许多国家一百多个产业或产业群产生、发展的比较研究，提出了国家竞争优势理论。该理论认为国家竞争力是指国家产业创新和升级的能力，即国家获得生产力水平以及持续提高生产力的能力。一个国家的竞争力不一定在于整个国民经济，而主要看该国有无一些独具特色的产业和产业群。一个国家在国际上成功的产业被称为国家竞争优势产业，其重要标志是大量持续地向多国输出产品、技术和设备，如日本战后就根据本国的实际情况，采取了牺牲限制农业的发展，优先发展重化学工业，使得其制造业产品长期以来一直占据世界市场。波特的竞争优势理论彻底动摇了流行近二百年的比较优势理论。竞争优势理论对比较优势理论的发展主要有三点：(1) 把政府行为和机遇因素，特别是政府的贸易政策和产业政策也纳入国家比较优势框架；(2) 把对于国家比较优势的分析角度从宏观转向企业，发展了竞争力的概念，指出国家的竞争与合作在很大程度上由企业战略来实现；(3) 指出国家竞争优势的产生和保持都是一个高度地方化的过程，强调动态的竞争优势，一个国家的价值观念、文化、经济结构、制度和历史都是其国际竞争力的构成因素。迈克尔·波特陆续发表了《竞争战略》、《竞争优势》、《全球产业的竞争》和《国家竞争优势》等论著，构建了竞争优势的“波特四因素”模型，突破了影响深远的比较优势理论，创立了新的竞争优势研究框架。世界经济论坛和瑞士洛桑国际管理开发学院从20世纪80年代起，着手研究国际竞争力问题，初步形成了一整套比较完备的评价体系。

竞争优势和竞争力在学术概念上有比较大的差别。竞争优势是建立在规模优势等基础上的贸易优势，而目前所扩展的竞争力有更广泛、更含糊的内含。20世纪90年代以来，对于国家竞争力学说的争论非常激烈。美国经济学家保罗·克鲁格曼(Paul.Krugman) 把国家之间进行竞争的观点说成是一种“危险的困惑”，他对国家竞争的概念和其支持者进行了高度论辩的和十分广泛的批评，特别是在美国，克鲁格曼攻击了国家间竞争观点的现实论据和建立在此基础上的政策措施。

20世纪90年代以来，我国学术界开展了国际竞争力研究，主要侧重于国家竞争力和综合国力方面，亦有部分学者开始涉及区域产业竞争力研究，对农业、工业、第三产业的结构和产业组织等进行了初步的研究。

三、产业聚集的研究

产业聚集或产业簇群是指一特定产业的企业大量聚集于某一特定地区，形成一个稳定、持续有不同寻常的竞争优势集合体。

工业化时代的代表性产业像钢铁工业、化学工业、汽车工业、造船工业等大规模聚集于某一特定的地理区域，如日本的重化学工业高度集中于太平洋带状工业地带、美国的制造业主要集中在五大湖及波士顿城市带。现在学者们越来越发现，产业聚集无处不在、无所不有。伊利森和格拉泽通过对美国制造业的地理集中的研究得出结论，每个产业都显示出过度的聚集，459 个产业中的 446 个有明显的聚集。波特指出产业聚集是提高产业竞争力的基本因素，并认为“簇群”（Clusters）的因素支配着当今的世界经济地图，它是每个国家国民经济、区域经济、州内经济甚至都市经济的一个显著特征，在经济发达国家尤其如此。产业簇群在一个国家经济发展中具有重要的作用，正如波特教授所说，贫困国家由于缺乏完善的簇群，他们在世界市场上凭借廉价的劳动力和自然资源参与竞争，要超过这一阶段，发展功能完善的簇群是必不可少的。

不少学者也对产业聚集进行了地理学解释。某一产业在特定的地理区域自然聚集并形成持续的竞争优势是一个漫长的过程。据目前研究看，产业地理聚集有：第一，自然优势聚集力（natural advantage agglomeration forces）。自然优势聚集力不但包括自然资源和自然环境单个方面的优势，还包括两者的组合优势以及自然形成的社会经济资源优势。伊利森和格拉泽通过对美国产业聚集的实证分析得出的结论为，自然聚集力可以解释 20% 左右的产业聚集现象。交通运输条件一直是古典区位论中的最基本要素，交通运输上的便利和低成本是许多产业聚集的基本动力。现代企业行为理论也指出，一些企业的选址决策对区位成本是最敏感的，区位是这些产业中的企业选址的决定性因素。第二，外溢聚集力，包括物理外溢和智力外溢。智力外溢可以较好地解释高科技产业大量聚集于大学或研究机构附近的现象。物理外溢在传统产业尤其是制造业中存在较普遍。伊利森和格拉泽认为，外溢是产业地理聚集除自然优势以外的另一个主要动力。第三，人文凝聚力。人文环境不但是企业生存发展的基础资源，也是一个区域经济发展的重要因素。意大利和我国的台湾省是小企业主宰的经济系统，小企业聚集极为普遍，不同的社区均有小企业聚集的产业类型。这种聚集的基本动力就来自于传统人文环境的吸引力。以血缘、亲缘、地缘为主的聚集在我国南方沿海地区也比较普遍，这种簇群产生的动力也是人文关系，系统赖以运行的基本因素是信任和承诺，同时簇群的范围往往囿于社区的人文边界以内。1998 年波特教授也指出，不寻常的、复杂的或紧迫的地方也可以产生簇群。

地域产业组织模式的研究也涉及产业集中问题。地域产业组织模式是实现区域产业空间调控的最直接手段和表现形式。在计划经济和市场经济两种不同的经济形式下，区域产业组织的理论与模式是完全不同的，两种资源配置体系下存在有两个典型的理论构架：一是由前苏联创建的地域生产综合体理论；二是市场竞争条件下形成的产业群落理论。

地域生产综合体的特点是以资源为导向，以政府行为为形式，以计划为出发点和最终归宿，因而缺乏竞争力和活力。

区域产业群落理论虽与地域生产综合体有一定的相似之处，但内含与作用机制有本质的区别，其中最大的区别在于将竞争环境中的企业作为地域组织的核心。它将企业与区域竞争力紧密联系起来，是市场经济条件下区域经济协调发展可资利用的一种微观组织形式和理论依据。区域产业群落理论强调了相关产业中相互依赖、相互合作、相互竞争在地理上的集中。这种集中是在竞争环境中产生和形成的，它不仅是一种生产组织形式，更是一种经营组织形式，是市场经济的产物。产业群落可以包括各种类型的公司，但其核心是相关产业的公司，它们通过相互之间的自由合作与竞争，相互推动对方达到更高的水平。

区域产业群落理论的作用在于：(1) 将中观层次的区域产业结构问题与微观层次的公司、企业组织结合起来，强调了市场经济条件下以企业为核心的区域竞争力的结构；(2) 强调了良好的经济基础对于区域产业群落形成的重要性，从而为政府促进群落形成和发展提供了方向；(3) 提出了“企业驱动力”的概念，指出通过相互关联的企业之间的竞争与协作，可以取得竞争优势，从而为产业群落的形成与强化提供驱动力。

四、WTO对于传统产业结构理论的挑战

任何产业结构理论都是特定的历史和假设条件下的产物。传统经济理论对于经济系统的假设一般是封闭的，一般都假定国与国之间的相互影响只能通过国际贸易来进行。例如，产业发展阶段论就认为，在一个比较大的封闭经济体系中，产业结构的演变必然会依次经历由低到高的演变过程。又例如，波特的国家竞争力理论认为，竞争优势是通过高度地方化的过程来创造和维持的。国家经济结构、价值观念、文化、制度和历史的不同对国家的竞争力有很复杂的影响。国家的角色同任何时候一样重要，甚至比任何时候都重要，即使全球化似乎使得国家的作用减小时，实际情况上也是这样。对没有竞争力的国内公司和产业的保护措施越少，国家的作用就越是重要，因为这是加强竞争优势的技巧和技术源泉。

然而WTO对传统的产业结构理论提出了严峻的挑战。首先，在WTO的原则下，国与国之间的经济影响远远超越国际贸易的范畴，投资、金融工具交易、共同市场、跨国公司、知识产权等一系列新的因素将被引入到传统的产业结构理论分析中。

从产业阶段的更替来看，在WTO的原则作用下，一个国家和地区的产业更替的顺序可能被打乱，产业结构演变的不确定性和不稳定性增强。对于一个特定的地区和国家而言，它既可能因为自身的有利条件，跨国资本的注入和全球产业转移等因素实现产业更替的跳跃式发展；也可能因为跨国资本的大量引入窒息了本地的创新网络而长期停留在某种或某几种优势产业状态，难以实现产业升级；还可能因为国际资本和产业的迅速转移而出现产业空洞化的局面，导致地区发展的衰落或倒退。

加入WTO后，全球分工体系将打破"小而全"的地区产业组织体系，地区的主导产业将重新定位，原有的区域产业分工体系必将适应开放经济的要求。企业对原材料和配件的选择空间大为扩展。政府干预弱化，各地区、各城市不可能依靠以往时期单个城市独立构筑的经济体系和地区优势，而更多地依赖整个区域的整体功能。只有将分散的地区优势整合形成整体优势，在竞争中形成分工协作的产业格局，才有可能在国际竞争中从被动转为主动。只有建立统一、开放的市场体系，把区域协作上升到产业协同调整的高度，才有可能打破现在近似割据的格局，实现区域分工与竞争的平衡，形成产业一体发展的新局面。

在传统产业和产品生命周期理论中，生命周期被看作是一种时间更替现象，一个产业或产品在特定的空间中会依次经历从产生到衰亡的全过程，每个过程在时间上是依次出现的。全球化却将产品和产业生命周期在空间上加以扩展，形成一种时间和空间的二维演变趋势。即同一个产业或产品的不同生命周期中的阶段，可以分散在不同的国家或地区，形成各个阶段在时间上并存、在空间上分离的现象，对一个国家或地区来说是衰落的产业或产品，对另一个国家或地区来说可能是新兴的产业或产品。国家壁垒的消除带来产业资本的迅速而方便的转移，在特定的地区，特定产业的生命周期大大缩短，从全球范围来看，生命周期确是相对稳定的。

波特的传统国家竞争力因素，是一种静态的假设，即在一个特定的时间，国际利益的总量是一定的，国家之间的行为类似公司间因为追求自身利益最大化而进行的静态非合作博弈，所以，强调国家像一个公司一样整合自身要素参与竞争尤为重要。这样一个博弈的结果一般来说，不是一个实现国际社会利益最大化的结果，而是类似于博弈论假设中的“囚徒的困境”的例子。但是，WTO的根本原则在于追求共同的利益最大化，它改变了国家竞争力学说中的许多假设条件，例如，在WTO中，国家不再是传统的“国家”概念，经济全球化带来的民族主义和世界主义的趋势是同时存在的，未来的命运关键取决于我们现实的选择，过度强调国家竞争未必是最优选择。

但从地域分工的角度来看，国家竞争优势理论立足于市场竞争的环境，大大增加了影响国家竞争力的因素，同时指出了竞争优势的动态性和可创造性。在影响竞争力的因素体系中，要素禀赋仅是一部分，而其他因素如国内需求、企业战略乃至政府政策都可以创造竞争优势，改变一国在世界的分工地位，其作用甚至比要素禀赋更为重要。随着科学技术的迅猛发展，新能源、新材料的大量问世，初级要素的相对重要性降低，动态竞争优势的重要性加强，竞争优势理论对于国家或地区间的贸易分工的指导意义更为突出。

在区域产业分工机制上不应该只依据现存的静态资源禀赋来主观规定区域分工的框架。政府在地区分工中的作用应由直接规划实施转化为间接引导调控为主。由于在国际经济条件下动态的、高级的要素对区域分工的作用更为重要，所以加入WTO后我国地区区域分工格局的形成应主要由地区优势产业在国际产业分工体系中的地位和竞争优势来决定。第二，区域产业群落是市场经济下一种有效的区域产业组织模式，利用企业群体在统一市场中形成的依存关系，可以突破长期以来我国地区行政区划对市场的分割，形成竞争环境中的合作，实现高效率的资源配置。各地区应形成若干各具特色的产业群落，以一批在国际上具有相当竞争力的企业集团为龙头的产业群落带动整个区域产业地位的提升。第三，建立统一的开放的市场体系是产业协同调整的工作重心，而在市场环境中培育若干具有竞争优势的区域产业群落则是协同调整的目标。实现这一目标的前提是政府行为的规范和市场环境的完善。

第二节　产业经济发展与产业结构变迁的横剖比较

一、三次产业比重及其贡献率比较

1. 产值构成比较

2000年，江苏一、二、三次产业增加值比重分别为12.01%、51.68%、36.30%，第一、二次产业较1990年分别下降了13.06、2.79个百分点，第三产业增加了10.27个百分点。与广东、浙江、上海、山东比较，五省市均呈现出第一产业比重下降，第二、三产业比重上升的特点，见表2-2。与其他省市相比，江苏表现出第三产业产值比重增长幅度较大（仅次于上海），第二产业产值比重降幅最小的特征。从江苏三次产业产值构成看，第一产业仅低于山东，在五省市中居倒数第二位；第二产业仅低于浙江居第二位；第三产业低于上海和广东，仅比浙江高0.03个百分点，居第三位。

表 2-2 20 世纪 90 年代江苏及沿海发达省市三次产业增加值结构及变化对比（%）

地区	1990 年			1995 年		
	一产	二产	三产	一产	二产	三产
广东	24.46	39.50	35.82	15.15	50.17	34.67
浙江	25.06	45.45	29.48	15.88	52.04	32.07
上海	4.30	63.80	31.88	2.50	57.25	40.24
山东	28.14	42.08	29.77	20.19	47.43	32.37
江苏	25.07	48.89	26.03	16.45	52.66	30.87
全国	27.1	41.6	31.3	20.5	48.8	30.7
地区	2000 年			1995～2000 年的变化		
	一产	二产	三产	一产	二产	三产
广东	10.35	50.38	39.26	-5.15	0.21	4.59
浙江	11.00	52.75	36.27	-4.88	0.71	4.20
上海	1.82	47.54	50.63	-0.68	-9.71	10.39
山东	14.85	49.68	35.46	-5.34	2.25	3.09
江苏	12.01	51.68	36.30	-4.44	-0.98	5.43
全国	15.9	50.9	33.2	-4.6	2.1	2.5

2. 就业结构比较

2000 年，江苏一、二、三产业就业比重分别为 42.73%、30.16%、27.10%，第一、第二产业分别比 1995 年减少了 0.14、4.67 个百分点，第三产业则增加了 4.81 个百分点，见表 2-3。从江苏三次产业就业构成看，第一产业就业比重仅低于山东 0.85 个百分点，在五省市中也居倒数第二位；第二产业就业比重低于上海、浙江，居第三位；第三产业就业比重居倒数第一位，比上海低17.81个百分点，低于山东7.07个百分点，低于全国0.4个百分点。

表2-3 20世纪90年代江苏及沿海发达省市三次产业就业结构及变化对比（%）

地区	1990年			1995年		
	一产	二产	三产	一产	二产	三产
广东	52.97	27.20	19.82	41.49	33.76	24.74
浙江	53.17	29.84	16.97	43.95	33.67	22.37
上海	10.92	58.48	30.59	11.93	54.57	33.49
山东	63.86	22.81	13.31	48.32	22.47	29.19
江苏	48.89	33.84	17.25	42.87	34.84	22.82
全国	60.1	21.4	18.5	52.2	23.0	24.8
地区	**2000年**			**1995～2000年的变化**		
	一产	二产	三产	一产	二产	三产
广东	41.14	26.20	32.65	－0.35	－7.56	7.91
浙江	37.40	31.79	30.79	－6.54	－1.88	8.42
上海	10.77	44.30	44.91	－1.16	－10.23	11.42
山东	43.58	22.23	34.17	－4.73	－0.24	4.97
江苏	42.73	30.16	27.10	－0.14	－4.67	4.81
全国	50.0	22.5	27.5	－2.2	－0.5	2.7

3．三次产业贡献率比较

三次产业增加值对国内生产总值的贡献率以现价计算，表示在其他因素不变的情况下，其变化引起的经济总量增长的百分比。1995～2000年，五省市三次产业产值贡献率见图2-2。从图

2-2 可以看出，1995～2000 年，江苏第一产业的贡献率仅低于山东，居倒数第二位；第二产业贡献率高于上海，居第二位；第三产业贡献率低于上海、广东，居第三位。

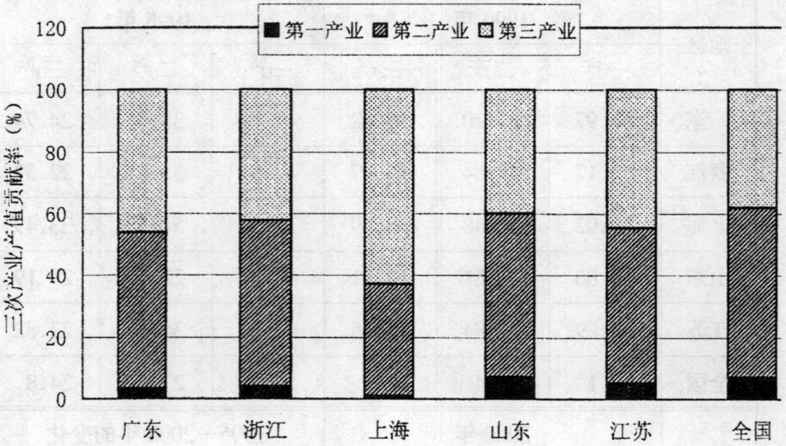

图 2-2　2000 年五省市三次产业产值贡献率构成

二、第一产业比较

20 世纪 80 年代以前，江苏农业内部结构比较单一，1980 年农、林、牧、渔产值比重之比为 76.45∶1.40∶19.24∶2.80。20 世纪 80 年代以来，农业生产适应人民生活水平提高的需求而产生的多元化较为明显，到 2000 年农业内部比重演变为 58.6∶1.6∶23.1∶16.7，与 1995 年相比，纯农业比重下降 17.85 个百分点，林业、牧业和渔业均上升，分别上升了 0.20、3.86 和 13.9 个百分点，基本上打破了种植业为主的单一结构局面，农业内部结构向着多样化方向发展。但与其他省市相比，江苏种植业所占比重仍较高，在五省市中种植业所占比例居第一位，见图 2-3。

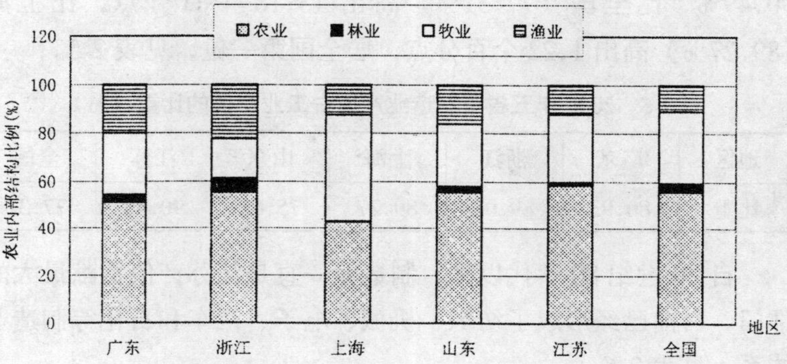

图 2-3　2000 年五省市农业内部产值构成

三、第二产业比较

1. 轻重工业比较

20 世纪 90 年代以来，江苏工业得到了稳定快速的发展，轻重工业比例逐步趋向协调。通过转变产业发展战略，在充分发挥传统优势的基础上，轻重工业均得到了快速的发展，2000 年重工业所占比重为 56.77%。与四省市及全国的比较见表 2-4。

表 2-4　2000 年五省市及全国轻重工业比例（%）

地区	广东	浙江	上海	山东	江苏	全国
轻工业	52.94	54.10	37.80	45.10	43.22	39.79
重工业	47.05	45.89	62.20	54.89	56.77	60.24

2. 制造业结构比较

现代制造业是江苏经济发展的强有力支撑，是目前带动效应最大的产业部门。2000 年，江苏规模以上工业企业增加值为 2604.37 亿元，占全国的 10.85%，仅次于广东居全国第二位；其中制造业增加值 2356.34 亿元，占全部工业增加值的

90.49%，比全国（77.31%）高出13.18个百分点，比上海（89.27%）高出1.22个百分点，居全国第一位，见表2-5。

表2-5　2000年五省市制造业产值占工业产值的比重（%）

地区	广东	浙江	上海	山东	江苏	全国
比重	80.93	89.01	89.27	75.61	90.49	77.31

自20世纪80年代以来，制造业一直是江苏产值贡献最大的部门，目前已经形成了纺织、机械、电子、汽车和石化等制造业体系，见表2-6。

表2-6　2000年五省市制造业主要部门及所占比重

地区	主要部门及所占比重
广东	电子及通讯设备制造业（16.93%）、电器机械及器材制造业（8.70%）、服装及其他纤维制造业（4.28%）、化学原料及化学制品业（4.19%）、金属制品业（4.01%）、纺织业（3.58%）
浙江	纺织业（11.49%）、电器机械及器材制造业（8.20%）、普通机械（6.48%）、服装及其他纤维制造业（6.13%）、化学原料及化学制品业（5.82%）、交通运输业（4.58%）
上海	交通运输业（11.07%）、黑色冶金（9.46%）、电子及通讯设备制造业（9.86%）、化学原料及化学制品业（5.86%）、电器机械及器材制造业（5.83%）、普通机械（5.64%）
山东	食品加工（7.52%）、纺织业（6.85%）、电器机械及器材制造业（5.80%）、石油加工及炼焦业（5.26%）、非金属矿制造业（5.25%）、化学原料及化学制品业（5.17%）
江苏	纺织业（11.31%）、化学原料及化学制品业（9.00%）、电子及通讯设备制造业（8.14%）、电器机械及器材制造业（8.70%）、普通机械制造业（—）、交通运输设备制造业（4.37%）
全国	电子及通讯设备制造业（7.27%）、化学原料及化学制品业（5.64%）、交通运输业（5.27%）黑色冶金（5.17%）、纺织业（5.07%）、电器机械及器材制造业（4.90%）

为了定量分析五省市工业部门结构的差异性，这里以39个部门为变量，以五省市和全国为样本（共6个样本），分别计算出它们之间工业相似系数。江苏与其他省市和全国的相似系数见

表 2-7。从表 2-7 可以看出，江苏与浙江、上海的相似系数最大，说明长江三角洲地区的工业结构差别不大，相互间的竞争较大。

表 2-7　2000 年江苏与广东、浙江、上海、山东和全国工业结构相似系数

相似系数	广东	浙江	上海	山东	全国
江苏	0.7858	0.9491	0.8411	0.7516	0.7066

3. 工业经济所有制结构比较

20 世纪 80 年代，江苏产业经济发展动力主要来自乡镇企业的发展，到 20 世纪 90 年代初已形成“三分天下有其二”的局面，并造就了典型的“苏南模式”。到 20 世纪末，随着买方市场的形成、开放型经济的发展以及产业结构的不断优化，个体私营工业发展起来，以股份制、合资等公司制为主体的混合型经济成为产业主导力量。2000 年，江苏与其他沿海省市工业经济所有制结构见图 2-4。

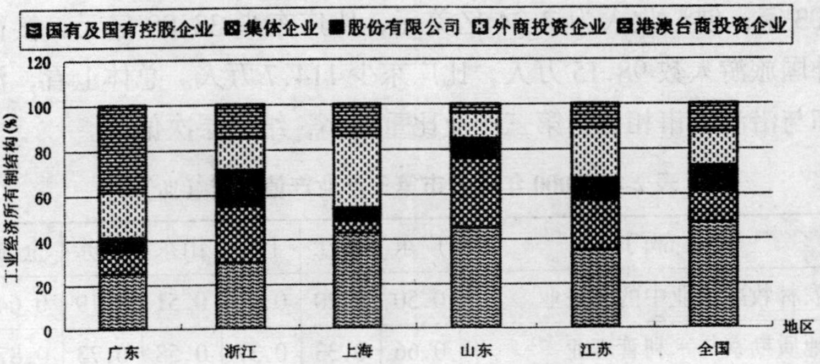

图 2-4　2000 年五省市工业经济所有制结构对比

从图 2-4 可以看出，2000 年，江苏在工业经济所有制结构方面与上海、广东和浙江有很大的差别。与广东相比，虽然外商投资企业比重略高于广东，但港澳台商投资企业比重远低于广东；与上海相比，国有及国有控股企业、外商投资企业以及港澳台商投资企业比重均低于上海；与浙江相比，集体企业、股份有限公司比重均低于浙江。

四、第三产业比较

江苏第三产业经过20世纪80年代的超速发展之后，进入90年代仍保持了良好的发展势头，1990～2000年第三产业的增长率为23.69%，快于整个产业的发展速度，但是产值、从业人员仍集中于传统部门，如批发零售、餐饮、交通运输、邮电通讯及文教卫生等生活服务的行业和部门，而金融保险业、物流业、信息咨询业、房地产、股票市场和旅游等新兴行业发展较慢，远未形成显著的市场规模。2000年，江苏金融、房地产业所占第三产业的比重分别为13.82%、11.29%，二者之和还低于批发零售贸易餐饮业，见表2-8。金融保险业、房地产业、旅游等新兴第三产业有差距。2000年，江苏涉外饭店803家，比广东少703家；创汇收入为7.24亿美元，比广东少33.88亿元；接待外国旅游人数98.15万人，比广东少114.7万人。总体上看，江苏与沿海省市相比，第三产业比重偏小，结构层次偏低。

表2-8 2000年五省市第三产业产值构成（%）

部门	广东	浙江	上海	山东	江苏	全国
农林牧副渔业中的服务业	0.50	0.20	0.19	0.51	1.19	0.64
地质勘察与水利管理业	0.66	0.33	0.37	0.58	0.73	0.87
交通运输仓储及邮电通信业	23.94	19.56	13.68	18.25	17.88	20.12
批发零售贸易及餐饮业	25.54	37.82	21.06	25.39	27.52	26.65
金融保险业	9.79	9.56	29.72	14.88	13.82	12.38

续表 2-8（%）

部门	广东	浙江	上海	山东	江苏	全国
房地产业	13.58	5.34	10.92	10.23	11.29	8.62
社会服务业	12.57	10.06	9.61	5.76	8.51	9.38
卫生体育和社会服务业	2.48	3.69	2.73	3.67	2.95	3.52
教育文化及广播电影电视业	4.84	6.20	5.97	6.91	6.54	7.18
科学研究和综合技术服务业	0.84	0.74	2.55	0.94	0.97	1.75
国家机关、政党机关和社会团体	4.28	5.78	2.80	8.04	7.54	7.48
其他行业	0.92	0.59	0.35	4.23	1.00	1.47

五、产业结构效益比较

产业结构偏离度是测度产业效益的一种方法。偏离度的主要含义是劳动力结构与产值结构（这里为 GDP 结构）之间的一种不对称状态。其计算公式为：

$$P = \Sigma \mid L - C \mid$$

式中，P 为产业结构偏离度，L 为某次产业劳动力比重，C 为同次产业产值的比重。劳动力结构与产值结构愈不对称，两者的偏离度越高，产业效益愈低下，即 P 值越大，产业效益越差。2000 年，江苏产业结构效益为 60.88，仅低于山东，居倒数第二位，与上海、广东有较大的差别，见表 2-9。

表 2-9　2000 年五省市及全国产业结构效益对比

年份	广东	浙江	上海	山东	江苏	全国
1990	56.61	56.10	13.53	72.17	47.64	66.00
1995	52.68	52.83	18.80	55.56	52.83	63.51
2000	57.93	60.88	22.49	63.15	60.88	68.2

从表 2-9 可以看出，20 世纪 90 年代江苏产业结构偏离度总体上有扩大的趋势，表明产业效益不够高，说明尽管江苏正处在工业化的加速期，但由于人口总量巨大，大量劳动力仍然集中在第一产业，从而出现农村劳动力大量剩余的情形，造成第一产业正向偏离度增加；20 世纪 90 年代以来江苏经济处于转型期，劳动力过剩，失业率增加，第二产业和第三产业就业人数相对较低，接受农村剩余劳动力的空间和产业范围有限，造成第二、三产业负向高偏离度，因而形成了第一产业劳动生产率不够高，第二、三产业劳动生产率相对较高的格局。这种现象也揭示了江苏经济属于劳动密集型的性质。

六、从比较看差距

通过以上概要的比较看，与自身过去对比，江苏产业经济发展和产业结构变迁总体上取得了显著进展，但与东部沿海发达的兄弟省市相比，江苏产业结构层次较低，产业经济发展和产业结构升迁还有不少的差距。江苏和上海相比有很大差距，与广东、浙江相比也不占优势，主要表现在第一产业产值比重和就业比重仍较高，对 GDP 的贡献率较大。第一产业结构中的种植业比重偏大，比重甚至高于山东。第三产业发展迅速，但仍然集中于传统服务行业，新兴的现代服务业比重偏低，与上海、广东有很大的差距。第二产业在全国占有重要的地位，尤其是制造业地位突出，但高新技术产业比重仍然偏低，高附加值的产品比例较少，缺乏像海尔、青岛啤酒等在全国甚至在世界有影响力的大企业集团。制造业内部结构与浙江、上海的相似系数较大，由于地缘相近，未来与沪、浙的竞争将有加剧的态势。

第三节 产业经济发展与产业结构变迁的纵向分析

20世纪80年代初期全国和江苏引入产业经济分析理论，产业经济发展和产业结构研究及政策受到理论界和实际工作部门的广泛重视。

在国家产业政策指导下，江苏结合省情积极调整，产业结构纵向对比发生重大变化，产业结构提升，国民经济素质和发展水平有了显著提高。但随着科学技术的日新月异，国际产业结构大范围加速调整（美国抓住网络经济发展机遇提升产业结构，创造了连续十年经济增长的奇迹），江苏现在也面临信息化带动工业化全面发展的过程，因而迫切需要通过产业结构调整实现产业结构优化和升级。这里我们运用产业结构的有关理论和多部门投入产出动态模型来剖析江苏产业结构发展的特点和存在问题。

一、产业结构的总体分析

最近十多年，江苏三次产业结构得以优化，在国内生产总值构成中，第一产业、第二产业比重呈下降趋势，第三产业的比重呈上升趋势，与世界各国三次产业结构的变动规律基本一致（详见表2-10）。2000年与1987年相比，江苏第一产业增加值占国内生产总值的比重由26.8%下降到12%，下降了14.8个百分点；第二产业增加值比重由53.5%下降到51.7%，下降了1.8个百分点；第三产业增加值比重由19.7%上升到36.3%，上升了16.6个百分点。

在劳动力就业构成中，第一产业就业比重从1987年的48.2%下降至2000年的42.7%，下降了5.5个百分点；第二产业就业比重在1987年为35.4%，到2000年降至30.2%，下降了 5.2 个百分点；第三产业就业比重则从 1987 年的 16.4%连续上升至 2000 年的 27.1%，提高了 10.7 个百分点。劳动力从第一、第二产业向第三产业的转移基本符合配第 + 克拉克的三次产业劳动力就业结构的发展规律，即随着人均国内生产总值的提高，劳动力首先由第一产业向第二产业转移，当人均国内生产总值进一步提高时，劳动力便向第三产业转移（从 1978 年到 1988 年间，第一产业劳动力比重从 69.7%下降到 47.2%，而第二产业劳动力比重从 19.6%上升到 35.7%，符合配第 + 克拉克所说的第一过程）。

表 2-10　江苏国内生产总值及劳动力在三大产业的分布

年份	国内生产总值的产业构成（%）			劳动力就业的产业构成（%）		
	第一产业	第二产业	第三产业	第一产业	第二产业	第三产业
1987	26.8	53.5	19.7	48.2	35.4	16.4
1992	18.4	52.4	29.2	47.6	33.8	18.6
1997	15.1	51.1	33.8	42.5	33.3	24.2
1998	14.1	50.6	35.3	43.4	31.0	25.6
1999	13.0	50.9	36.1	43.1	30.4	26.5
2000	12.0	51.7	36.3	42.7	30.2	27.1

数据来源：1998、2001 年《江苏统计年鉴》。

二、三次产业的内部变化

1. 第一产业结构变化

改革开放不断促进江苏第一产业内部结构优化，突出表现在农业比重下降，渔业比重上升（详见表 2-11）。2000 年，农业所占比重比 1987 年下降了 9.2 个百分点，渔业所占比重比 1987 年上升了 9.28 个百分点。林业和牧业则相对稳定，变化不大。

表 2-11　农林牧渔业的构成

年份	农林牧渔业总产值	农　业	林　业	牧　业	渔　业
1987	100	67.82	1.58	23.13	7.46
1992	100	61.04	1.47	28.00	9.49
1997	100	59.75	1.24	23.70	15.30
1998	100	59.32	1.31	23.55	15.83
1999	100	59.60	1.42	22.53	16.45
2000	100	58.62	1.61	23.03	16.74

资料来源：2001 年《江苏统计年鉴》。

2. 第二产业结构变化

由表 2-12 可以看出最近十余年江苏第二产业内部结构发生了巨大变化。就轻重工业而言，重工业得到迅速发展，所占比重从 1987 年的 43.61%上升到 2000 年的 56.78%，提高了 13.17 个百分点；轻工业所占比重从 1987 年的 56.39%下降到 2000 年的 43.22%。轻重工业结构的日趋合理有利于国民经济的持续发展。

就具体行业而言，2000 年江苏主要行业中比重最大的是机械制造工业，随后依次是化学、纺织等，行业变化的主要特点如下：

机械制造行业在工业中的比重先降后升。1987 年机械制造行业的比重为 31.33%，1990 年降低到 23.84%，下降了 7.49 个百分点，2000 年又上升到 33.1%，提高了 9.26 个百分点。由于 20 世纪 80 年代中期我国农村改革取得巨大成就，农业机械制造业和工业设备制造需求激增，机械制造行业所占比重上升，加之当时彩电、冰箱、洗衣机等家用电器形成巨大市场，日用电器制造业产值所占比重提高，这两大市场在 1987 年和 1988 年重叠,使得机械制造行业在工业中的比重达到了 31.33% 和

32.7%。其后随农业机械制造业和工业设备制造需求减弱，机械制造行业在工业中的比重下降，1990年的比重为最近14年的最低点（23.84%）。由于居民消费再次升级，空调器、影碟机、音响、电脑、手机等新型家用电器、电子产品进入寻常百姓家庭，促进日用电器制造业、日用电子制造和通信设备制造业大力发展，机械制造行业在工业中的比重逐步回升，从1990年的23.84%提高到2000年的33.1%。

化学工业在工业中的比重排在第二，1987年至2000年的比重变化有起有落，但总体呈上升趋势，提高了近5个百分点。20世纪90年代初期化学工业在工业中的比重处于最近十余年的最高值，主要是因为当时波斯海湾的紧张局势，使得原油及其下游产业链的产品价格上涨，产值比重相对突出。

纺织工业在工业中的比重下降最快，从1987年的24.64%降至2000年的11.84%，下降了12.8个百分点。主要原因是由于改革开放以来，人们的精神生活和物质生活日益丰富，居民的需求多样化，居民的支出结构发生重大变化，用于衣着的支出比例降低，加之人们对衣着需求质的变化，使得纺织业的产值比重不断下降。

食品在工业中的比重呈现下降趋势，从1987年的8.12%下降到2000年的4.47%，降低了3.65个百分点。其原因也是由于人们收入水平的提高，居民的需求日益多样化，居民的支出结构发生变化，恩格尔系数逐年下降，食品的产值比重下降。

3. 第三产业结构变化

在第三产业中，尽管各行业所占比重的排位没有大的变化，但1987～2000年各行业所占的比重变化较大的有：金融保险业、运输邮电业、社会服务业、党政机关服务业、商业、房地产业（详见表2-13）。主要变化是：

表 2-12 第二产业构成(%)

年份	1987	1988	1989	1990	1991	1992	1993	1994	1995	1996	1997	1998	1999	2000
轻工业	56.39	55.83	53.36	54.95	53.08	50.11	47.24	49.56	47.73	47.55	47.84	46.07	45.42	43.22
重工业	43.61	44.17	46.64	45.05	46.92	49.89	52.76	50.44	52.27	52.45	52.16	53.93	54.63	56.78
食品工业	8.12	7.30	6.65	6.30	5.87	5.45	4.61	5.14	5.66	6.07	5.92	4.98	4.95	4.47
纺织工业	24.64	23.78	20.30	21.86	19.83	18.91	17.32	18.51	15.58	14.45	13.67	12.91	12.39	11.84
化学工业	12.78	13.43	17.26	18.18	18.71	17.07	14.80	14.85	16.51	15.94	16.07	17.45	17.60	17.76
冶炼工业	3.82	3.73	5.25	5.40	5.16	6.15	8.05	7.13	6.33	5.99	5.58	6.00	6.02	6.59
机械工业	31.33	32.70	26.22	23.84	25.46	29.20	30.20	28.97	29.37	30.26	30.95	31.96	32.54	33.10
电力工业	1.59	1.44	2.02	2.32	2.42	2.10	2.14	2.25	3.11	3.06	3.13	3.51	3.56	3.49

资料来源:从历年《江苏统计年鉴》的数据整理而成。

表 2-13 第三产业构成(%)

年份	运输邮电业	批发零售贸易餐饮业	金融保险业	房地产业	社会服务业	卫生体育社会福利业	教育文艺广播电影电视业	科学研究综合技术服务业	国家机关政党机关社会团体	其他
1987	22.14	31.14	18.23	8.03	4.29	2.19	7.73	2.81	3.45	0.00
1992	16.14	32.41	17.54	7.05	5.75	2.85	5.70	2.88	8.20	1.50
1993	15.84	33.89	15.92	8.20	6.57	2.80	5.02	2.72	7.72	1.31
1994	15.62	32.49	16.71	8.28	6.87	2.80	5.45	2.87	8.16	0.75
1997	16.35	30.26	16.64	10.37	7.35	2.73	5.52	2.92	7.12	0.75
1998	17.13	28.50	15.01	11.27	8.27	2.82	5.92	2.90	7.40	0.77
1999	17.48	28.20	14.14	11.35	8.34	2.90	6.06	2.93	7.69	0.91
2000	17.89	27.52	13.82	11.30	8.51	2.96	6.54	2.90	7.55	1.00

资料来源:1995 年、2001 年《江苏统计年鉴》。

金融保险业、运输邮电业和商业整体呈现下降趋势。金融保险业所占比重由1987年的18.23%下降到2000年的13.82%，下降了4.41个百分点，是第三产业中变化最大的行业。运输邮电业则出现先降后升的态势，主要因为1993年以前，交通通讯发展相对缓慢，一直成为制约经济发展的“瓶颈”，其在第三产业中的比重逐步下降，到1994年的最低点15.62%，比1987年降低了6.52个百分点；但1993年后江苏加大了对交通通讯设施的投入，运输邮电业得到前所未有的发展，在第三产业中比重也稳步提高，到2000年上升为17.89%，提高了2.27个百分点，但比1987年仍下降了4.25个百分点。与运输邮电业相反，商业在第三产业中比重主体先升后降，从1989年的26.62%上升到1993年的33.89%，然后下降至2000年的27.52%，比1987年下降了3.61个百分点，主要由于商业市场逐步发展成熟，在1993年实现了从卖方市场向买方市场的转变。

社会服务业和房地产业呈现上升态势。社会服务业在第三产业中的比重稳步上升，从1987年的4.29%提高到2000年的8.53%，上升了4.23个百分点，这主要得益于人们收入水平的提高和对服务需求的增加。由于我国逐步进行住房分配改革，购房渐渐成为居民的主要支出之一，社会各方加大对城市基础设施工程的投资和对商品住宅的开发，房地产业占第三产业中的比重稳步上升，从1987年的8.03%上升到2000年的11.3%，提高了3.27个百分点。

第四节 产业结构变动的动因探讨

产业结构的形成与发展受到多种因素的影响，促使江苏产业结构变动的主要动力有以下几个方面：

一、国家产业政策是推动江苏产业结构变动的直接因素

改革初期（1979～1984）农村经济体制改革的成功使得第一产业产值比重迅速上升，1979～1989年间产业政策的调整及城镇经济体制改革，对第二产业比重的下降和第三产业产值比重的上升具有决定性的影响。进入20世纪90年代后，经济的市场化进程加快，市场在资源配置中的作用日益明显，政府转向以间接调控为主的宏观调控方式，经济政策的调整对经济增长和结构转变的作用减弱，但依然是至关重要的因素。主要表现为政府自1993年采取了“适度从紧”和“灵活微调”的财政政策和货币政策，成功地实现经济“软着陆”，并对家电、汽车等重点行业实施扶持政策，促进了相关行业的快速发展；对房地产业、社会服务业等第三产业采取开放政策，使得房地产业、社会服务业等第三产业的产值比重迅速提高。

二、投资结构的转变是产业结构发生重大变化的决定性因素

投资结构对于各产业部门的潜在产出能力具有决定性影响。从江苏全社会固定资产投资结构变动趋势来看，与产业结构的变动趋势基本一致，特别是1992年以后第二、第三产业产值结构与社会固定资产投资结构变动趋势几乎完全一样（详见图2-5）。

1990～1993年，第一产业投资比重持续走低，三年间下降了1.7个百分点，1993年达到最低点，仅为2%，这决定了第一产业的产值比重的连续下降，三年间降低了8.7个百分点。1993年后随第一产业的投资比例的略微回升，第一产业的产值比重下降的速度明显变慢，七年才下降4.2个百分点。第二产业的产值比重与第二产业的投资比重相比，变化趋势完全一样（仅仅滞后2年），变化幅度相对较小；第二产业的投资比重在1992～1999

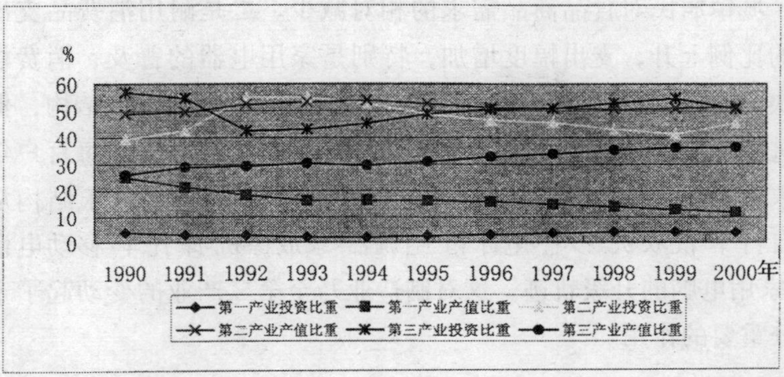

图 2-5　三次产业的投资与产值趋势图

年下降了 13.6 个百分点，第二产业的产值比重相应在 1994～1999 年下降了 3 个百分点。由于 1990 年和 1991 年进行大规模商品房建设，使得住宅固定资产投资占全社会固定资产投资的比例高达 44%和 40%，第三产业的投资比重达到 57%和 55%，1992 年后随住宅固定资产投资占全社会固定资产投资比例的合理化（20%～24%），加之江苏加大对交通运输通讯业基础设施的投入，第三产业的投资比重稳步上升，1995 年以后第三产业的投资比重超过第二产业的投资比重，第三产业的产值比重也稳步增加。

三、消费需求结构的升级是产业结构变动的主要拉动力

消费需求结构的变动意味着消费市场的变化，企业在利益的驱动下，调整产品结构和投资方向，跟随消费市场的变化生产适销对路的商品，最终拉动产业结构的调整。从江苏城镇居民消费支出结构分析，消费需求结构变动的主要特点有：一是恩格尔系数（即食品在消费支出的比例）快速下降，从 1990 年的 55.5%下降到 2000 年的 41.1%，下降了 14.4 个百分点，表明

了城镇居民对食品商品需求的相对减少。二是耐用消费品支出的比例上升，支出幅度增加，特别是家用电器的普及、消费档次的提高以及新型家用电器流行，改变了消费品支出结构，促进了消费需求结构升级。表2-14中城镇居民家庭平均每百户年末十类耐用品拥有量的数据能清楚地反映江苏消费需求结构从自行车-洗衣机-彩电-电冰箱-空调器-录放像机-摩托车-移动电话-家用电脑的升级轨迹。这对制造业乃至第二产业的变动起了十分重要的作用。

表2-14　城镇居民家庭平均每百户年末耐用品拥有量

项　目	1985年	1990年	1995年	2000年
自行车（辆）	166	217.04	237.46	206.08
洗衣机（台）	48	85.81	95.35	96.15
电冰箱（台）	6	49.09	69.42	85.64
冰柜（台）			1.93	4.42
摩托车（辆）	1	1.9	6.77	27.28
彩色电视机（台）	9	51.46	85.22	124.45
录放像机（台）		2.45	20.57	22.56
空调器（台）		0.07	10.53	45.9
家用电脑（台）				10.65
移动电话（台）				25.47

资料来源：2001年《江苏统计年鉴》。

四、进出口贸易结构的变化是促进产业结构变动的又一重要因素

江苏对外贸易在改革开放后有了迅速发展，对外开放结构显著变化，突出表现在进口和出口结构的变化。出口结构变化的特

点是初级产品出口比重迅速下降，工业制成品出口的比重提高，其中机械及运输设备出口的比重上升尤为迅速。与1985年相比，2000年江苏的初级产品出口比重由36.1%下降到3.26%，工业制成品出口的比重则由63.9%提高到96.74%，其中机械及运输设备出口的比重由1.29%上升到38.89%。进口结构变化的特点与出口结构变化相反，初级产品进口比重上升，工业制成品进口的比重降低。与1985年相比，2000年江苏的初级产品进口比重由2.98%上升到12.25%，工业制成品进口的比重则由97.02%下降到77.75%。出口结构的变化带动了生产出口产品部门的增长和相应的产业结构变动，进口结构的变动增加了有关部门、产业的投入，推动了这些部门的增长和产业结构的变化，对外贸易发挥扩大需求和资源再配置的双重功能，通过初级产品进口和投资品出口，将初级产业的资源转化为对工业或重工业的投资，加速产业结构的变动。

五、省际间贸易变化对江苏产业结构变动起到一定作用

在江苏多部门动态经济模型结果基础上，我们对1987年到2001年的省际贸易按83个部门进行分析对比，发现省际贸易的变化对江苏资源配置的逐步合理及产业结构的逐步优化起到了不可忽视的作用。从总体上讲，江苏在省际贸易上是调出大于调入，而且这种趋势日渐明显。2001年与1987年相比，外省流入江苏的产品与服务价值占总产值的比例由21.3%下降到20.7%，而江苏流出到外省的产品与服务价值占总产值的比例由24.3%上升到26.5%，上升2.2个百分点。究其原因：（1）江苏是能源消耗大省，但在能源的使用上逐渐向低污染、高能耗的方向转变。2001年与1987年相比，石油和天然气从省外流入量分别增长了13.71倍和6.05倍，而原煤的流入同比减少。（2）江苏纺

织行业保持着传统优势，使国内市场份额继续增长。毛纺织、丝绢纺织和皮革毛皮羽绒产品流出省外的产品产值占江苏该产业总产出的比例分别为47.17%、53.76%、86.72%，比1987年分别提高了21.57%、39.17%、54.47%，但纺织服装业在第二产业中的比重有所下降，从1987年的12.5%到2001年的8.9%，下降了3.6个百分点。(3) 石化、医药行业则表现出对省外初级产品的强烈需求，显示出江苏石化行业的深加工能力，具有较高的附加值。(4) 机械、电子行业，以2001年对比1987年，其所占第二产业的份额提高不到1个百分点，略有增幅。其中2001年其他电子及通讯设备制造业省际贸易逆差57.55亿元，说明江苏在该产业的能力不强，而江苏对通讯服务业的需求极其旺盛。(5) 第三产业中的房地产业、服务业等新兴产业所占第三产业的份额逐渐增大，同时，商业、仓储业等传统行业所占比重逐渐减小。可见，省际间的贸易变化对江苏资源的优化配置及产业结构的变动起着积极的作用。

六、科学技术进步和经济体制改革是产业结构变动的主要推动力

经济体制改革使生产关系更加符合生产力发展的要求，生产力的能量充分释放，科技作为第一生产力为产业经济发展注入了新的生命和活力，科学技术进步和经济体制改革通过改变需求结构，对产业结构调整的作用日益凸显。首先是技术进步和体制改革促使产品成本下降，市场扩大，需求随之发生变化。电子计算机的发展历史充分说明了这一点。其次是技术进步和体制改革使资源配置更加有效，资源消耗强度下降，可替代资源增加，改变了需求结构。第三是技术进步和体制改革使消费品升级换代，改变了需求结构。第四是科技进步和体制改革促使劳动生产率提

高，劳动力发生转移，产业结构发生变化。第五是科技进步使产业结构不断向高级化方向发展，特别是对外贸易占国民生产总值比重较大的国家，从而促进产业结构的变化。我们利用多部门投入产出动态模型对1987年和2001年的模拟数据进行分析，发现十年间江苏科学技术进步和经济体制改革对全社会最终产品的贡献系数为0.602，其中对第二产业最终产品的贡献系数为0.623，对第三产业最终产品的贡献系数为0.805，第一产业的产品更多地用作生产原料，最终产品更依赖于外省的提供。这与江苏三次产业产值结构变动特征十分吻合。

第五节　产业结构调整绩效评价与政策建议

一、绩效评价

在上述各因素的共同作用下，江苏产业结构发生了显著变化，进一步趋于优化和合理，三次产业的序列由“二一三”转变为“二三一”。工业经济稳步发展，自1987年以来，第二产业占国内生产总值的比重稳定在50%左右；农业在国民经济中的比重逐步下降，但农业的基础地位不断巩固；第三产业方兴未艾，快速增长，成为国民经济新的亮点。除此以外，江苏产业结构的成绩还表现在以下几个方面。

1. 轻重工业比例趋向协调

改革开放以后，江苏走的是一条优先发展轻工业，在轻工业有了较大发展，人民生活水平有了较大提高的基础上再向重工业倾斜的发展道路，使得轻重工业比例逐步趋于协调。1987年工业中的轻重比例为54:46，1993年，重工业产值超过轻工业，以后重工业在工业总产值中的比重基本稳定在50%上下。2000年，轻、重工业产值占工业总产值的比重分别为43%和57%。江苏基本形成了轻、重工业协调发展、相互推进的格局。

2.加速发展基础设施与产业，缓解了制约国民经济发展的“瓶颈”

20世纪80年代以后随着轻纺工业的快速发展，能源、原材料等基础工业以及交通、邮电、电力等基础设施发展严重滞后的“瓶颈”制约，成为困扰经济发展的突出矛盾。为了改变这种状况，“七五”计划以来，特别是“八五”、“九五”期间，江苏开始了新一轮的结构调整，重点发展能源、原材料等基础工业，加快基础设施建设步伐。“八五”以来，江苏把基础设施建设提到突出的战略地位。相继建成了沪宁、广靖、淮江、沂淮等6条高速公路，高速公路总里程突破1000公里。建成江阴长江大桥、南京长江二桥、南京禄口机场等重点交通建设项目，已初步形成现代化立体交通的新格局。电力通信等基础设施发展迅速，2000年底，江苏省内500千瓦及以上总装机容量已达1895万千瓦，过去工业企业的那种“开四停三”、停电拉闸的现象已不复存在。电话普及率每百人近27部，长途光缆7622皮长公里，国际互联网用户183.3万户，移动电话用户619.5万户。基础工业与基础设施的加快发展，不仅缓解了经济发展中的“瓶颈”制约，使基础产业与加工业的发展趋于协调，而且大大改善了投资环境，为全省的现代化建设提供了有力的支撑条件。

3.新的支柱产业逐步形成

经过建国后前30年的建设和发展，江苏基本形成了以轻工、纺织、机械等行业为支柱的产业格局。1978年，机械、化学、纺织、食品四个行业总产值占工业总产值的比重为73%。改革开放以来，江苏提出了振兴机械、电子、化工、汽车四个支柱产业的任务。“九五”以来，机械、电子、汽车和化工四大支柱产业增加值的比重逐年提高，其主导产品及重点企业的竞争力明显增强。2001 年，四大支柱产业占全省工业增加值的比重已达 50.2%，其中电子占 9.2%，石化占 14.7%，机械占 24.1%，汽车占 2.2%。四大支柱产业对工业增长的贡献率为 48%，对整个工业的支撑带动作用显现。

4. 高新技术产业初具规模

20 世纪 80 年代中期，江苏提出了“关于依靠科技进步振兴江苏经济的决定”，确立了“科技立省”的战略，明确提出将全省经济建设和发展转移到主要依靠科技进步和提高劳动者素质的轨道上来。1994 年，江苏又将“科技立省”战略充实发展为“科教兴省”战略，提出了“关于加快高新技术产业化和建立高新技术产业开发区”的决定，建立了全国第一个高新技术产业带——苏锡常火炬带和南京、苏州、无锡、常州 4 个国家级高新技术产业开发区。经过十多年的努力，江苏高新技术产业已初具规模，呈现良好的发展态势。2001 年全省六大高新技术产业共有规模以上企业 2044 家，占规模以上工业企业的 10.38%。从产出和效益的基本指标看，高新企业实现工业总产值 2047.61 亿元，占总体的 17.38%；实现产品销售收入 1943.81 亿元，占总体的 17.25%；创出口交货值 615.3 亿元，完成利税总额 188.2 亿元，分别占总体的 28.48%和 19.94%。

江苏产业结构的调整经过多年的努力，取得了上述巨大的成绩，但是整个产业结构仍处于较低水平，且存在一些问题。

1. 产业结构相对低度化

江苏高新技术产业增加值占工业增加值的 17.05%，而广东 1997 年高新技术产业占国内生产总值的比重已经超过 28%。2001 年广东电子和电气机械两大新兴支柱产业对其工业增长的贡献率是 49.3%，拉动工业增长 6.3 个百分点。而江苏“九五”

期间确定为支柱产业的电子、机械、石化、汽车四大行业的贡献率仅为48%，比广东两大行业还低1.3个百分点。江苏高新技术产业没有显现其应当具有的高附加值、高效益、高技术密集度的特征。主要表现在：2000年被调查的高新技术产业企业增加值率为24.69%，比全部制造业的增加值率落后0.2个百分点，被调查的高新技术产业的全员劳动生产率为9.06万元/人，是同口径制造业全员劳动生产率的1.5倍，与一般产业的差距不大。第三产业中智力型、科技型行业比较薄弱，新兴三产所占比重过小。1998年，江苏第三产增加值中房地产业占11.2%，旅游业占7.4%，信息服务业约占5%；批发零售贸易餐饮业、运输邮电仓储业、金融保险业三大传统行业占第三产业增加值的61.4%。江苏信息商品化程度低，信息市场相对薄弱，信息技术服务分散，信息产业还不能真正以商品的形式进入市场。信息资源的开发呈现出"一多四少"，即专用数据库多，公益性数据库少，网络数据库少，动态数据库少，应用系统少的状况，造成已开发的信息资源共享程度差，信息交流不畅，资源闲置与资源短缺并存的局面。

2. 地区产业结构趋同化现象严重

受利益驱动、地方保护主义和投资主体多元化的影响，省内工业投资分散、重复布点、盲目建设现象严重，致使产业、产品结构和地区工业结构趋同化现象十分普遍，全省13个省辖市产业结构的相似系数在90%以上。微观上产生恶性竞争的加剧、生产能力的闲置、企业效益的滑坡和亏损的增加、企业间进行低层次价格竞争的直接后果。宏观上造成工业集约化程度低，技术结构不含理，企业组织结构小型化，规模优势不明显，无法实现区域性的分工和相互协作，无法形成统一、开放的大市场。

3. 产业集中度低

规模经济是产业组织理论中的一个重要方面，规模经济的形成与发展也是构成产业组织成长的基础之一。产业关联程度不断提高推动产业组织向大型企业集团发展，同时大型企业集团又加速规模经济的形成。因此，大型企业集团不但是产业结构变动过程中的工业集中的直接产物，也是进一步推动产业结构高度化的有力杠杆。从工业产业集中度看，2001年江苏前十位企业产值占总计的比重为7.2%，比广东低3个百分点；前五十位企业产值占总计的比重为17.4%，比广东低5.6个百分点；前一百位企业产值占总计的比重为24%，比广东低5.7个百分点。特别是江苏特大型销售大户尚为数廖廖，如2000年销售收入在20亿元以上的企业有41家，其中销售收入在20～30亿元约有21家，在30～50亿元之间的有11家，50～100亿元的仅有6家，100亿元以上的企业仅有省电力公司、金陵石化和扬子石化3家，而山东已有胜利油田、海尔集团、海信集团、山东电力公司、鲁能集团等五家企业跨入了销售收入百亿元以上的行列。企业过度分散经营，不仅降低了有限的资源利用效率，而且在以大集团、大公司为主体，以综合实力较量为主题的现代市场竞争中，难以取得集聚效应和规模效益。

4. 产业核心技术较少，自主创新能力不强，高新技术产业领域尤为突出

江苏高新技术产业的技术获取目前仍以引进为主，自主研制开发的产品较少。2000年，被调查的高新企业的新产品开发经费支出占科技活动经费支出的55.64%，比规模以上工业企业的总体水平高5.44个百分点。从技术改造和技术引进来看，平均每个高新企业技术改造经费支出186.21万元，比一般企业低32.22%；平均每个高新企业技术引进支出97.48万元，高于一般企业85.92%。其中关键设备和技术的引进占74.94%，仅比

一般企业多0.69个百分点。可见，江苏高新技术产业仍然处于以技术引进为主的初级发展阶段，企业拥有的核心技术较少，自行研制开发核心技术的能力尚不强。销售收入规模较大的南京爱立信熊猫通信有限公司、苏州飞利浦消费电子有限公司等都是三资企业，其关键技术主要来源于国外，国内的企业主要是组装和销售。

二、原因探析

江苏产业结构调整存在着上述种种问题，从宏观上看，关键在于投融资体制改革的滞后和利益的驱动。各级政府目前仍是主要的投融资主体，由此导致地方政府争投资项目，重复建设和分散投资无法扼制，也无法带动民间投资，甚至对民间投资产生一定的挤出效应，加之投资领域存在所有制壁垒，所以在我国投资领域中，国有经济可以进入的有 80 个，外资可以进入的有 60 个，而非国有经济能进入的只有 30 个。同时计划经济体制下存在的资金软约束继续存在。由于地方财力的增强，资金市场的出现，地方政府筹集资金更为容易，地区产业结构的同构现象趋盛。另外，我国产业政策与其他国家产业政策的一个重大区别是，其他国家产业政策是由政府对民间企业实施的，而我国产业政策在相当大程度上，是由中央政府对地方政府实施的，上级政府对下级政府实施的，下级政府还可以采取某些方法来打破控制，如采取“说服”的办法，以某些项目对本地区的特殊意义，来打动有关部门，使其予以批准，采取游说的办法，通过对高层的“公关”，绕过有关主管部门，使项目得到批准，甚至对某些官员采取特殊的手段，使其放松管制。总之，打破管制的办法很多，产业政策在执行中很少有不打折扣的。

从产业政策实施的微观基础来看，外国政府面对的是民间企业，我国政府面对的主要是国有企业。由于国有企业在很大程度上存在着政企不分，因而导致各级政府对所属企业进行保护。地方保护使产业政策的许多手段，发挥不了应有的作用。20世纪90年代中期以前，我国国有企业很少破产，也缺乏破产的有关机制与条件，存量调整的刚性甚大，产业组织结构调整的效果不明显。这就导致许多在其他国家行之有效的政策，在我国行之无效，甚至无法推行，许多政策手段对中国企业很难诱导出预期的反映。

从产业政策手段来看，由于发展中国家政府在经济发展中的特殊地位，加之我国存在大量的国有企业，行政手段仍是各级政府运用起来最方便、使用最频繁的手段，在制定一些应急政策时具有很强的优势。例如：1995年我国批准新的轿车项目，有效地扼制了盲目新上轿车项目的势头。财政税收手段是企业感受敏感的政策手段，也是国家调整产业结构的重要手段，但地方政府在税制许可的范围内，以减免税为手段，有些符合产业政策的地方企业可能加速发展，有些不符合产业政策的企业也可能生存下来。金融手段在产业结构调整中越来越受到重视，但由于金融市场的不完善，削弱了金融调控手段的作用。信息手段目前尚未发挥太大的作用，但随着市场化的加快，信息手段将对引导产业经济发展和产业结构调整起到越来越重要的作用。

产业政策制定方法上也有许多有待改善之处。在运用现代预测分析方法时，水平还有待进一步提高，技术上还有待改进。汽车行业对20世纪90年代轿车的需求预测，存在着较大的误差。产业政策的覆盖面过窄，除了轻工行业外，其他行业在制定产业政策时，都是有意无意地以国有企业为对象的，容易导致不平等竞争。政府在政策手段的运用和选择上，仍然习惯于以行政手段进行管理、限制，而不善于运用金融等经济手段，对某些经济手段则缺乏深入了解。

此外，地区产业经济发展和产业结构调整的目标和任务有偏差，如追求小而全、大而全，分散了精力，降低了政策效果。城乡居民收入的增长趋缓、消费需求增强与消费结构升级处于积累期以及重大科学发明与技术创新不多，也是制约产业经济发展效能和产业结构调整成效的不能忽视的客观因素。

归结起来，创新不足、体制障碍，仍是产业经济发展与产业结构调整的深层制约因素。

三、政策建议

当前和今后一个较长时期，江苏正处于全面建设小康社会和率先基本现代化的重要战略机遇期，也正处于从农业社会逐步向现代社会、城市化类型社会转变的重要的历史阶段，又面临着加入 WTO 所带来的国内经济环境重大变化，经济运行处于体制深层转轨的特定背景中，长期积累的结构性矛盾在经济转型过程中凸现出来，而且国有经济布局的战略性调整和国有企业战略性改组以及民营经济的发展都处在关键时刻。根据目前世界和中国特别是长江三角洲的经济格局和发展前景，江苏产业结构调整的目标和要求是：坚定地走新型工业化之路，加快以信息化带动工业化，以工业化促进信息化，深化推进和完成工业化；致力于全球化与高科技背景下的城市化和工业化，利用全球化所带来的国际分工调整，争取在某些领域从垂直分工序列上升到水平分工系列，继续保持动态比较优势；利用科技进步，推动产业结构高度化，在保持劳动密集型产业持续稳定发展的同时，着力推进由主要从事劳动密集型产品和部分资本、技术密集型产品的生产向主要从事资本密集型产品和部分技术密集型产品生产的转化，建成全国乃至国际软件开发基地，巩固、加强和提升江苏工业制造业大省的地位和水平；发展以城郊型农业、外向型农业、特色农业与生态农业为主要特点的优质高效农业基地；发展为提高生活质量的旅游业、房地产业特别是社区服务业，加快发展金融保险业、证券业，培育服务业中的优势产业；利用城市化调整空间结构；利用全面工业化，推进地区间共同发展。

重视计划调节，突出加强市场化的开发与调整导向，努力形成适应江苏省情、符合全面建设小康社会要求、有所为有所不为、有江苏特色和优势的产业经济发展与产业结构格局。

第一产业要：(1) 以市场需求为导向，以农业增效、农民增收为目标，依靠科技进步，全面调整产品结构、产业结构和区域布局结构。积极培育15个主导产业和一批县域特色农业，着力改善农产品品质。保护粮食综合生产能力，粮食总产量保持在2750万吨左右。加快调整种植业结构，调减不适销对路的大宗农产品生产面积，扩大高效经济作物种植，重点发展畜禽水产品养殖和特种经济作物等高效农产品，提高其占农业总产值的比重。大力发展规模农业、都市农业，利用农业规模提高效益，依靠都市农业引导消费。(2) 提高农产品加工转化能力。发达国家90%以上的农产品经过加工，70%以上农产品经过多层次加工，而我国仅为20%左右，而且大都仅是初加工或简单包装。目前江苏农产品加工率大体上是肉类6%～7%、蔬菜4%左右、果品3%左右。现阶段，江苏出口的农产品基本上是原始产品或初加工品，必须重视引进先进技术设备，发展深度加工，提高产品档次和附加值。江苏要将食品工业作为农业结构调整的领头产业和国民经济支柱产业，到2005年，力争全省乡及乡以上食品加工产值达到农业总产值的80%以上。(3) 积极发展有机农业和标准化农业。有机农业不仅是农业现代化的发展方向之一，也是打破发达国家农产品贸易绿色壁垒的关键手段。目前，世界有机食品消费市场发展迅速，从而为我国通过有机食品的出口来拉动农业的发展创造了机遇。江苏应充分利用国家有机农业颁证机构、推动中国有机农业发展的国际合作机构“中德有机农业发展项目办公室”设在南京的有利条件，通过政府、龙头企业、出口贸易商、农民的协同努力，拿出20世纪80年代初办乡镇企业的勇气和干劲，大力开发有机食品，努力开拓国际和国内市场。与此同时，推行农业生产经营的标准化，重视环保和发展绿色农业、生态农业。

第二产业要：(1) 大力发展高新技术产业。根据国家对东部沿海地区的要求，优先发展具有比较优势的电子信息、生物工程和新医药、新材料产业。在电子信息业方面，着重发展集成电路及新型元器件、现代通信产品、计算机及网络产品、数字化视听产品等，建成苏南和沿江信息制造业的产业基地和产业带，努力形成制造和研究开发密集区域。在生物工程和新医药方面，着力提高药品研制开发能力，在抗癌药、抗感染药和心脑血管及消化系统药等领域选择一批新药实施产业化。在新材料方面，加强纳米材料、光通信材料、稀土复合材料开发，重点开发新型电子信息材料、特种信息材料、氟利昂替代材料及氟化产品、新型合成纤维材料、金属功能材料、特种工程塑料及塑料合金。(2) 高度重视改造提高传统产业。运用高新技术和先进适用技术，尤其是信息技术，提高设计、制造、装备和管理水平，引导传统产业向深加工、精加工、高附加值和低消耗方向发展，巩固和加强江苏制造业在全国的地位。机械设备制造，要巩固和强化农业机械、工程机械、环保设备、机床工具、输变电设备、机械基础件的传统优势，大力提高技术创新能力。推进重点环保设备的成套化、系列化和国产化。石化工业，要以石油化工和精细化工为主攻方向，以发展有机化工原料和合成材料为龙头，充分发挥石化大项目的辐射和带动作用，促进技术进步与规模经营，提高深度加工和综合利用能力。汽车工业，要加快对国外先进技术的引进、消化和吸收，重点开发新一代小型经济型乘用车，全面提升客车、载货车、专用车及底盘的技术和制造水平。加快推进与世界著名跨国企业合资合作，争取形成有较强竞争力的汽车集团，同时把江苏建成全国重要的汽车关键零部件生产基地。此外，有重点地发展现代造纸、家用电器、新型建材、冶金短缺品种、食品、包装、中高档服装及面料等优势产业。（3）按照专业化分工协作和规模经济原则，推动企业组织结构调整，下大力气解决地区产业重叠度高和结构趋同问题。鼓励企业进行跨地区、跨行业、跨所有制的联合兼并重组，提高产业集中度，培育壮大一批拥有自主知识产权、专业突出、核心能力强、管理水平高、能够参与国际竞争的集团。完善中小企业服务体系，积极扶持中小企业特别是科技型企业，引导其向“专、精、特、新”方向发展。充分发挥市场机制作用，逐步形成大企业为主导、大中小企业协调发展的格局。鼓励企业与国外知名大企业、大集团挂靠联合，拓展发展空间。继续大力实施名牌战略，发挥品牌效应。

第三产业要：（1）发展主要面向生产的服务业。积极采用连锁经营、特许经营、代理配送等新型营销方式，拓展仓储式批发和拍卖业、会展业等新型业态。加快构建公路、铁路、航空、港口快速运输和重载货运、集装箱多式联运的快捷商业配送网络体系。积极利用实物传递网络，建设邮政物流配送服务体系。以区域中心城市和交通枢纽为依托，建成区域性综合物流中心。鼓励金融业创新。积极参与同业拆借市场，发展票据市场、贴现市场。开拓保险业务，拓宽保险资金运用渠道，提高保险公司承保能力和偿付能力。加快培育中介服务业，加强投资论证、资产评估、市场调研、企业决策和管理咨询等。（2）发展面向居民消费的服务业。完善住房公积金制度，扩大房地产抵押贷款，重点发展面向居民的住宅信贷业务。建立多层次住宅供应体系，政府组织实施平价、微利价住宅建设，为中低收入和低收入家庭提供住房保障。鼓励和引导社会、个人参与房地产经营性投资。发展和规范物业管理。实施旅游倍增计划，发展环太湖、沿海、徐连旅游区和沿长江旅游带。加快开发具有地方特色的旅游产品，重点发展商务旅游、教育旅游、度假休闲旅游和文化观光旅游。积极开拓旅游市场，提高组织程度。争取将南京城墙、水乡古镇等列入世界文化遗产。建立多层次社区服务体系，优先发展与居民生活关系密切的家政服务、养老服务、托幼服务、维修服务、卫生保健服务、文娱体育服务和安全防范等，改善服务设施，拓展服务领域。(3) 建立和完善加快服务业发展的有效机制。以市场化和社会化为方向，打破垄断，放宽行业准入条件，积极引导社会力量参与竞争与发展。合理划分公共服务领域和适宜产业化经营的领域，界定政府和市场在不同领域中的作用，实施政企分开、企业与事业分开、盈利性与非盈利性机构分开，加快机关、学校、医院等后勤服务社会化。提高服务业增加值占国内生产总值的比重和从业人员占全社会人员的比重。

第三章　农业和农村经济结构调整

农业和农村经济是国民经济的重要基础。农村经济同样存在着三次产业之间以及三次产业内部各行业之间如何协调发展的问题。改革开放以来，随着乡镇企业的异军突起，江苏农业和农村产业结构发生了深刻变化。分析江苏农村产业结构演变的轨迹，揭示农村产业结构演变的规律及存在的问题，对于深入研究江苏产业经济发展、产业结构变迁和产业结构调整，对于推动江苏农村经济乃至整个江苏经济的持续稳定健康发展具有十分重要的意义。

江苏农村产业结构的演变，总体上可以分为改革开放以前和改革开放以后两个阶段。改革开放以前，由于国民经济发展长期实行重工业倾斜战略和片面推行“以粮为纲”方针，我国农村产业结构比较单一，变化不大，形成了偏重于农业特别是偏重于粮食“一头沉”的产业结构。1978 年，全国农村社会总产值中农业占 68.5%，工业占 19.4%，建筑工业占 6.6%，运输业占 1.7%，商业占 3.7%，农业与非农产业之比大约为 7∶3。在全国这样的背景下，江苏农村产业结构也脱离不了上述总格局。1978 年，江苏农村工农业总产值的比例为 1∶1.70。自然，江苏内部苏南、苏中、苏北地区之间有差异，经济发达的苏南地区非农产业已有相当程度的发展，工业产值已经接近或超过了农业，苏南农村工农业总产值的比例已达到 1∶0.92，而苏北地区农村工农业产值比例在 1∶2.5 以上，还低于全国平均水平。

经过二十多年的改革和发展，江苏农业和农村经济发展取得了举世瞩目的成就，实现了历史性跨越，摆脱了农产品短缺的长期困扰，圆了江苏人的小康梦，进入了一个新的发展阶段。随着农业指令性计划的取消和多种农副产品价格的放开，江苏农村经济开始有了新的活力，农民发展商品生产的积极性空前高涨，农村市场经济成长起来。在江苏起步较早的以乡村集体企业为代表的非农产业迅猛发展，逐步成为农村集体经济的主体，开辟了农业剩余劳动力就地转移的途径，加快了农村工业化的步伐。与此同时，江苏实行了一系列有利于城乡协调发展的区域经济政策，允许农民进城兴办非农产业，鼓励城市工业向农村转移、扩散，打破了长期以来存在的城乡分割的格局，形成了社会主义新型的城乡关系。

第一节 农村产业结构的变迁

党的十一届三中全会以来，江苏农村改革不断深化，在促进农业和农村经济总量不断扩张的同时，农业内部结构和农村一二三次产业结构得到调整和优化，农村非农产业的长足发展有力地推动了农村产业结构的变迁。总的趋势是：第一产业在农村产业结构中的比重逐渐下降，第二、三产业的比重不断上升，并逐步成为农村经济的主体，大体经历了三个阶段，并进入了第四个阶段。

一、农业内部结构初步调整（1979～1984年）

这一阶段，家庭联产承包责任制全面推行，农业生产力得到极大释放，农民生产积极性空前高涨，农业获得较大发展，“以粮为纲”的农业生产结构得到初步调整。

（1）农业内部突破了以种植业为主的单一结构，林、牧、渔业增长较快，比重提高。1979～1984年，江苏农业总产值增长60.3%，平均每年递增7.8%，其中种植业增长40.9%、林业增长37.6%、牧业增长91.9%、渔业增长95.6%，牧、渔业的增长大大快于种植业的增长。同期，在农业内部种植业产值比重迅速下降至76.1%，林、牧、渔业产值比重全面上升（见表3-1）。

表3-1　1978～1984年江苏农业结构变化情况

单位：亿元

农业产业	1978年		1984年		结构变动值（%）
	产值	比重（%）	产值	比重（%）	
种植业	85.17	80.4	193.28	76.1	-4.3
林业	1.48	1.4	4.33	1.7	0.3
畜牧业	16.78	15.8	47.17	18.6	2.7
渔业	2.44	2.3	9.04	3.6	1.3
合计	105.87	100	253.82	100.0	8.6

（2）种植业内部进一步强化粮食生产，经济作物面积扩大，比重上升。1978～1984年，江苏种植业内部，粮食作物、经济作物、其他作物的面积比重由73.5∶10.6∶15.9调整到75.2∶15.2∶6.6。与此同时，伴随产量剧增，农产品储藏、加工、运销能力显得滞后，产销的矛盾开始凸显。

二、农村非农产业初步发展（1985～1992年）

在前一阶段粮食连年丰收的基础上，粮食由长期以来的供不应求首次转变为低水平的供过于求，一些地方出现了“卖粮难”。与此同时，农业剩余劳动力问题由隐型转变为显型，迫切需要寻找新的就业门路，一场“以发展农村多种经营和农村非农产业”

的热潮孕育而生。全省在“绝不放松粮食生产，积极发展多种经营，大力发展乡镇企业”的方针指导下，农业内部结构继续得到调整，以非农产业为主的乡镇企业异军突起，农村经济多元化格局初步形成。

（1）农业内部结构继续得到调整。这一阶段，各地涌现出了一大批养殖专业户、重点户以及养殖专业村、专业社，畜牧业和渔业得到很快发展。畜牧业产值由47亿元，增加到188亿元，增长3.5倍，年均增长8.42%。渔业产值也由9亿元增加到64亿元，增6倍，年均增长8.40%。由于畜牧业和渔业的迅速发展，农业结构继续得到调整，种植业、林业产值比重下降，畜牧业和渔业比重上升（见表3-2）。

表3-2 1984～1992年江苏农业结构变化情况

单位：亿元

农业产业	1984年		1992年		结构变动值（%）
	产值	比重（%）	产值	比重（%）	
种植业	193.28	76.1	411.33	61.1	−15.0
林业	4.33	1.7	9.33	1.4	−0.3
畜牧业	47.17	18.6	188.64	28.0	9.4
渔业	9.04	3.6	63.92	9.5	5.9
合计	253.82	100.0	673.82	100.0	30.6

（2）农村非农产业发展方兴未艾。这期间乡镇企业在原有社队企业的基础上迅速发展壮大，农村非农产业发展势头强劲。1992年全省农村非农产业产值达到2842.55亿元，比1984年增加2540.22亿元，增长7.4倍。其中第二产业产值由1984年的271.69亿元，增加到1992年的2666.89亿元，增加8.82倍，第三产业产值由30.64亿元增加到175.66亿元，增加4.73倍。

农村经济结构发生较大变化（见表 3-3），农村产业经济多元化结构格局初步形成。

表 3-3　1984～1992 年江苏农村三次产业产值结构变化情况

单位：亿元

三次产业	1984 年		1992 年		结构变动值（%）
	产 值	比重%	产 值	比重%	
第一产业	253.82	45.6	673.82	19.2	-26.5
第二产业	271.69	48.9	2666.89	75.8	27.0
第三产业	30.64	5.5	175.66	5.0	-0.5
合计	556.15	100.0	3516.37	100.0	54.0

（3）农业剩余劳动力开始转向非农产业。随着农业劳动生产率的提高和非农产业的初步发展，一部分农业剩余劳动力摆脱土地的束缚，进入到非农产业。到 1992 年，全省从传统农业转移到非农产业的劳动力达到 1109.97 万人，比 1984 年增加 374.93 万人，增长 51%，年均增长 9.5%；到非农产业就业的劳动力占乡村劳动力的 39.62%，比 1984 年上升 10.4 个百分点。这一期间，农村劳动力就业的行业从传统的种养业扩展到了工业、建筑业、商业以及饮食服务业；就业的地域从本乡本地扩展到了县外、省外和进入到了大中城市。

三、农村经济结构全面调整（1993～1999 年）

社会主义市场经济体制的确立，掀开了以市场为导向全面调整农业和农村经济结构的序幕，农村一、二、三次产业结构得到有效调整，农村所有制结构发生积极变化，农业开始向区域布局优化方面迈进，高效农业和市场农业兴起，农村经济结构进入全面调整阶段。

(1) 农村三次产业结构得到有效调整。这期间农村二、三产业得到较快发展，在农村社会总产值中所占比重分别由75.8%和5%上升到77.4%和8.3%，分别上升1.6和3.3个百分点。农业所占的份额则由1992年的19.2%下降到1999年的14.3%，下降4.9个百分点。与此同时，农村就业结构也相应发生了变化。农业劳动力所占比重由1992年的60.4%下降到1999年的55.5%，下降14.9个百分点。第二、三产业劳动力所占比重分别由1992年的25.6%和14%上升到1999年的25.7%和18.8%，分别上升0.1和4.8个百分点。(见表3-4)

表3-4 1992～1999年全省农村三次产业产值结构变化情况

单位：亿元

三次产业	1992年		1999年		结构变动值（%）
	产值	比重%	产值	比重%	
第一产业	673.82	19.2	1837.43	14.3	-4.9
第二产业	2666.89	75.8	9975.86	77.4	1.6
第三产业	175.66	5.0	1069.35	8.3	3.3
合计	3516.37	100.0	12882.64	100.0	9.8

(2) 农业开始向区域布局优化迈进。为适应市场和城镇居民提高生活质量的需要，全省各地充分发挥各自的自然、经济以及区位优势，积极优化农业区域布局。1992年至1999年，全省农林牧渔业产值由674亿元，增加到1837亿元，增加1163亿元，增长1.73倍，平均每年递增14.3%。在1999年的农林牧渔业总产值中，农业（种植业）下降至59.6%，林牧渔业上升到40.4%。

(3) 农村就业结构趋向合理。农村三次产业的有效调整与农业区域布局的优化以及城乡经济的协同发展，有力地促进了农村就业结构趋向合理。农村劳动者就业不仅是农业向非农产业的单向变动，农业与非农业之间、城镇与农村之间出现了双向流动，一批外出学得知识、懂得技术、掌握信息、有了资金的农民回乡创办、领办乡镇企业和开发农业；一批城镇民营企业主、涉农事业单位的富裕人员带资金、带项目到农村承包、租赁土地发展市场农业和现代农业。1999年全省农村从业人员中，第一产业从业者1505.01万人，比1992年减少186.68万人，减11.14%；第二、三产业从业者1204.37万人，增加944万人，增长70.5%；在第二、三产业从业的人员占乡村从业人员总数的44.45%，比1992年上升4.9个百分点，在第一产业从业的人员比例相应下降。另据抽样调查资料测算，1999年江苏到省外务工的农民达335.9万人，同时，当年回流19.8万人，在回流的劳动力中，多数人在本地从事二、三产业和从事与开发相关的产业。

（4）农村所有制结构发生积极变化。党的十五届三中全会通过的《关于农业和农村工作若干问题的决定》明确提出“在积极发展公有制经济的同时，采取灵活有效的政策措施，鼓励和引导农村个体、私营等非公有制经济有更大的发展”。江苏抓住这一机遇，在继续发展壮大农村集体经济的同时，大力发展个体私营经济，取得了可喜成绩。到1999年底，全省乡镇企业达89万家，从业人员837万人，农村个体工商户发展到121.03万户，从业人员达238.21万人，有力地促进了农村经济结构乃至所有制结构的调整。（见表3-5）

表3-5　1999年江苏农村非农企业所有制结构情况

所有制形式	企业个数（万个）		年末从业人数（万人）		增加值（亿元）	
	数量	比重%	数量	比重%	数量	比重%
集体企业	7.76	8.7	462.41	55.2	1358.72	68.8
私营企业	8.13	9.1	142.22	16.9	313.96	15.9
个体企业	73.32	82.2	232.77	27.9	301.96	15.3
合　计	89.21	100.0	837.40	100.0	1974.64	100.00

四、农村经济结构战略性调整（2000年及其以后）

农业和农村经济结构调整在经历了上述三个阶段之后，进入了一个新的发展阶段。现在面临着农产品供过于求，价格持续下跌，农民增收困难等与过去农产品短缺时期有着本质区别的问题或难题，具有全局意义的战略性调整势在必行。这次战略性调整，不是简单地多种点什么、少种点什么的问题，而是全面提高农产品质量，优化农村区域布局，实现农业的可持续发展，实现城乡经济的协调发展；它不仅要解决当前农产品卖难和农民增收困难问题，而且要立足于农业和农村经济的长远发展。各地高度重视农业与农村经济结构调整，因地制宜，勇于实践，农业与农村经济发展继续保持了好的发展势头，农业与农村经济结构调整出现了可喜局面。2001年全省农林牧渔总产值1956.1亿元，比1999年增长9.8%，林牧渔产值所占比重上升1个百分点。在2000年、2001年两年里，粮食面积减少1432万亩，以油料为主的经济作物面积扩大511万亩，以蔬菜为主的其他作物面积增加532万亩。

表3-6 2000年以来江苏农业结构调整情况

单位：%

年份	农作物面积	粮食作物	经济作物	其他作物
1999	100.0	72.6	12.6	14.8
2000	100.0	66.8	15.4	17.8
2001	100.0	62.8	17.4	19.8

苏南苏中苏北农林牧渔业全面发展，苏南苏中苏北农林牧渔业总产值（现价）构成情况差异不大。

表 3-7　2001 年江苏苏南苏中苏北农林牧渔业总产值（现价）构成情况

单位：%

农业产业	苏南	苏中	苏北
种植业	57.7	54.5	58.7
林业	2.6	1.7	2.2
畜牧业	18.5	21.8	24.5
渔业	21.2	22.0	14.7
农林牧渔业	100.0	100.0	100.0

第二节　农村产业结构调整的数量演化特征

一、农村产业结构演进的规律

1. 农村产业结构的变动趋势

江苏农村产业结构的变动趋势：一是 1980 年以前，在农村社会总产值中农业仍是主体，1981 年，非农产业产值比重首次超过农业产值比重；二是 1986 年农村工业产值比重首次超过 50%，成为农村经济的主体，1992 年以后，农村工业产值比重基本稳定在 70% 以上；三是农业产值比重不断下降，非农业产值比重不断上升，2001 年农业产值比重只有 12.7%，而非农业产值比重已达 87.3%。

产业结构变动的程度可以产业结构变动率来表示：

$$K = \sum | Q_{i1} - Q_{i0} | \times 100\%$$

其中：K 为产业结构变动率，Q_{i1}为报告期构成比，Q_{i0}为基期构成比，i 为产业序号。K 值越大，说明产业结构的变动幅度越大。

表 3-8　1978～2001 年江苏农村产业产值结构

单位：%

年份	农村社会总产值（亿元）	农林牧渔业	工业	建筑业	运输业	批零贸易餐饮业	农村产业结构变动率
1978	183.97	57.5	33.9	3.2	1.4	4.0	
1979	244.96	59.3	30.7	5.3	1.1	3.6	7.8
1980	274.13	50.5	39.9	5.3	1.1	3.2	18.4
1981	312.87	49.1	38.9	7.3	1.0	2.8	3.9
1982	359.73	52.3	36.7	7.5	1.0	2.5	6.9
1983	428.58	48.3	37.2	10.3	1.5	2.6	7.9
1984	556.15	45.6	41.5	7.4	2.8	2.7	11.3
1985	775.71	37.2	49.7	7.8	2.5	2.8	17.4
1986	959.73	34.7	51.8	8.0	2.7	2.8	5.0
1987	1245.20	30.5	56.0	8.0	2.7	2.8	8.4
1988	1703.28	29.2	57.6	7.8	2.6	2.8	3.2
1989	1272.41	27.9	59.5	7.3	2.5	2.8	3.8
1990	2072.69	28.0	60.4	6.5	2.3	2.8	2.0
1991	2312.06	25.1	63.5	6.5	2.2	2.7	6.2
1992	3516.37	19.2	70.0	5.8	2.0	3.0	13.2
1993	5679.22	15.5	74.3	5.3	1.8	3.1	8.8
1994	8276.51	16.1	73.7	4.6	1.9	3.7	2.6
1995	10567.60	16.0	72.9	4.7	2.2	4.2	1.8
1996	10283.46	16.5	69.9	5.4	2.7	5.6	6.2
1997	11174.08	16.3	70.3	5	2.6	5.8	1.4
1998	11888.17	15.6	71.0	4.8	2.6	6.0	1.8
1999	12932.62	14.3	72.6	4.8	2.7	5.6	3.4
2000	14196.75	13.2	73.5	4.7	2.6	6.0	2.6
2001	15430.92	12.7	73.8	4.7	2.7	6.1	1.0

资料来源：根据 2001 年《江苏统计年鉴》有关资料计算。

从表3-8可以看出，1978～2001年江苏农村产业结构变化较大，农村产业结构变动率最高的年份为1980年，数值达18.4%，最低的2001年也有1.0%，年平均结构变化率为4.03%。

某一产业的变动程度及变动方向可以结构变动指数来表示：

$K_i = [(Q_{i1} - Q_{i0})/Q_{i0}] \times 100\%$

K_i 称为第i部门的结构变动指数。当 K_i 为负值时，表示i产业的份额下降；反之，则说明其份额上升。

1978～2001年，江苏各部门结构变动指数如下：农林牧渔业为-77.04%，农村工业为116.8%、农村建筑业为46.88%，农村运输业为85.71%，农村批发零售贸易餐饮业为50%。由此可见，在农村社会总产值中，农林牧渔业比重急剧下降，农村工业的比重则大幅上升。

2. 农村产业结构变动趋势的省际比较

与其他省相比，江苏农村产业结构处于较高水平，这可以从第一产业增加值占GDP比重看出。2000年，江苏省第一产业增加值占GDP的比重为12.0%，除了高于浙江、广东、辽宁等三省外，均低于其他各省。(见表3-9)

表3-9 2000年若干省份经济结构指标比较

单位：%

省份	第一产业增加值占GDP比重	第一产业人员占从业人员比重	乡村人口占总人口比重	县及县以下消费品零售额占全社会消费品零售额比重
浙江	11.0	37.8	51.3	45.4
安徽	24.1	59.8	72.2	52.7
山东	14.9	53.1	62.0	38.2
辽宁	10.8	37.7	45.8	17.2

续表 3-9

省份	第一产业增加值占 GDP 比重	第一产业人员占从业人员比重	乡村人口占总人口比重	县及县以下消费品零售额占全社会消费品零售额比重
河北	16.2	48.8	73.9	53.6
广东	10.4	41.1	45.0	34.0
湖南	21.3	60.8	70.3	48.0
四川	23.6	59.6	73.3	53.2
甘肃	19.7	59.7	76.0	35.5
江苏	12.0	42.2	58.5	38.6

资料来源：2001 年《中国农村统计年鉴》。

3. 农村产业结构变动的区域差异

从江苏内部苏南、苏中、苏北三大区域看，农村产业结构仍然存在很大差异，苏南农村的非农化水平要远高于苏中、苏北的水平。2000 年，非农产业占 GDP 的比重，苏南、苏中、苏北分别为 94.36%、83.95%、73.6%；非农产业劳动力占乡镇总劳力比重，苏南、苏中、苏北分别为 61.65%、48.24%、32.92%。（见表 3-10）

表 3-10　苏南苏中苏北农村社会总产值（现价）构成情况

单位：%

农村产业	苏南		苏中		苏北	
	2001 年	1996 年	2001 年	1996 年	2001 年	1996 年
农林牧渔业	6.3	8.2	17.0	24.5	26.9	34.5
非农产业	92.7	91.8	83.0	75.5	73.1	65.5
工业	80.1		67.0		62.3	
建筑业	3.9		7.0		4.4	
运输业	2.3		3.5		2.9	
批零贸易餐饮业	7.4		5.5		3.5	
农村社会总产值合计	100.0	100.0	100.0	100.0	100.0	100.0

资料来源：根据 1997、2002 年《江苏统计年鉴》有关资料计算。

二、农村工业结构的演变特征

在产业结构高度化的过程中，工业扮演着主导的角色。近现代的经济发展过程同工业的发展紧密联系在一起，经济发展过程亦可以称为“工业化”过程。这是因为，工业结构的高度化是整个产业结构高度化的核心。江苏农村工业产值占农村社会总产值的比重已由1978年的33.9%，上升到2000年的73.5%，所以分析江苏农村工业的结构演变，对于揭示江苏农村工业化和农村产业结构的演变趋势是有益的。

1. 轻工业与重工业

工业结构水平的高度化，首先表现为从以轻工业为中心的发展向以重工业为中心的发展推进，这就是所谓的重工业化。霍夫曼系数揭示了工业化过程从轻工业起步、继而重工业占主导地位的工业结构。

修正的霍夫曼系数=消费资料工业总产值/生产资料工业总产值

霍夫曼系数越小，重工业化程度越高，工业化水平也越高，它表明随着工业化程度的提高，加工程度的产业份额比例的增长。(见表3-11)。

表3-11 霍夫曼系数及工业阶段划分

阶段	第一阶段	第二阶段	第三阶段	第四阶段
霍夫曼系数	5（±1）	2.5（±1）	1（±1）	1以下

注：表中括号的数字，表示以前面数字为基准允许浮动的幅度。

霍夫曼系数使用消费资料工业和生产资料工业的划分近似于我国理论研究和实践中所使用的轻重工业的划分，因此，我们可用轻重工业产值之比，来近似地判断和衡量江苏农村工业化水

平。（见表3-12）

表3-12 江苏乡镇集体工业行业产值结构

单位：%

年份	总产值（亿元）	轻工业			重工业			
		比重	以农产品为原料比重	以非农产品为原料比重	比重	采掘工业比重	原料工业比重	加工工业比重
1978	62.57	55.11	19.40	35.71	44.89	3.90	4.19	38.81
1980	107.77	56.44	26.71	29.73	43.56	3.35	5.48	35.15
1985	359.08	49.74	28.28	21.46	50.26	2.13	8.71	39.42
1990	1170.44	55.12	30.88	24.24	44.88	1.47	9.92	33.49
1991	1411.83	53.77	31.38	22.39	46.23	1.46	11.43	33.34
1992	2384.60	52.10	31.07	21.03	47.90	1.12	11.88	34.90
1993	3946.46	50.56	28.17	22.39	49.44	3.56	8.97	36.91
1994	5588.86	52.45	27.54	24.91	47.55	1.48	11.44	34.63
1995	7427.84	53.82	27.09	26.73	46.18	1.51	11.03	33.63
1996	6505.91	50.79	24.70	26.09	49.21	1.82	10.99	36.40
1997	6313.09	52.21	25.03	27.18	47.79	2.96	8.67	36.16
1998	5905.48	54.63	25.53	29.10	45.37	2.65	9.59	33.13
1999	5600.94	55.51	23.90	31.61	44.49	2.41	7.52	34.56

资料来源：1993～2000年《江苏乡镇企业年鉴》。

表3-12显示，江苏农村工业结构1978～1999年的霍夫曼系数在1.30～0.95之间波动，平均为1.14。由于农村工业只是全省工业的一部分，以农村工业的霍夫曼系数来衡量全省的工业化水平具有一定的局限性。倘若把城市工业考虑在内，1978～1999年，江苏全部工业的霍夫曼系数在1.56～0.94之间波动，平均为1.17。尽管如此，从农村工业的霍夫曼系数接近1且相对稳

定这一点可以看出，江苏农村工业已进入霍夫曼工业阶段的第三阶段的中、后期，即处于工业化的中后期。

2. 基础工业与加工工业

在重工业化的过程中，工业结构又表现为以原材料工业为中心的发展，向以加工、组装工业为中心的发展推进，这就是所谓的“高加工度化”。这种变化意味着，在原材料工业发展到一定水平后，加工组装工业的发展要大大快于原材料工业的发展。也就是说，工业化进程大体可以分为两个阶段，一是以原材料工业为重心的发展阶段，二是以加工组装工业为重心的阶段。这一趋势表明，工业增长对原材料的依赖性到了一定程度之后会出现相对下降的趋势。

高加工程度系数＝加工工业的总产值/基础工业的总产值

江苏农村工业的高加工程度系数在改革开放以后是不断提高的。(见表 3-13)

从表 3-13 可以看出，江苏农村工业 1985 年的高加工度系数为 3.22，1999 年上升到 3.86。这说明江苏农村工业经过 20 世纪 80、90 年代的发展，加工工业的附加价值不断提高，农村工业结构呈高度化趋势。

表 3-13　江苏农村工业结构的高度化进程

产值单位：万元

农村工业产业	1985 年	1999 年
1. 煤炭采选业	9742	84669
2. 黑色金属矿采选业	729	25703
3. 有色金属矿采选业	18	2780
4. 建筑材料及其他非金属矿采选业	65821	711510
5. 采盐业	1735	

续表 3-13

产值单位：万元

6. 其他矿采选业	144	47489
7. 电力、蒸汽、热水生产和供应业	1	5427
8. 石油加工业	3800	225395
9. 炼焦、煤气及煤制品业	1368	
10. 化学工业（包括基本化工原料、有机化学产品、合成材料）	114767	2614429
11. 化学纤维工业	24969	1047305
12. 建材及其他非金属矿物制品业	468565	3240431
13. 黑色金属冶炼及压延加工业	94891	1937233
14. 有色金属冶炼及压延加工业	64187	1578702
农村基础工业产值合计	850737	11521073
当年农村工业总产值	3590798	56009416
高加工程度系数	3.22	3.86

资料来源：江苏省乡镇企业管理局《1985 年江苏省乡镇企业统计年鉴》、2000 年《江苏乡镇企业年鉴》。

3. 劳动密集型工业与资本密集型、技术密集型工业

工业化从工业资源结构的变动看，可以概括为从劳动密集型为主→资金密集型为主→技术密集型为主的结构演化轨迹。国外的一般做法是：把研究开发费用占某一产业产值 5% 以上，或把劳动力中有 5% 以上的自然科学家、工程师及技术专家的产业称之为技术密集型产业；把研究开发费用占某一产业总产值 10% 以上，或者把劳动力中有 10% 以上的自然科学家、工程师及技术专家的产业称之为高技术密集型产业。

江苏农村工业发展的过程，也体现了资本密集型工业和技术密集型工业比重不断提高的过程。这主要表现在：一是资本密

集、技术密集型工业的比重不断增加。1980年时，石油加工、黑色金属冶炼及压延加工业，有色金属冶炼及压延加工业等3大需要投入大量资金的行业的产值为零；1990年的产值为70.29亿元，占工业总产值的6.01%；1999年的产值为371.81亿元，占工业总产值的6.64%。需要较高技术水平的电子及通讯设备制造业的产值，1980年为零；1990年为30.67亿元，占工业总产值的0.09%；1999年为210.21亿元，占工业总产值的3.75%。二是职工文化水平和技术水平有所提高。在江苏乡村工业中，1990年时有大专及以上职工27255人，占职工总数的0.46%，1999年这一比例上升到2.55%。1990年有工程技术人员116406人，占职工总数的1.98%；1999年这一比例上升到6.35%（但在具有技术职称的人员中，初级技术职称占67.74%）。

三、农村产业结构演变的经济效应分析

农村产业结构的提升优化了资源配置，推动了经济增长和农民收入的提高。

1. 产业结构变动的经济增长效应

发达国家产业结构演变的事实说明，支撑现代经济增长的直接原因是处于优势地位的部门的高速增长，其占经济总量中的较高份额和强劲的增长态势，抵补了原有老的产业增长势头下降的趋势，因而它们对总体增长的贡献也特别大。从需求角度看，工业和服务业由于需求收入弹性较高，随着人均国民收入的提高，其需求将越来越大，相反，农业的需求收入弹性会随着人均收入水平提高而逐渐降低；从供给角度看，农业的技术进步速度低于其它部门特别是工业部门。这样，需求收入弹性高且技术进步速度快的工业和服务业必然获得较快的增长速度，在国民生产总值

中的比重也会不断提高，而农业的增长速度则相对较慢，在国民生产总值中的比重也会不断下降。

改革开放以来，江苏农村经济的高速增长，就是由农村非农产业尤其是农村工业的高速增长及由此导致的产业结构的提升引起的。(见表 3-14)

表 3-14　农村社会总产值指数

按可比价格计算 1978＝100

年份	农村社会总产值	农林牧渔业总产值	农村工业总产值	农村建筑业总产值	农村运输业总产值	农村批发、零售贸易业、餐饮业总产值
1978	100.0	100.0	100.0	100.0	100.0	100.0
1980	127.8	104.8	174.0	214.8	103.5	102.4
1985	317.6	165.3	604.8	787.7	571.7	221.0
1990	682.4	198.6	1683.9	1397.4	1141.2	480.9
1991	780.9	196.4	2011.0	1578.4	1205.3	531.0
1992	1212.8	221.9	3476.9	2191.4	1693.6	909.8
1993	1837.3	247.0	5650.0	3051.4	2380.2	1438.4
1994	2537.5	276.8	8065.8	3655.5	3475.8	2291.5
1995	3081.3	314.6	9774.8	4538.2	4740.9	3250.8
1996	3663.7	337.9	11868.0	4884.2	5602.1	4000.9
1997	4172.0	363.8	13660.1	5157.0	6095.1	4753.1
1998	4641.6	378.3	15285.7	5597.9	7003.8	5551.9
1999	5286.4	397.8	17275.2	6398.9	8006.0	6215.9
2000	5746.9	417.8	18893.6	6790.8	8590.7	6739.4
2001	6290.3	436.8	20737.1	7481.5	9606.2	7536.9

资料来源：2001 年《江苏统计年鉴》。

从表 3-14 可以看出，1978～2001 年，江苏农林牧渔业总产值增长了3.36倍，年均增长率为6.61%；作为全国乡镇企业的发祥地，江苏农村工业（总产值）的增长速度尤其值得关注，23年增长了206.37倍，年均增长率达26.1%，远远高于同期全国农村工业总产值的增长速度；同期江苏农村建筑业总产值、农村运输业总产值和农村批发、零售贸易、餐饮业总产值年均增长率也分别达到20.63%、21.95%、20.67%，远远超过了农业总产值的年均增长率。

2. 产业结构变动的劳动力资源再配置效应

产业结构理论研究证明，不同的产业结构状态实质上代表着不同的劳动力配置状态，产业结构的变动能够使劳动力资源得到更有效合理的配置。一方面，在农业占国民生产总值相对比重不断减小以及农业劳动生产率不断提高的情况下，劳动力不断从农业部门转移到其他部门，另一方面，工业和服务业市场规模不断扩大和新兴行业不断涌现，其吸收的劳动力越来越多，劳动力的相对比重就会相对上升。

江苏农村产业结构的变化，正是从就业结构的变化开始的。由于江苏人口多、耕地少，农村劳均耕地仅2.79亩，如果把全部劳动力都投入在极其有限的土地上，因投资报酬递减现象的客观存在，势必导致劳动边际收益的下降。改革开放以来，虽然对传统的城乡体制进行了一系列改革，使城乡之间长期隔绝的状况有了很大程度的转变，但是，至今还没有形成稳定的吸收离土农民的城市化机制，城市还不可能对农村实行全方位开放，剩余农业劳动力仍然无法被城市大量吸收。鉴于城市就业形势相当严峻，以及城市劳动就业制度改革的滞后性，农村剩余劳动力的转移不得不寻找新的空间，而其切实可行的选择，就是在农村发展工业、建筑业、运输业、商业、饮食服务业等非农产业。

改革开放以来，江苏非农产业得到了长足发展，并成为农村剩余劳动力转移的主要渠道。1978～2001年，江苏乡村劳动力由2194.60万人增加到2684.41万人，年均增长0.83%，其中非农业劳动力由226.02万人增加到1230.11万人，增长4.5倍，占乡村总劳力的比重也由9.7%上升到45.9%。(见表3-15)

表3-15　1995～2001年江苏农村劳动力结构

单位:%

年份	乡村劳动力（万人）	农业	工业	建筑业	交通运输仓储邮电通讯业	批发零售贸易及餐饮业	其他行业
1995	2657.32	58.01	20.01	8.56	3.47	2.75	7.20
1996	2657.98	57.57	19.40	8.79	3.47	3.01	7.76
1997	2662.90	57.55	18.44	9.05	3.43	3.39	8.14
1998	2671.54	57.32	17.31	9.20	3.41	3.56	9.20
1999	2646.83	56.86	16.83	9.43	3.50	3.85	9.53
2000	2634.03	56.20	16.58	9.57	3.38	3.98	10.29
2001	2684.41	54.10	16.45	9.69	3.33	4.06	12.36

资料来源：根据1996～2002年《江苏统计年鉴》有关数据计算。

3.产业结构变动的农民收入增长效应

(1)综合产业结构变动的农民收入增长效应

江苏农村非农产业的快速增长以及由此引起的农村产业结构提升，也推动了农民收入的大幅提高。到2001年底，全省农民人均纯收入达到3785元，比1978年增长24.41倍，年均名义增长率达14.9%(见表3-16)。

农民收入增长与农业政策和农村产业结构变动息息相关。从推动农民收入增长的主要因素来看：一是农产品数量的增加，二是农产品价格的提高，三是非农产业的发展和产业结构的调整优化。从发展过程来看，大致可划分为以下几个阶段：第一阶段为1978～1984年，农业丰收，价格提高，非农产业兴起，农业、农村产业结构由低级向高级迈进，农民收入快速增长，年均增长达19.63%；第二阶段为1985～1988年，种植业徘徊，但牧业、渔业和乡镇企业发展较快，农业、农村产业结构进一步优化，农民收入稳定增长，年均增速仍达15.55%；第三阶段为1989～1991年，农业徘徊，非农产业发展速度回落，多年积累的农业、农村产业结构不合理的矛盾开始显现，农民收入年均增长4.94%，扣除物价因素后农民实际收入是下降的；第四阶段为1992～1996年，农业恢复增长，农产品再次提价，乡镇企业走出低谷，农业、农村产业结构不合理矛盾初步得到治理，农民收入从迅速回升到大幅度增加，年均增速达26.88%；第五阶段为1997～2001年，农业、农村产业结构深层次矛盾凸显，农民收入缓慢增长，年均增速降为4.38%。

表3-16　1978～2001年江苏农民人均纯收入增长情况

年份	农民人均纯收入（元）	农民人均纯收入增长率（%）	年份	农民人均纯收入（元）	农民人均纯收入增长率（%）
1978	155	21.30	1990	884	0.92
1979	200	29.10	1991	921	4.18
1980	218	18.60	1992	1061	15.20
1981	258	18.40	1993	1276	19.44
1982	309	19.80	1994	1832	44.57
1983	357	15.40	1995	2457	34.14
1984	448	19.70	1996	3029	23.30
1985	493	9.98	1997	3270	7.94
1986	561	13.95	1998	3377	3.27
1987	627	11.62	1999	3459	3.51
1988	797	27.18	2000	3595	2.86
1989	876	9.90	2001	3785	5.28

资料来源：历年《江苏统计年鉴》。

计量分析表明，农民收入增长与农村产业结构变动有着紧密的关系。1978～2000 年，江苏农民人均纯收入增长率与农村产业结构变化率之间的关系见图 3-1。

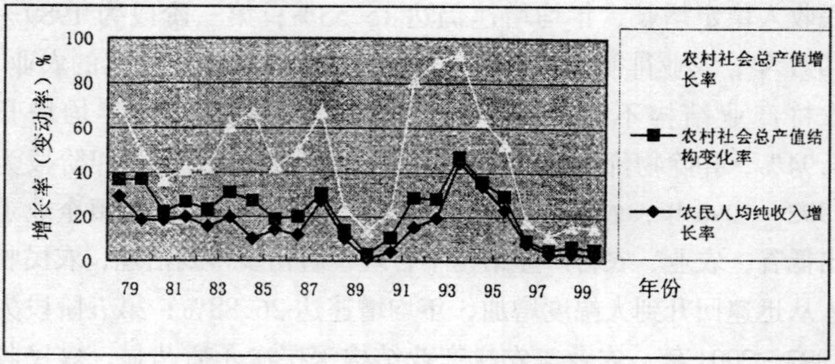

图 3-1　1978～2001 年江苏农民收入增长率与农村产业结构变动率

从图 3-1 可以看出，农民人均纯收入增长率与农村产业结构变动率之间的变化趋势基本吻合，呈现出高度的一致性。例如，与相邻年份相比，1981、1987、1990、1998 年农村产业结构变动率处于底谷，同期农民人均纯收入增长率也跌入低谷；相反，1984、1988、1994 年农村产业结构变动率处于波峰，同期农民人均纯收入增长率也呈相同的变化趋势。将农村产业结构变动率逐年累计值作自变量，以同期农民人均纯收入为因变量，建立回归模型，得到：

$$LMSR = -855.995 + 24.3758 \times CYJGL \qquad (R^2 = 0.7202)$$

式中，LMSR 代表同期农民人均纯收入，CYJGL 代表农村产业结构变动率逐年累计值。

上式表明，农民人均纯收入的变动在很大程度上取决于产业结构变动率，结构变动率每增加 1 个百分点，农民人均纯收入将会平均增加 24.4 元。

农村产业结构对农民收入增长的贡献程度有多大？结构变动

对经济增长贡献率的含义是指按经济比例关系变化引起经济总量的增加额，占同期经济增量的百分比，也称产业结构效应值。因产值与农民收入之间没有直接的计算公式，所以无法测算农村各业产值结构对农民收入增长的贡献。但因产值结构直接影响到农民收入结构的变化，因此，我们可以通过计算收入结构本身对收入总量增长的贡献，以揭示结构调整对收入的贡献。江苏产业收入增长与产值增长均符合“克拉克定律”，即随着收入水平的提高，其构成比重重点依次由第一产业向第二、三产业转移。因此，以第一产业收入的增速为参照，第二、三产业收入增速超过第一产业收入增速部分，可视为产业结构调整变动对收入的贡献。其贡献量估算公式为：

$$\triangle SR_T = \sum Y_{0I} \times (G_{TI} - G_{T1})$$

式中：$\triangle SR_T$ 代表 T 期产业结构调整对收入的贡献量；Y_{0I} 代表 T 期增速加快的发展部门 I 的基期收入，G_{TI}代表 T 期增速加快的产业收入的增速，G_{T1}代表 T 期第一产业收入的增速。

$$贡献率 = \triangle SR_T / (SR_1 - SR_0) \times 100\%$$

式中：SR_1、SR_0 分别代表报告期、基期人均收入。

运用上述公式测算出 1985～2000 年期间江苏农村产业结构调整对农民收入的贡献率为 41.7%。

(2) 农业结构变动的农民收入增长效应

1984～2000 年，江苏农业结构摆脱了以种植业为主的单一结构，呈现出农、林、牧、渔四业全面发展的态势。在内部结构中，种植业产值比重逐年下降，牧业和渔业产值比重逐年上升。其中，农业产值比重从 1984 年的 76.1% 下降到 2000 年的 58.6%，牧业产值比重从 18.6%上升到 23%，渔业产值比重从 3.6%上升到 16.7%。并且随着种植业产值比重下降、牧业和渔业产值比重上升，农民从整个农业生产中获得的收入得到了提高。这种结构上的变化，使农业总产值达到2000年的1869.73亿元，比1983年增长6.4倍，平均每年增长13.3%，使农民人均从农业得到的收入由1984年的440元上升到1916元，增长3.4倍，年均增长9.6%。农民人均农业收入增长率与农林牧渔业结构变化率之间关系见图3-2。

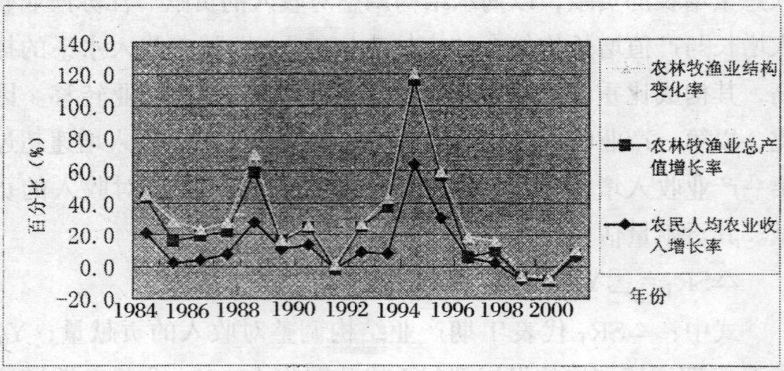

图3-2　1984～2000年江苏农业结构变动率与农民人均农业收入增长率

从图3-2可以看出，农民人均农业收入增长率与农林牧渔结构变化率趋势基本一致，仅仅幅度小一些，这表明结构变动有助于增进农民人均农业收入的增长。将农林牧渔业结构变动率年累计值作自变量，以同期农民人均农业收入为因变量，建立回归模型，得到：

$$NYSR = -82.995 + 26.0943 \times NYJGL \qquad (R^2 = 0.83738)$$

式中，NYJGL代表农林牧渔业结构变动率年累计值；NYSR代表农民人均农业收入。

上式表明，农民人均农业收入的变动在很大程度上取决于农林牧渔业结构变动率，结构变动率每增加1个百分点，农民人均从农业获得的收入将会增加26.1元。

测算1984～1999年江苏农业结构调整对农民农业收入的贡

献率其测算方法与农村产业结构对收入的贡献相同，以种植业收入的增速为参照，林牧渔业收入增速超过种植业收入增速部分，视为农业内部结构调整对收入的贡献，计算结果为15.9%。

(3) 种植业结构变动的农民收入增长效应

多年来，江苏粮食种植面积比重一直稳定在73%左右，总体看，种植业结构变动不大，仅是近年来变动有所增强。到目前为止，江苏农民从种植业获得的收入近70%还是来源于粮食收入。种植业结构变化率与农民人均种植业收入年增长率关系如图3-3。

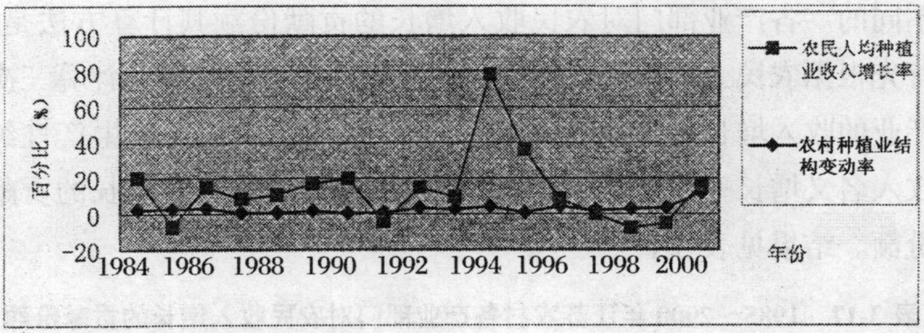

图3-3 1984～2000年江苏种植业结构变动率与农民人均种植业收入增长率

从图3-3可以看出，1984年以来江苏种植业结构变化呈一条波动很小的直线，而农民人均种植业收入年增长率则波动起伏较大，这说明多年来农民从种植业获得的增加收入主要是靠增加农产品产量和提高农产品收购价格而得，种植业内部结构调整使农民增收的功能没有充分发挥。

为了验证种植业结构调整与农民收入的关系，我们利用1984～1999年资料，对蔬菜面积份额与种植业收入之间作相关测算，得出二者之间相关系数为0.8207，呈现高度正相关。然后以蔬菜份额作自变量，种植业收入作因变量，作回归定量分析，建立模型：

$$ZZYSR = 5.5396 + 132.13SC\ (R^2 = 0.6727)$$

式中，ZZYSR 代表种植业收入，SC 代表蔬菜面积份额。

上式表明，蔬菜份额每增加一个百分点，农民从种植业得到的收入就会增长 132.13 元，可见蔬菜面积的增加对农民增收可以起一定的作用，但作用不可高估。因为，这是在假设其他条件不变的情况下的理论数据，实际情况要复杂多，盲目调整不但不能增收，而且还会减收。

（4）各业变动对农民收入增长的贡献份额

在产业变迁中，不同阶段不同产业对农民收入增长的贡献是不同的。各产业部门对农民收入增长的贡献份额其计算方法是：首先根据农民人均生产性纯收入的三次产业分组资料，计算三次产业的收入增长率（按百分点分解），然后以农民人均生产性纯收入名义增长率为 100，计算各产业部门对农民收入增长的贡献份额。结果见表 3-17。

表 3-17　1985～2000 年江苏农村各产业部门对农民收入增长的贡献份额

单位：%

产业	1985～1990 年	1991～1995 年	1996～2000 年
第一产业	56.9	55.1	-5.0
农业	18.4	56.9	-24.7
林业	0.8	0.2	1.5
牧业	14.1	4.2	12.5
渔业	1.6	1.1	5.7
第二产业	17.6	39.8	69.9
第三产业	25.5	5.1	35.1

注：各产业部门的贡献份额以农民人均生产性纯收入名义增长率为 100 计算。

表3-17计算结果表明，1995年以前各业对农民收入增长的贡献份额均为正值，其中1985～1990年对农民增收贡献份额比较大的依次为第一产业、第三产业；1991～1995年对农民增收贡献份额比较大的依次为第一产业、第二产业，其中种植业贡献份额最大，主要原因是国家大幅度提高了农产品收购价格，给农民增加了收入。1995年以后，粮食年年丰收，多数农产品出现了相对过剩，农民增产不增收。1996～2000年第一产业对农民收入增长的贡献份额为－5%，不但没作贡献，反而还拖了后腿，这期间农民收入增长的主要途径为第二、三产业。

由以上分析可以得出如下结论：一是农民收入的增长直接受农村产业结构调整的影响。在不同层次结构中，农村产业结构变动对农民收入增长的贡献最大，贡献率为41.7%；其次是农业内部结构调整对农民农业收入的影响，贡献率为15.9%。种植业结构调整对农民增收具有一定的潜力，但作用不可高估。二是非农产业是农民增收的主要支撑力量。农民收入要保持快速、稳定增长态势，必须大力发展非农产业，努力转移农村剩余劳动力，减少耕地承载农业劳动力的系数。三是农村产业结构调整是一个动态的过程，要树立长期作战的思想，不断适应需求结构的变化，科学、合理地安排好农村产业结构，才能成为推动农民收入不断增长的持久动力。

第三节　农村产业结构调整的机遇与挑战

“十五”期间乃至到2010年对农业和农村经济结构进行战略性调整，是在农产品相对过剩、市场约束增加的条件下提出来的。也是在加入WTO后，融入世界经济的经济背景下展开的，既出现了难得的历史机遇，又面临着严峻挑战，可谓机遇与挑战并存，发展与困难同在。

一、历史机遇

农产品供求实现了从卖方市场向买方市场的跨越，为农村经济结构调整带来了历史性契机。以前的几次结构调整都是在农产品整体上供不应求的情况下进行的。调整的主要目的是解决众多人口的基本需求，调整的政策也多是围绕总量的增加来协调不同品种之间的资源配置，对农业和农村经济发展的一些深层次要求根本无力顾及。二十世纪九十年代以后情况发生了根本性变化，特别是1995年以来，粮食、油料、棉花、畜产品、水产品、水果、蔬菜等主要农产品连年丰收，农产品供求关系发生了根本转变，由原来的卖方市场转变为买方市场。在粮食供给方面，二十世纪八十年代全国粮食年自给率为85%，进入九十年代达到99.6%，近几年来粮食生产总量累计增加1850亿公斤，而同期粮食消费总量累计仅增加500亿公斤，平均每年净剩余约350亿公斤。江苏也和全国一样，农民人均存粮较多。在棉花供给方面，因前几年大幅度提高收购价格，棉田面积迅速扩大，产量稳定增长，库存不断增加，近期受棉纺织品出口限制和其替代品的较快发展，市场需求减少。这些情况表明，长期困扰我国农产品数量短缺的问题已基本解决，我们正好利用这一有利时机，解决农业和农村经济发展中的一些深层次问题，加快农业结构调整，提升农村经济结构的整体效益，推动农村经济可持续发展。

农村一、二、三次产业得到长足发展，为农村经济结构调整奠定了物质基础。一是农业综合生产能力得到显著提高。改革开放以来，江苏狠抓农田基本建设和商品基地建设，农业生产条件得到明显改善，农业综合生产能力得到迅速提高。建国以来，全省累计水利投资300多亿元，群众劳动积累400多亿元，开挖土石方300多亿立方米，改造中低产田2000多万亩。到2001年末，全省农田有效灌溉面积扩大到38991千公顷，旱涝保收田3052千公顷，机电排灌面积3607千公顷。二是农村工业化的雏形已基本形成。经过二十多年的建设和发展，初步形成了以食品、饲料、建材、丝绸、轻纺为支柱的农村工业体系。到2001年全省乡镇企业已发展到43.48万家，从业人员701.74万人，实现产值11511亿元，农村工业化进入中期。三是农村第三产业迅速发展，已成为服务生产和生活吸纳农业剩余劳动力的重要产业部门。2001年，全省农村第三产业产值达到1357亿元，从业人员已达530万人。

国民经济的持续发展及人民生活水平的不断提高，为农业与农村经济结构调整提供了更多的需求。近年来，我国国民经济保持了持续增长的势头，人民生活水平和质量不断提高，对农业形成了新的需求。城乡居民的恩格尔系数大幅度下降，2000年底全国为49.13%，江苏为43.53%。在食品消费中原粮所占份额下降，肉蛋奶以及蔬菜、水果所占份额全面上升，城乡居民的生活水平从温饱迈进小康。从国际经验看，这正是食品消费结构加速变化和加工食品需求加速上升的阶段，食品加工业和优质安全方便的农产品大有拓展空间；其次，我国目前城市化水平相对落后，今后将加快城市化步伐。据研究，城镇居民的食品消费水平是农民的3～5倍，我国城市化率每提高1%，对农产品需求的增加额折合成间接粮食需求量将高达1054万吨。这既是一种差距，更是一种潜力，这种潜力的发挥无疑会为农业和农村经济结构调整提供更多的需求。

加入WTO为农村经济结构调整提供了更加广阔的市场。加入WTO后，江苏就有可能把农业资源的配置和组合延伸到国际市场，构筑农产品出口优势，扩大国际贸易，达到以彼之长，补己之短。一是有利于技术引进和提高农产品品质。加入世贸组织后，中国的投资环境更好，外资尤其是直接投资将会增加。作为农业大省的江苏，劳动力成本低、农业资源丰富，更能吸引外来投资，同时，这些投资往往能带来比较先进的技术，促进农产品质量提高。国外一些高质量的农产品进入国内市场，农产品市场竞争加剧会促进国内农产品质量提高。二是有利于促进农业产业结构的调整。长期以来，由于粮食供给紧张和国际政治环境而强调粮食生产的重要性，在一定程度是以环境恶化和忽视经济效益为代价来获取粮食高自给率。加入WTO后，江苏就能更好地发挥较优越的自然条件和比较优势，适当进口一些国内资源紧张特别是土地密集型产品，出口劳动密集型产品。三是加入WTO后，可享受其成员的无歧视贸易待遇，降低农产品贸易谈判成本和交易成本，改善农产品出口环境。江苏生猪、油料、蔬菜比较优势明显，有一定的出口竞争力。省内劳动力资源丰富，扩大国际劳务输出的潜力较大，加入WTO，无疑是一大发展机遇。

二、农村产业结构存在的问题

农村非农产业的快速发展对促进农村经济的迅猛发展，加速农村剩余劳动力的转移，促进农村产业结构的合理调整起到了积极作用，但总的来说，江苏农村产业结构不合理的矛盾仍然存在。

1. 三次产业结构失衡，第三产业比重过低

按照西蒙·库兹涅茨关于三次产业结构演进规律的理论，一般而言，第三产业增加值所占的比重越大，产业结构水平越高，反之则越低。江苏已处于工业化的中后期，相对于工业化水平而言，江苏农村的第三产业水平较低。江苏农村非农产业一直以第二产业为主，2000年，农村第二产业在农村非农产业中的比重

仍达 90.09%，农村第三产业的发展过于滞后。一些地方把乡镇企业与乡镇工业混同起来。事实证明，把乡镇企业长期局限在乡镇工业的范围内，势必影响江苏农村产业结构的高度化。同时，目前江苏农村第三产业尚限于发展商业、运输业、修理业、餐饮业等传统的服务行业，至于金融、保险、旅游、信息、咨询、仓储、科技服务等新兴行业发展不足。

2. 劳动力就业结构失衡，城镇化水平滞后工业化水平

如前所述，江苏农村非农产业尤其是农村工业的快速发展，为农村剩余劳动力的就地转移找到了一条出路。但相对于农村社会总产值结构的非农化而言，就业结构的非农化却明显滞后。2000 年，江苏农村非农产业产值已占农村社会总产值的 86.8%，但农村非农产业劳动力却只占农村总劳动力的 43.8%；农业产值只占农村社会总产值的 13.2%，但其劳力却占农村总劳动力的 56.2%（见表 3-18）。

表 3-18　2001 年江苏农村社会总产值结构与劳动力结构

单位：%

比重	农林牧渔业	农村工业	农村建筑业	农村运输业	农村批发零售贸易业及餐饮业	其他行业
产值比重	13.2	73.5	4.7	2.6	6.0	–
劳动力比重	56.2	16.6	9.6	3.4	4.0	10.2

资料来源：2002 年《江苏统计年鉴》。

造成劳动力就业结构失衡的原因是多方面的，主要是农村城镇化水平严重滞后于农村工业化水平。2000 年，江苏城镇化水平只有 32.1%，远低于江苏的工业化水平。传统的户籍制度与就业制度、住房制度、医疗制度、教育制度、养老保险制度、劳动保护制度等等都有内在的关联，没有城市户口，农民就很难在城市企业找到正式的工作，其他方面的社会保障都没有。目前这

一制度还没有从根本改革，尽管政策上放松了对农民进城的户口限制，农民也很难在城市长期稳定居住，更谈不上与城市劳动者在就业上处于平等竞争的地位。1980 年以来就出现过 1981～1983 年、1984～1989 年和 1990～1995 年、1996～1999 年的四次农村劳动力转移、回流的波动。

3. 产业链被打断，资源优势未能转化为产业优势

调整产业结构很重要的一条原则是发挥比较优势，但在江苏农村产业结构调整中，这一原则未能很好的运用。以农产品加工业为例，江苏是农业大省，但江苏农产品加工业的发展却不尽人意。江苏农产品的工业加工比例只有 30%左右，而美国农产品的工业加工比例高达 90%以上，欧洲各国和日本也在 60%～80%，其产值是农业产值的 3～5 倍。

食品工业是一个永恒的产业，在国民经济中占有极为重要的位置。至今，世界上工业发达国家食品工业的总量在所有工业部门中均居前 3 位，美国的食品工业等于机械、电子两大行业产出之和。江苏 2000 年粮食产量达 3106.63 万吨，位居全国第 4 位。江苏的食品工业产值曾一度居全国第一，但由于投入下降等原因，目前已退居广东、山东之后。江苏农村食品工业产值占农村工业总产值的比重，1978 年只有 2.60%，1999 年为 4.3%。另外，由于食品工业易于进入的特点，造成小企业在低技术水平上的重复布点，进而导致食品工业的综合实力较差，规模化程度较低，在大量外省食品和“洋”食品的冲击下，发展愈来愈困难。

4. 技术创新能力差，产业竞争力不强

技术创新是导致结构变化和推动经济增长的基本动因。经过十多年的努力，江苏农村在技术创新上取得了一定的进展，但同时也要看到仍然存在着很多问题。表现在：(1) 科技型产业比重低。一是第二产业中高新技术产业比重低。农村工业中传统行业

居多，需要较高技术水平的电子及通讯设备制造业的产值1999年为210.21亿元，仅占农村工业总产值的3.75%（见表3-19）。二是第三产业内部智力型、科技型行业比较薄弱。2000年，农村第三产业中传统行业（批发零售贸易餐饮业、运输邮电仓储业）劳动力占三产劳动力的75.11%，房地产业、信息服务业等新兴三产的比重过小。(2) 科技投入相对不足。尽管农村企业在技术创新方面的投资逐年增长，但总体投入水平仍不高，难以满足经济快速增长的需要。(3) 企业生产技术装备水平低。据我们对苏南某镇52家典型企业的调查，现有生产设备中达到国际、国内同行先进水平的分别仅占9.61 %、3.85%。(4) 职工素质不高。1999年，乡镇集体企业中，具有大专以上文化程度的职工只占职工总数的2.55%，具有初级以上技术职称的职工占职工总数的7.05%，具有高级以上技术职称的职工仅占0.42%。(5) 企业技术创新水平有待提高。农村企业中代表高新技术发展方向的企业寥寥无几，高新技术以引进为主。

5. 产业集中度低，协调能力差

规模经济是产业组织理论中的最重要的方面之一，规模经济的形成与发展也是构成产业组织结构成长的基本要素之一。总体而言，江苏农村重点工业企业和大公司、大集团的发展速度不快。农村企业中，中小企业占99%以上。2001年，营业收入亿元以上的企业788家，实现营业收入2870亿元，占全省乡镇企业营业收入的20%，企业平均规模为2.5亿元。问题还在于，在大、中、小型企业之间，城乡企业之间缺乏专业化分工和协作，低水平的重复建设、重复布点现象比较突出，造成农村企业之间、农村企业与城市企业之间的工业结构趋同，影响规模经济效益。其结果是，造成农村企业的闲置资产大量增加，利用率不高。

表 3-19 1999 年江苏乡镇集体工业主要行业产值及比重

工业产业	现价总产值（亿元）	比重（%）
总计	5600.94	100
1. 纺织业	774.88	13.83
2. 化学原料及化学制品制造业	467.61	8.35
3. 普通机械制造业	424.99	7.59
4. 金属制品业	358.18	6.39
5. 非金属矿物制造业	324.04	5.79
6. 服装及其他纤维品制造业	246.74	4.41
7. 电器机械及器材制造业	229.10	4.09
8. 塑料制品业	221.64	3.96
9. 电子及通信设备制造业	210.21	3.75
10. 黑色金属冶炼及压延加工业	193.72	3.46
前 10 大行业合计	3451.11	61.62

6. 产业结构具有很强的结构刚性，结构转换能力低

合理的产业结构是一定经济发展阶段的产物，不仅要考察它在现阶段是否合理，更要从动态方面看其合理性，即是否具有适应经济形势变化的快速转换的能力。世界经济发展的历史表明，每当产业结构出现国际性大调整之际，就会引起国家间经济实力此消彼长的对比关系变化。产业结构转换能力的强弱，往往是国家间在经济实力较量中孰胜孰败的关键因素。目前，我国居民消费结构正处在加速变动的阶段，人们不仅要求商品数量充足，更要求质量、档次的提高，品种、花色的增加，以及商品、服务消费领域的扩大。然而，江苏农村产业结构、产品结构的升级，却落后于市场需求的变化，供给和需求衔接得不好，甚至出现严重

的脱节。一方面，由于不合理的重复建设和低水平的数量扩张，使得不适应市场需求的产品供过于求，生产能力大量闲置；另一方面，一些关键的技术和设备还需要大量进口。

产业和产品不能适应市场需求的一个重要原因是农村产业结构具有很强的刚性，结构转换能力差。一是在经济体制上缺乏产业结构转换中资源再配置和要素流动所必要的经济机制，同时政府亦不具备适时推进产业结构转换的调控能力。二是企业缺乏调整产品结构的开发能力，社会也缺乏相关产品和产业的配套能力。

三、结构调整的其他难点

农村产业结构调整存在的一些难点，制约了结构调整的步伐与成效。一是农业结构再调整有难度。表现在：(1) 农产品市场需求不足。几乎所有的农产品均出现了供大于求的局面，由于生产过剩，绝大部分农产品价格持续下滑，且势头一时难以得到根本遏制，因而，农民增收的目标并不明显，有的地方甚至还出现了越调整、越受损的现象。(2) 省外农业结构调整对江苏压力加大。江苏农业结构调整步伐曾一度走在全国前列，1982 年至 1985 年，在农业总产值中，种植业所占比重下降了 12.1 个百分点，高于全国 4 个百分点，而同期山东、河南、湖北、广东等省则分别下降 6.6、4.9、6.9、11.9 个百分点。1985 年后，江苏农业结构调整受乡镇企业蓬勃发展影响基本处于停滞不前的状态，而全国及主要农业大省则明显走到了江苏前面。1990 年，江苏种植业比重调整到 62.4%，仅比 1985 年下降 0.6 个百分点，牧业、渔业比重相继调整到 27.7% 和 8.5%，分别上升 4.7 和 3.1 个百分点，而同期全国及浙江、福建、江西、山东、河南、河北等的种植业比重分别下降 4.5、4.6、5.8、5.6、9.0、

6.2、4.5 个百分点。到 2001 年，江苏种植业比重调整到 58.4%，比 1990 年下降 3.8 个百分点，渔业比重调整到 17.1%，上升 8.6 个百分点，牧业比重则降至 22.9%，下降 4.2 百分点，而同期山东的种植业、牧业比重分别是 57.1%、26.7%，种植业低于江苏，畜牧业高于江苏。由于一些先进省份农业结构调整步伐快于江苏，其大量的蔬菜、瓜果、畜禽等产品已经在江苏市场占据了相当份额，加之外省农业结构调整也在进一步推进之中，更多的非粮食类农产品将会因生产成本低等竞争优势而源源不断地进入江苏市场，这对江苏农业结构调整无疑带来巨大的压力，2002 年苏南不少地方就出现了结构调整生产出来的蔬菜由于成本较高而无法在本地市场正常出售的现象，各大农贸市场的蔬菜销售额中，外省蔬菜占据了绝大比重。(3) 农业结构调整与保持粮食安全有矛盾。江苏是全国粮食生产大省，全国小麦产量在千万吨的四个省份中，江苏在河南、山东、河北之后列第四，而处在第五、第六位的安徽、四川生产能力只有 800 多万吨和 500 多万吨，远低于江苏；江苏稻谷产量仅次于湖南，而粳稻产量却远远高于其他省份，在全国居于举足轻重的地位，左右着国内大米市场，所以，对江苏而言，粮食生产既是包袱，又是优势。粮食面积不调减不现实，但调减多了也不可能。一方面，全国各地都在搞结构调整，幅员辽阔的大西部退耕还林还草压缩粮食生产，沿海地区压缩粮食面积，粮食主产省也在大刀阔斧压缩粮食面积，长此以往，粮食问题肯定要出现反复，到时全国粮食市场的平衡工作还得靠几个产粮大省，江苏自然重任在肩，责无旁贷；另一方面，那么多面积调下来又能种些什么呢？所以，江苏农业结构调整的空间并不太大，相反，如果过分强调调减粮食面积去发展其他经济作物，不仅收效甚微，而且很可能使我们失去原有的粮食优势，这样反而得不偿失。

二是目前农村劳动力素质还比较低，难以适应农村产业结构调整的需要。二十多年的改革开放、九年制义务教育的普及、职业教育的开展、科教兴省战略的贯彻实施，有效地提高了全省劳动者素质，为经济和社会各项事业的快速发展提供了有力保障。但也要清醒地看到，文化素质仅是劳动者素质的一个方面，劳动者素质高低不仅取决于文化素质，还包括技能、管理、心理和身体素质。从总体看，江苏劳动力素质不高的状况还没有得到根本改变，特别是农村劳动力素质还比较低，突出表现为：（1）文化素质依然较低，初中及初中以下占绝大多数。据农村住户抽样调查资料，到 2000 年底，江苏农村劳动力中文盲及半文盲占 6.51%，小学占 28.87%，初中占 51.54%，高中占 10.57%，中专及以上占 2.52%。按照小学 6 年，初中 9 年，高中、中专 12 年，大专及大专以上 15 年的受教育时间计算，江苏农村劳动力的平均受教育年限只有 7.97 年，只相当于初中二年级的水平。（2）接受过专业培训的人数少。据对全省 3400 户农户家庭劳动力调查，接受过专业培训的劳动力只占 14%，86%的劳动者学校毕业后就没有接受过任何培训，与发达国家相比差距实在太大。（3）创新、创业意识不强。江苏农民在创新意识和创业意识上均不如浙江农民。从以前引以为豪的乡镇企业看，浙江已超过江苏坐拥全国“老大”连续 5 年，造成这种状况的原因是多方面的，但思想不够解放，守业意识浓，创新、创业意识不强是一个重要因素。以苏南为代表的江苏人显得委婉隐忍，而以温台为代表的浙江人则显得大胆不羁。“只要有钱赚，什么都敢干”，既是对温台人敢闯敢创的褒扬，也是对其曾大做魔鬼生意以致蔓延使浙江一度成为中国假冒伪劣产品集大成之地的写照。经过原始资本和实践经验的积累，如今浙江农民在市场经济的大潮已是独占鳌头，全省有 300 多万农民在全国各地从事经营，其中在中西部办厂经商的逾百万。哪里有商机哪里就有浙江人，以致民间有“浙商不倒”和“中国的犹太人”之誉。回看江苏就要逊色许多，从农村劳动力转移所从事的行业分布便可见一斑，打工者多，做老板的少。按转移劳动力所从事行业人数比重看，居前三位的：江苏分别为工业占35.87%，建筑业28.25%，服务业14.8%；而浙江分别为工业40.72%，服务业19.33%，商业饮食业13.14%（详见表3-20）。

表3-20 2000年转移劳动力行业结构分布

单位：%

地区	农业	工业	建筑业	交通运输	商业饮食	服务业	其他行业
江苏	2.02	35.87	28.25	4.93	5.61	14.8	8.52
浙江	1.55	40.72	11.08	3.61	13.14	19.33	10.57
广东	0.72	44.8	6.99	2.87	13.8	14.16	16.66
山东	3.27	29.99	18.32	4.67	8.98	13.07	21.77

由表3-20可以看出，浙江务工、经商和从事服务业的人数比重明显高于江苏，商品意识强于江苏，农村劳动力中从事二、三产业的比重已达52%，高出江苏5.6个百分点。农村劳动力素质低对农村结构调整产生了种种影响，它制约了农业科技进步，减缓了农业结构调整步伐；制约了二、三产业的发展，延缓了非农产业发展进程；影响了农村剩余劳动力转移步伐，进而制约了农村城镇化过程。改革开放后，江苏农村劳动力转移在全国一直处于领先地位，但1995年后，浙江开始取代江苏，在全国一路领先。从劳动力文化程度来看，江苏农民并不比浙江农民差，但经营意识和创新能力不如浙江，从而制约了农村劳动力转移步伐，江苏二、三产业劳动力占农村总劳动力的比重已连续多年徘徊于44%左右（详见表3-21）。据第五次全国人口普查资料，

2000年末江苏城镇化水平为41.49%，位居上海（88.31%）、北京（77.54%）、天津（71.99%）、广东（55.00%）、辽宁（54.24%）、黑龙江（51.54%）、吉林（49.68%）、浙江（48.67%）、内蒙古（42.68%）、福建（41.57%）之后，排第11位，比浙江低7.18个百分点，这最终影响了农民收入的提高。江苏统计资料表明，劳动者素质与收入具有正相关关系，但这种关系并非直线式的简单相关，而是有一定的复杂性。江苏按照每户劳动力最高文化程度分组，大专户人均纯收入4672.89元，是文盲户的2.4倍，劳务收入为2799.66元，为文盲户的4倍。从农民人均纯收入按五等份分组也可以看出，劳动者文化素质越高收入也越高，就业领域和范围越广。值得关注的是，有相当一部分低素质劳动者家庭陷入恶性循环，素质低－收入低－投资教育少－素质更低，没有外力的介入已很难走出困境。

表3-21　二、三产业劳动力占农村总劳动力比重

单位：%

年份	1980	1990	1995	1996	1997	1998	1999	2000
江苏	13.8	38.5	44.13	44.53	44.28	44.02	44.45	44.93
浙江	8.1	34.3	45.37	46.42	47.29	47.4	48.64	51.86
广东	5.7	32.26	47.33	43.51	42.83	42.72	42.55	43.62
山东	7.03	25.1	29.8	30.57	30.41	30.84	31.65	32.33

表3-22　按户最高文化程度分组的农民收入情况

单位：元

文化程度	大专	中专	高中	初中	小学	文盲
农民人均纯收入	4672.89	4784.81	3952.52	3367.13	3345.3	1950
劳务收入	2799.66	2505.83	2011.23	1486.24	1296.87	699.37

表 3-23 劳动者文化素质与收入、就业情况

项目	全省平均	低收入	中低收入	中收入	中高收入	高收入
文化指数（年）	8.04	7.54	7.89	8.07	8.22	8.54
农民人均纯收入（元）	3595.09	1466.46	2364.27	3137.83	4183.83	7917.55
劳务性收入（元）	1663.11	51	534.37	1205.68	2204.15	4792.99
非农产业就业比重（%）	42.77	26.82	35.01	42.86	23.18	27.67

三是思想观念陈旧、农业资源稀缺、农村基础设施落后、市场中介与信息服务滞后等，也在很大程度上制约了农村产业结构调整。

第四节 农业和农村经济结构调整的目标与政策选择

一、调整思路

始终把农业放在国民经济的首位，长期稳定农村基本政策，继续深化农村改革，保护和调动农民生产积极性；进一步加强农业基础设施建设和农业生态环境建设，改善农业生产条件，稳步提高农业综合生产能力，建设农业强省，推进农业可持续发展；坚持以市场为导向，紧紧围绕增加农民收入，依靠科技进步，着力改善农产品品种和质量，大力推进农业和农村经济结构的调整，积极推进农业产业化经营，加快发展农村第二、三产业和小城镇建设，全面提高农业和农村经济的整体素质和效益。在实施农业和农村经济结构调整中，要坚持面向市场、依靠科技、因地制宜、发挥优势、注重效益、突出特色的总体发展思路，着力提高结构调整层次，全面优化农业结构，在调整中适应市场，在优化中取得突破。

二、调整目标

按照上述总体思路，新世纪的头十年农业和农村经济结构的调整，步子要迈得更大一些，以争取在不太长的时间内，实现由农业大省向农业强省的新跨越。基本发展设想如下：(1) 农业增加值增长速度。“十五”到2010年年平均增长4%～5%。(2) 粮食生产保证人均粮食占有量保持在300千克以上。(3) 农业结构。至2010年，全省畜牧业产值占农林牧渔业总产值的比重达到30%～40%，林业产值的比重上升到10%，渔业产值的比重为20%～30%，农业（种植业）产值的比重下降为30%，使全省畜牧、水产的比较优势进一步突出出来。(4) 乡镇企业增加值增长速度。“十五”期间年平均增长速度为12%～15%，到2010年，农村社会总产值中，第二、三产业的比重提高到90%以上。(5) 农业产业化要有突破性发展。全省重点扶持70个农业产业化重点龙头企业（平均每个县区市一个），发展产业链带入产业化链条的农民达到300万人以上。(6) 农民人均纯收入实现较快增长。年人均增收达到200～300元左右，争取在“十五”期末达到5000元以上，2010年达到7000元以上，赶上或超过浙江。(7) 农村小城镇建设。继续抓好现有200个左右的重点中心镇建设，加快小城镇建设步伐，发展小城镇经济。(8) 农村就业结构。“十五”期间，全省农村劳动力转移和劳务输出增加人数年平均保持在50万人以上，2010年，全省从事农业劳动力总数比2001年下降10～15个百分点左右。(9) 生态建设。到2010年，全省年平均改造中低产田200万亩以上，搞好绿化造林650万亩，到2010年全省森林覆盖率有较大的上升。“十五”及到2010年，要新建一批灌溉等综合功能的水利工程，力争到2010年苏北耕地有效灌溉率达到80%以上。进行山、水、林、草、田、路综合治理，建设一片成一片，力争5年初见成效，10年大见成效。(10) 农村人口增长。“十五”期间，继续抓好计划生育，年人口自然增长率控制在7.9‰。

三、调整内容

新世纪农业和农村经济结构的调整，要在保证农产品供应总量不断增长和多样化的基础上，围绕增加农民收入这个中心进行全局意义的调整。通过调整，把过去那种对市场变化不灵敏、反应滞后、以掠夺资源、牺牲环境为代价的刚性经济结构转变为能迅速适应市场变化、充满创新和活力、节约资源、保护环境的柔性经济结构，从而形成强大的经济产出能力、强大的生态环境保护能力和强大的可持续发展能力。调整的内容，概括起来讲，应是三个优化，即优化农产品质量、优化农村产业结构、优化区域布局。(1) 优化农产品质量。核心是提高优质农产品比重，要增加优质农产品数量，提高农产品优质品率；要开拓市场，创出江苏优质名牌。(2) 优化农村产业结构。其核心是提高畜牧业和林业在农林牧渔业总产值中的比重，提高第二、三产业在农村经济总量中的比重。(3) 优化农业区域布局。苏南地区：发展目标为现代农业，要加强设施农业、观光农业和精品农业建设。苏中地区：发展目标为特色农业，重点发展高档特种优质稻，加快建设优质水产、花卉、优质蔬菜。苏北地区：发展目标为生态农业，重点发展意大利杨为主的林业、畜牧业、建立生猪、牛、羊生产基地，优质水果基地。种植业方面，优质大米的生产主要布局在太湖和里下河地区，优质小麦和玉米分布在淮北地带，沿海、沿江、丘陵山区以粮食为主。棉花生产主要分布在淮北、沿海、里下河高产地区。油菜生产以太湖地区、里下河地区及淮阴地区为主，花生以淮北及沙土地带为主。畜牧业方面，全省应以商品基地和发展规模养殖为依托，逐步形成以徐淮宿牛羊兔产业带、苏南规模养猪带及苏北生猪生产基地、里下河家禽及鲜蛋产业带等各具特色的畜牧业生产格局。林业方面，以丘陵山区、沿海平原和废黄河地带为主体，建成丘陵山区林果化、平原农田林网化、城镇郊区园林化、江河湖海堤路林带化格局。其布局上，环太湖地区以亚热带水果为主，茅山及宜溧低山区陵地带干鲜果品结合，高沙土区及新沂河流域主要发展干果，黄河故道地区则重点发展优质苹果。蚕桑生产重点应放在沿海、里下河、沿江、淮北东部、太湖流域等地区。渔业方面，全省布局重点为太湖湖群区，里下河湖群区，沿海滩涂养殖带、沿江养殖带及沿黄河故道养殖带的两区三带地区。

四、调整原则

新世纪的农业和农村经济结构调整，应遵循以下原则：(1) 市场导向原则。农村产业结构调整的目的就是让有限的资源发挥出更大的效益。因此，必须根据市场需求合理安排各产业的发展规模。(2) 协调发展原则。针对目前农村各产业之间存在不协调发展的状况，应把各产业的增长速度之比控制在合理的范围内，相互支持，共同发展，形成良性互补关系。(3) 经济效益、社会效益和生态效益相均衡的原则。新一轮的农村经济结构调整，必须以经济效益为中心。只有注重经济效益，才能进一步提高江苏农业和农村经济的整体素质，有效增加农民收入，促进全省国民经济快速、协调发展。但是，决不能只重视经济效益，不注重社会效益和生态效益，必须坚持经济效益、社会效益和生态效益相结合、相统一。农村工业今后的发展不能只讲速度不讲效益，应以内涵扩大再生产为主要方式，通过技术进步和改善经营管理来实现农村工业的增长。转变农村工业的发展模式，充分发展劳动密集型产业，吸纳更多的劳动力。(4) 因地制宜、积极稳妥和循序渐进的原则。江苏苏南、苏中、苏北发展水平差异很大，自然资源情况不同，使各地的社会经济条件、自然条件各有其特点，在结构调整中要根据自身环境和优势，发展具有本地特色的产品，形成丰富多彩的生产格局。同时，要认识到结构调整的长期性和复杂性，应采取积极稳妥的步骤，逐步推进。市场体系的建立、农民素质的提高、技术的推广等都需要一个过程，操之过急，企图一步到位，那是不可能的。在发达地区农村产业结构优化条件较好，可率先推进农村第三产业的发展，发挥其吸收剩余劳动力的能力。(5) 充分尊重农民自主权原则。农民是农村经济的经营主体，也是结构调整的主体。结构调整的目标要靠农民去实现，必须放手发动群众去闯市场、去创造。要稳定农村土地承包关系，尊重并切实保障农民的土地承包权和生产经营自主权，向农民提供信息、技术等服务，用政策和信息引导农民自主调整结构。同时要进一步提高农村基层干部综合素质，以避免违背农民意愿，搞瞎指挥。

农业和农村经济结构调整具有艰巨性、长期性和复杂性特征，因此，实施结构调整还应遵循多管齐下、综合互动、整体推进的原则。通过培育市场主体，形成多层次、网络状、立体型的农产品流通格局，加强宏观调控，维护市场秩序，依法保护各方经济利益，以市场体制创新带动结构调整；以科技进步和创新来带动结构调整；坚持结构调整与外向开拓紧密结合；实行产业结构、城乡结构、地区结构调整的互动并进。

五、政策选择

1. 明确农村产业结构调整的方向，对优先发展的行业和产品实行重点倾斜政策由于买方市场的出现，中国加入WTO以及知识经济带来的挑战，未来10年江苏农村产业结构将出现剧烈而深刻的变化。江苏大力推进新型工业化，工业和其他非农产业的增长会远远快于农业，农村第二、第三产业的结构份额还会上升，而农业的结构份额还会下降。江苏今后要在稳定农业基础地位的同时，提高农村工业发展水平，重点加快农村第三产业发展。在农村三次产业结构调整的同时，三次产业内部结构也会有很大的调整。农业结构的调整，主要是优化农业的产业结构，重点支持林牧渔业的发展；优化农业的产品结构，重点支持名特优新农产品的发展；优化农业的品种结构，重点支持专用型品种的发展。工业结构的调整，主要是进一步提高食品、纺织、机械、电子、化工、建材等农村支柱工业的比重；调整行业内部的产品结构，重点支持新产品和科技含量高的产品的发展。第三产业结构的调整，除了进一步发展交通运输、商品流通等传统第三产业外，要重点支持房地产业、社区服务业、旅游业等新型农村第三产业的发展。调整农村产业布局，推进三次产业共同发展，一是对现存的三次产业结构进行合理化调整，调节农村工业的发展方向，保证其健康发展；二是推动农村产业结构升级，采取多种措施发展农村第三产业，如完善和充实三产发展基金、简化审批手续、适当减免地方税费、制定吸引人才的优惠政策等。

2. 加快经济体制改革步伐，加大存量、增量调整力度

影响农村产业结构调整的一个重要因素是经济体制。传统经济体制下形成的条块分割，难以形成统一的市场体系，阻碍了生产要素的合理流动与配置；缺乏优胜劣汰的市场竞争机制，生产要素不能顺畅地向效益好的企业和建设项目集聚，落后企业和项目却占用了大量的资源。因此，要取得产业结构调整的突破，必须进一步深化改革。

(1) 深化农业经营体制改革，促进农业产业化经营。要确立以种植业为基础，种养加、农科教相结合的大农业观，把农业从产前、产中向产后部门延伸，从生产领域向流通领域渗透。要以国内外市场为导向，扬长避短，逐步形成能在县域经济中发展主导作用的农产品。组织农产品生产与加工，确保生产与消费需求的衔接，变资源优势为产品优势，再转为商品优势。完善产业化运行机制，最为重要、最为迫切的是加快农民组织化程度。“公司十农户”成为我国农业产业化发展中新兴的组织形式。其特点是，以市场为导向，实行生产、加工、销售一体化经营。龙头企业按照市场需求，与农民签订产销合同，建立生产基地，提供配套服务。农民按合同生产、交售，企业按合同收购、加工，把产品销往国外市场。利润在各个环节合理分配，生产者、加工销售者结成风险共担、利益均沾的经济共同体。农村企业是江苏的优势，各级政府要引导农村企业充分利用自身的优势，牵头办好农业龙头企业，大力发展农副产品加工和储藏、保鲜、运销业。

(2) 推动企业的并购重组，加快存量结构调整。一般而言，产业结构的调整途径有存量转移、增量配置两种。存量是在一定时点上已有规模的数量，增量则是超过原有规模的新增数量。在资产存量相对较大，过剩和短缺并存造成资源配置失效时，增量配置虽能满足某些部门生产能力扩大的要求，但却无法实现另一部分生产能力的收缩，也无法最大限度地满足社会需求。存量调整对打破产业结构刚性具有显著作用。企业的并购重组就是产业结构存量调整的一种重要方式。要以资产为纽带，以重点企业为核心，以重点产业为龙头，名特优产品为依托，通过兼并、收购、参股、控股等多种形式，实行产业的聚合裂变扩张，使总量扩张与规模经济相结合，确立把推动企业重组，培育和发展一批规模效益显著的大企业、大集团，作为重点产业发展的突破口。

对绝大多数农村中小企业应当实行改造、升级，帮助它们适应市场需求，调整产品结构和生产组织，引导中小企业走专业化、与大企业协作配套的路子，向“小巨人”方向发展，从而使农村中小企业存量资产在重组改造中得以调整和优化配置。

（3）深化金融体制改革，推进增量结构的调整。在加快存量结构调整的同时，要进一步深化农村金融体制改革，推进增量结构调整，通过改善投资结构，优化和调整产业结构。实现增量调整，需要从资金源头抓起，要形成适应结构调整要求的资金配置机制，通过新机制的作用优化投资结构，以增量调整带动存量调整。要围绕结构调整目标，积极在资金方面进行支持。政策性银行要发挥更大作用，更多地支持急需发展的产业、产品和重点项目，除农村基础设施、基础产业外，还应加大对农村支柱产业和高新技术产业的支持力度。要大力发展农村中小金融机构，为农村中小企业的发展提供更多的金融支持。

（4）进一步发展和完善市场经济体制，促进生产要素在产业和企业间顺畅流通。生产要素合理流动是有效配置资源的前提，而市场的价格机制和竞争机制则对合理配置资源发挥着重要的导向作用。在市场经济不发达的情况下，生产要素和商品流通不畅，最直接的后果就是各地区各自发展“小而全”的产业体系，甚至设置地方保护主义的“贸易壁垒”，保护自己的落后产业；扭曲的价格信号往往对产业结构的成长形成“逆导向”作用，加上诸多非市场因素使竞争机制无法发挥调节作用，由此造成区域产业结构同构化。因此，培育和完善市场的重点应是：通过培育和完善各类要素和产品市场，铲除地方保护主义，促进统一、开放、有序竞争的市场体系的形成和发展；通过政企分开，减少政府行为和政策性保护，促进公平竞争和要素合理流动。在这个过程中，稀缺资源不断地由旧产品移向新产品，由低效益企业移向高效益企业，使资源配置不断优化，由此带来产业结构的不断调整和升级。

3. 依靠科技进步，推进产业结构优化和升级

科学技术是第一生产力，科学技术进步是经济成长的头等重要因素，也是提高产业素质和结构优化的关键所在。未来10年，电子信息技术的快速发展，将深刻影响人们认识世界的方式和能力，影响人类物质文化的生产和消费；生物工程技术将把农业、医疗和生态保护带入崭新境界；新材料和先进制造技术等高科技也将给社会生产活动带来飞跃性进步。因此，无论是产业结构、产品结构还是技术结构的调整，都必须充分估量未来科学技术特别是高新技术的重大作用，把加速科技进步放在经济结构调整和发展的关键地位，强化应用技术的开发和推广，促进科技成果向现实生产力转化，不断提高经济增长中的科技含量。

（1）建立新的产业技术进步机制。产业技术进步的关键问题是机制问题。如果机制理顺了，只需外部很少的投入就可以收到很大的成效；反之，如果机制不顺，外部投入再多也很难取得预期的效果。新的产业技术进步机制，主要体现在以下几方面：一是塑造企业成为技术进步的主体。要继续深化改革，使企业成为自主经营、自负盈亏的市场竞争主体。只有这样，企业技术进步才能不仅成为企业在市场竞争中面临的压力，而且也成为自身发展的动力。二是进一步建立和完善技术市场。新的机制中，企业和科研单位除了可以相互联合外，主要通过技术市场进行联系。因此，应完善现有的技术市场，充分发挥技术市场促进科技成果向生产力转化的桥梁作用。政府对产业技术进步除了直接介入外，主要靠产业技术政策等政策和提供信息对企业和科研机构进行引导。

（2）积极推进传统产业的技术改造。目前江苏农村企业整体

上属于低技术企业，大多数企业的技术水平相当低，能耗、原材料消耗高，环境污染严重，这种状况急需改造。改造这类企业和新建技术水平较高的企业相比，所需要的技术并不复杂，所需资金相对较少；相反，大面积发展高新技术产业，则有技术、资金、人才方面的制约。有鉴于此，一些专家学者指出，中低技术产业的发展与升级仍将是今后相当长一段时期内江苏农村产业发展的重点。

（3）大力发展高新技术产业。知识经济的兴起加剧了国际间新兴产业与传统产业的垂直分工，加速了发达国家向发展中国家转移劳动密集型和部分资本密集型产业，进一步拉大发达国家和发展中国家产业层次、技术层次的差距，同时，技术革命向产业革命的转换周期和技术产品的市场周期大大缩短。这些都使得发展中国家的后发性优势减少，通过学习别国技术和经验实现赶超战略受到了挑战。面临着国际跨国企业的挑战，农村企业要想在国际和国内市场上占有一席之地，同样必须加快高新技术产业的发展。

4. 加快城镇化过程，以城镇化为契机优化农村产业结构

城镇化是带动农村经济和社会发展的一大战略，有利于扩大内需，推动国民经济更快发展；有利于农村工业相对集中，推动规模经济的发展；有利于农村服务业的发展，提升农村产业结构水平；有利于更大规模地转移农业剩余劳动力，提高农民素质。因此，城镇化是从总体上促进农村经济发展，推动农村产业结构调整的一项重要措施。江苏城镇化发展虽然取得了很大成绩，但远滞后于工业化的进程。近几年，江苏逐步放松了对农民进城的户口限制，但由于相应的就业制度、住房制度、教育制度、养老保险制度、劳动保护制度等改革没有跟上，农民很难在城市长期稳定居住，更谈不上与城市劳动者在就业上处于平等竞争地位。

因此，只有改革城乡分割的二元户籍制度，消除附着在户口管理上的各种社会经济差别，建立城乡统一流动的户籍制度，才能真正做到城乡居民在就业和其他发展机遇面前的平等竞争。要按照现代市场经济的要求和国际通行的惯例，建立城乡一元化的流动户口制度，即任何一个人，只要他在一地有稳定的收入来源，就有资格办理暂住或常住证，并依法享有当地城市居民应当享有的权利和承担相应的义务。当然，要实行城乡统一的户籍制度，使城乡居民获得统一的社会身份，还得进一步改革目前城市的就业制度和社会福利保障制度，逐渐实现就业市场化、生产资料供给商品化和福利保障社会化。可以预见，这需要经历一个较长的时间。

5. 提高劳动者素质，加快农村产业结构调整

提高劳动者素质，消除劳动者素质对农村产业结构调整的“瓶颈”效应，可以加快农村产业结构调整步伐，改善农村劳动力就业，提高农民收入，促进农村经济发展。我们认为应着重加强以下几方面的工作：

(1) 继续改革和完善农村义务教育管理体制，真正做到九年制义务教育。义务教育是实施科教兴省战略的基础，义务教育能否健康稳步快速发展，直接关系到江苏未来人口的素质、科教兴省战略的实施和全省经济社会的发展。江苏现行的农村义务教育管理体制是从20世纪80年代中期开始实行的，这一体制的基本特点是将义务教育的管理权和责任层层下放，把举办农村义务教育的主要责任落在乡镇和农民群众身上，实际上是义务教育农民办。这种管理体制在当时的历史条件下，对调动乡镇政府的积极性，激发农民群众办教育的热情，扩大农村义务教育资源，曾发挥过积极作用，但随着形势的发展，这种体制已越来越不能适应当前农村义务教育发展的需要。农村义务教育经费投入主要靠乡

镇财政和农民群众，而实际上大多数乡镇特别是苏中、苏北地区乡镇财力不足，因此难以保证农村义务教育发展的需要，教师工资拖欠严重，校舍建设和危房改造投入不足，中小学公用经费短缺，这些影响了师资队伍的稳定，制约了农村义务教育的稳步健康发展。农民承担过多的义务教育成本，加重了农民负担，悖离了义务教育政府办的精神，也使部分地区农村义务教育缀学率居高不下。由于受经费制约，一些乡镇不愿接收优秀师范毕业生，新师资补充不进去，而一些不合格的临时代课教师却长期清退不了，在岗教师得不到必要的培训和进修，师资和教学质量难以提高。由于块块分割，教育资源不能合理统筹，同一县域的农村，教职工待遇迥异，学生受教育条件天壤之别，义务教育的平等和公平得不到充分体现。为此，江苏省委、省政府决定对全省农村义务教育管理体制实行重大改革：一是把农村义务教育的责任从过去主要由农民承担转变到主要由政府承担；二是把政府义务教育的责任主要由乡镇政府管理转变到以县级管理为主，由县统一规划实施，统一发放教职工工资，统一管理校长和教师队伍，统一安排中小学日常公用经费，从而确保农村义务教育稳定、优质、均衡发展。这一治本之策，自 2001 年开始贯彻实施以来，取得了初步成效，大多数县建立了教师工资专户，按照国家规定由县统一发放教职工工资，但尚未真正建立“以县为主”的农村义务教育管理体制，农村义务教育的经费保障、运行机制和管理制度远远没有落实到位，还需进一步加大改革和工作力度。

（2）切实加强农村职业教育和成人文化技术培训，着力实施“教育富民工程”，增强劳动力在就业市场的竞争能力。首先，要进一步调整农村普通中学的课程结构和教学内容，使农村教育更好地为农村经济发展服务，为提高农民生活水平服务。特别是在高中阶段要加强职业教育，淡化普通中学与职业中学的界限，逐步实现普通中学与职业中学在课程结构、教学内容、评估体系以及升学考试等方面的沟通和统一，为农村学生、特别是农村高中阶段的学生都能受到一定程度的职业教育创造有利条件，克服农村教育脱离实际的现象，提高农村劳动力的教育收益率，实现受教育程度与个人及家庭收入的同步增长。其次，要引进市场竞争机制，鼓励社会力量办学，实行有偿服务，巩固和发展农村成人教育，最大限度地发挥农村成人教育在劳动力培训方面的作用。根据目前农村的实际，农村成人教育应坚持以技术培训为主，文化教育为辅，技术培训与文化教育相结合的原则，把实用技术的培训作为农村成人教育的重点，提高农民的科技文化水平和实际操作能力。培训方法应采用具有主动性和创造性学习特点的参与式培训方法。在培训中，尽可能做到理论联系实际，鼓励从做中学，从经验中学，农民之间相互学习，从而达到提高知识、技能和创造力的目的。再次，政府应进一步加大投入，省财政每年应从农业三项工程资金中拿出一部分专项资金用于对农民知识更新工程建设，要有计划、有重点地建设一批农村职业教育和成人文化教育培训机构，使提高农村劳动力素质有载体，而不是一句口号。

(3) 积极开发农村人力资源，使农村中沉重的人口负担尽快转化为人力资源优势，进而推动农村产业结构调整。人力资源开发是科教兴省的一项战略工程，需要面向市场、面向产业结构调整和经济全球化，工作面广量大。一是要制定长远规划，创建适合当地情况的人力资源开发的管理模式。各级农村组织应该认真总结经验，改变过去那种随机性和盲目性以及重硬件轻培训的意识，探索出一套行之有效的、科学的人力资源开发管理模式。学习的责任应该被纳入管理系统中成为部门领导、工作团队、组织成员和人力资源开发部门的共同职责，使培训和学习成为人们乐意做的事情，而不是可做可不做的事情。二是坚持人力资源开发与农村产业开发相结合。在家庭经营的基础上，我国农民已经创造了许多行之有效的农业产业化模式，在提供必要的资金和信息的基础上，应该注重有组织、有计划地对推广和处在各个环节上的农民开展经常性的培训，以此带动和激发广大农民学习知识、选择从业领域、占领市场、走致富之路的热情和勇气，为产业链条创造一套经常性的培训运作机制，达到真正占领市场目的。三是坚持人力资源开发与推进农业科技示范园区建设相结合。对于大部分农民来说，示范是一种有效的培训方式，在组织方式上应鼓励科技推广人员与农业企业和农民相结合。四是坚持人力资源开发与国家培训工程相结合。国家培训工程已取得了很大成绩。今后在继续加强"绿色证书"、"跨世纪青年农民科技培训工程"和"农科教结合"以及本省开展的"科技扶贫"、"科技星火"计划培训的同时，还应注意重视在农村开展崇尚科学破除迷信的宣传教育。五是在农村知识青年中大力倡导创业教育，培养他们的创业意识和创业能力，提高他们创业的知识水平，增强他们的创业精神，鼓励他们带头承包土地，从事农业规模经营；带头设厂、办企业，促进农村产业结构调整；带头外出务工和回乡发展生产扩大就业机会。

6．切实加大对结构调整投入的力度

加快农村经济结构调整，必须多渠道筹集资金，加大投入力度，提升对农业投入的乘数效应。二十多年来，江苏农业基本建设投资、农业利用外资、农业贷款支持农业都有较大的发展，但投入水平尚不能适应农村经济结构调整加快的要求。当前，要尽快建立国家、集体和个人等多元化投资机制，广泛吸引社会资金投入到农村结构调整中来，加大对农业基础设施投入力度，巩固和提高农业综合生产能力。各级财政部门要积极安排资金，重点用于良种繁殖、引进推广、新技术开发、示范基地建设、市场网络建设以及农产品精深加工等方面。金融部门要立足于服务农户和企业，扩大项目贷款，开展多种形式、机动利率的小额贷款。同时积极拓宽农业融资渠道，抓住机遇，对市场开拓能力强的农业产业化和乡镇企业，如果符合股票上市条件，要加快上市，扩大江苏农业企业的上市规模。进一步扶持和引导工商企业和外资企业投资农业领域，兴办农产品加工企业，不断提升农业综合开发水平。

7. 大力发展开放型农业，构筑融入全球经济的生产结构

加入WTO后，江苏农业面临的不仅仅是国内市场，同时还要面对国际市场，参与国际分工，与国际农产品竞争，建立农产品融入全球的新结构，发展开放性农业。改革开放以来，江苏农业对外经济贸易与合作长足发展，但总体而言，江苏农业外向型经济的发展与经济大省、农业大省的实际状况不相适应。主要表现在：(1) 农业的外向度还不高。农产品及其加工品的出口额占农业总产值的比重即农业外向度接近或超过50%才是真正的外向型农业。目前，江苏农业外向度约20%，低于广东10个百分点，也不及山东、福建、浙江等省份。(2) 农副产品出口的稳定性不强，年际间波动较大。(3) 农副产品的国际竞争力还不够强，一些传统产品的优势在逐渐退化。按照国际贸易标准分类，农产品是除矿物燃料、润滑油及有关原料之外的初级产品，也就是说，农产品包括食品及活动物、饮料及烟类、非食用原料、动植物油与脂及蜡。按照上述分类计算，在现有的大宗出口类产品中，活动物及动物产品和蚕丝的出口竞争系数相对稳定，一般保持在0.8以上，明显超出全国水平；棉花的出口竞争系数虽然不高，但却强于全国；植物产品、动植物油、脂及分解产品和羊毛、动物粗细毛、马海毛线及机织物出口量极少，大部分产品要

依靠进口来满足省内需求，因而更谈不上竞争力。发展外向型农业，以国际农业市场为导向，以引进先进、适用的高新农业技术为核心，形成具有国际竞争力、高辐射力和高增值力的农业经济，是新形势下实现江苏农业创新的重要举措，而加入WTO为这一创新提供了良好的契机，因此，在WTO框架内积极构筑江苏外向型农业发展的总体思路已显得尤为重要，我们要积极研究对策，尽快建立和完善一系列发展外向型农业和增强农产品国际竞争力的配套措施，主要包括：(1) 大力扶持建成一批外向型产业化龙头企业，以国际市场需求为导向，不断提高农产品深加工的科技含量，从而提升创汇农业档次，以此推动全省外向型农业的发展。(2) 加强农业出口创汇基地建设，形成区域优势和规模优势。(3) 进一步完善农业和农产品出口贸易的有关法律法规。

8. 以实实在在的措施推动农业发展，提高农业竞争力

当前和今后一个时期，江苏应突出重点、持之以恒地抓好“五大工程”和“五大体系”建设。五大工程即：种子工程建设、植物保护工程建设、优质农产品工程建设、农业开发工程建设和农民培训工程建设。在搞好“五大工程”建设的同时，要强化“五大体系”建设。五大体系是农业技术推广体系建设、农业信息体系建设、农业质量标准体系建设、农产品市场体系建设和农业行政执法体系建设。

第四章　工业结构优化升级

改革开放以来，江苏工业结构经过了十余年的调整，近年来，更加快了调整步伐，取得了明显进展。通过大力推进高新技术产业化、增强多种经济的活力、大量引进外资、提高生产集中度和扩大企业规模等措施，进一步优化了全省工业结构，扩大了全省工业规模，促进了全省工业经济总量持续增长、经济效率提高和运行机制转变，提高了全省工业整体素质，提高了工业经济运行质量和市场竞争能力。但是，江苏工业结构还存在着不容忽视的问题，必须加以重视和解决，在加入 WTO 后国内外工业市场竞争加剧、科学技术迅猛发展、各国产业结构加速调整的新形势下，江苏需要进一步调整和优化工业结构，增创体制和结构的新优势，以积极的姿态迎接经济全球化的挑战。

第一节　“九五”计划以来工业结构的新特点

一、工业经济继续快速增长，效益有明显提高，在国民经济中的地位增强

1. 工业经济快速增长，在国民经济中仍占据主体地位

近些年来，江苏通过深化改革、扩大开放，努力克服国内外不利因素的影响，积极调整工业经济结构，使工业经济总体实力不断增强，工业对经济和社会发展起到了重要的推动作用。1997

～2001年，江苏三次产业增加值在GDP结构中的比例关系由15.1∶51.1∶33.8转变为11.4∶51.6（工业44.9）∶37.0，就业结构比例由42.5∶33.3∶24.2转变为41.8∶30.4∶27.8，工业经济的发展一直是支撑江苏经济快速增长的主要动力，工业对国民经济增长率的年平均贡献率达53.7%。多年来，江苏工业增加值一直在全国保持较前位次。2001年，全省工业企业（指规模以上工业企业，下同）创造工业增加值2943.44亿元，占全国的比重为10.39%，在全国各省（市）中，绝对额位居第二。工业增加值1997～2001年间年均增长11.5%，成为全国工业增长较快的省份之一。2002年前三季度，江苏工业经济继续快速增长，增长速度大大超过农业，也超过第三产业，全省累计实现工业增加值2575.2亿元，同比增长15.3%，远远高于2001年11%的增长速度，比全国平均水平高3.1个百分点，工业增加值总量位居全国第二位，占全国11.5%，预计2002年工业增加值在三次产业中的比重将超过52%，大于前两年。

2. 工业经济效益逐年好转

近年来，江苏工业企业的获利能力和盈利水平逐年显著提高。2001年，全省工业固定资产净值年平均余额为4429.94亿元，比1997年增长42.08%，年均增长9.17%；全省工业实现利税总额为942.60亿元，其中实现利润为419.85亿元，比1997年分别增长87.28%和149.18%，年均分别增长16.9%和25.6%；工业亏损额下降6.7个百分点，亏损面减少2.9个百分点；全员劳动生产率上升15.9个百分点。2002年前三季度，全省工业产品销售收入增长18.1%，工业利润增长29.4%，工业利税增长18.1%，都明显高于工业增加值15.3%的增长速度，这些都在不同程度上反映了江苏工业经济效益的好转。

3. 不同行业、不同经济类型工业和不同规模企业的效益全

面攀升

从工业行业看，全省 40 个主要工业大类中 90% 以上的大类工业效益有不同程度提高，其中电子及通信设备制造业、电气机械及器材制造业、纺织业和化学原料及化学制品业增幅较高。从各种经济类型的工业看，1998～2001 年，全省国有工业企业共实现利润增长 6.5 倍；集体企业实现利润基本持平、略有增长；有限责任公司实现利润增加 1.8 倍；股份有限公司实现利润增长 1.9 倍；三资企业实现利润增长 3.3 倍；其他类型工业实现利润增长 1.8 倍，其中私营企业实现利润增长 6.2 倍。从企业规模看，1998～2001 年，全省大型企业、中型企业和小型企业实现利润分别比 1998 年增长 129.7%、501.1%、161.9%。

二、制造业成为工业增长的支柱，形成了一定的比较优势

江苏在经济资源的全球化优化配置的背景下，充分利用市场规模优势以及劳动力成本的比较优势，努力吸引了国际资本大量流入，通过引进和利用先进技术进行改造，制造业结构不断升级，制造业产品技术含量和国际竞争能力逐步提高，有一定技术含量的以组装加工为重点的制造业优势正在逐步形成。2001 年全省制造业增加值占 GDP 的 41.2%，总产值占全省规模以上工业总产值的 95.3%。从制造业结构看，劳动密集度较高的传统制造业，在制造业中依然保持了相当的份额，如普通机械、纺织、制造、服装及纤维制品、化学原料及制品等，在内、外向竞争中均具有一定的比较优势，是构成江苏工业竞争优势的基础。资本和技术密集型制造业总体仍处于比较弱势地位，但其中的电气机械及器材和电子及通信设备等部分行业正在由比较弱势转向比较优势。1998～2001 年，江苏纺织业、化学原料及制品制造业、电气机械及器材制造业和电子及通信设备制造业等 10 个主

要行业的总资产，占全部工业资产总额的比例由63.51%提高到65.44%，完成工业增加值占全部工业增加值的比重由62.46%提高到63.17%。机械、汽车、电子、化工四大支柱产业完成增加值的比重由1998年的45.1%上升到2001年的47.7%。2001年江苏对外出口产品中，工业制成品的比重已提高到96.7%。江苏遵循和利用了在国际产业分工的规律，以劳动密集型产业的比较优势换取国外高新技术产业的比较优势，从而提高江苏的产业技术基础，维持传统产业的竞争优势，逐步形成具有较高技术含量和附加价值的制造业优势，高新技术产业正在逐渐成为制造业发展、壮大的先导力量。

三、工业的重工业化趋势日益明显

近几年来，江苏立足于市场经济和对比较优势的科学判断，对产业发展做出战略性的选择，在国际、国内市场竞争的驱动下，通过实施工业化不均衡战略、率先推进比较优势较为明显的产业发展，推动工业结构的高度化，使工业竞争力明显提高。江苏的工业内部结构表现为重化工业化迹象日益转强，这也是工业化进程加快的重要标志。1998～2001年间，轻工业在全部规模工业中的比重由44.56%下降到42.48%；重工业比重由55.44%上升到57.52%。2002年前三季度，轻、重工业增加值分别增长14.9%和16%，对全省工业增长的贡献率为42.2%、57.8%，分别拉动全省工业增长6.5个、8.8个百分点。不仅如此，江苏的支柱产业和高新技术产业发展中，也表现出由轻工业为主向重工业为主转变的趋势。江苏工业结构中，以原料工业为重心向以加工组装工业为重心的转移程度不高，显然，这主要与国家工业化布局中将一些重点原料工业项目放在江苏有关。

四、企业的规模呈扩大化发展趋势，大中型企业比重有所上升

随着工业生产能力不断扩大和市场竞争的加剧，产业集中度提高将是必然趋势。近几年来，江苏努力培育和发展大企业、大集团（含大公司，下同），企业的规模结构在朝好的方向发展。1998～2001年，江苏企业的规模在日益扩大，集中度明显提高，江苏工业规模结构中原有的小型化、分散化特征发生了积极变化：江苏大型企业在全部工业中的比重由34.34%上升到38.70%，中型企业由16.69%上升到18.55%，小型企业由48.97%下降到42.75%，平均每个企业的资产由5066.83万元增加到5986.52万元，平均每个企业完成的增加值由1067.51万元增加到1495.35万元。2001年，全省“百强”大企业、大集团年末资产总量已占规模以上工业的43.7%，实现营业收入占40.3%，前10位大企业、大集团实现营业收入已占规模以上工业总量的10.3%。

五、公有制工业的比重逐年下降，多种经济成分共同发展的格局基本形成

1997年党的“十五大”以后，江苏在所有制改革方面进行了积极、大胆的探索，工业经济所有制结构得到不断调整和完善，逐渐形成以公有制经济为主体、多种经济成分共同发展的新格局。

1. 公有制经济在国民经济中的比重逐年下降，但其主体地位未改变

江苏工业对经济增长的作用最为重要，同时，也是所有制结构变化最大的领域。在2001年全省规模以上工业总产值中，国

有及国有控股企业占26.5%（其中纯国有工业企业比重为11.0%），集体工业为13.2%，与1998年相比，4年间降幅分别为9.1个和15.5个百分点，国有工业、集体工业比重呈逐年下降之势。在1998～2001年工业增加值结构中，江苏国有经济完成增加值的比重由22.62%下降到13.59%，集体经济完成增加值的比重由26.65%下降到12.01%。在1998～2001年工业资产结构中，在全部实收资本中，国家和集体资本的比重由47.30%下降到31.75%。

2. 非公有制经济发展势头强劲

江苏工业结构中非公有制工业（含私营工业、三资工业和非国有控股的股份制工业，下同）随着企业改革、改制工作的继续深化，发展活跃，实力逐渐增强，已逐渐成为支撑工业经济健康发展的重要力量。2001年，在规模以上工业总产值中，非公有制经济份额为60.3%，比1998年提高22.0个百分点；其中，股份制企业、私营企业、外商及港澳台投资企业产值比重分别为25.5%、12.7%和28.4%，分别比1998年提升11.9、9.1和5.7个百分点。非公有制经济已成为解决城镇就业的重要渠道。2001年，在国有、城镇集体单位以外就业的人员比重已达到全部城镇就业人口的45.3%，比1995年提高31.9个百分点，其中，股份制经济、外资经济、私营个体经济从业人员分别占到总数10.0%、6.4%和26.4%（私营15.8%，个体10.6%）。在江苏全部实收资本中，除国家和集体资本以外的个人、外商和其他社会法人资本增长加快，比重由1998年的52.70%上升到2001年的68.25%。

六、创立了一批名牌产品和商标，优化了产品结构

江苏实施的名牌战略取得成效，名牌产品和商标有力地拉动

了全省经济的发展。到2001年底，经江苏省质量技术监督局认定的工业企业名牌达483个（其中15个名牌的市场占有率居全国前五名，4个名牌的市场占有率居全国第一），完成销售总额2219.6亿元，实现利税284.2亿元，出口创汇40.6亿美元，分别比上年增长11.2%、15.9%和19.8%。在经国家质检总局认定的首批中国名牌产品中，江苏有7家企业的9个产品进入，占了总数的1/7。到2001年5月，江苏共有全国驰名商标20件，省级著名商标342件，分别居全国第三和第二。

七、苏南地区工业经济形成了区域性的整体优势

苏南地区比较优势和竞争优势极为突出，吸引了世界加工制造业的不断集聚，是江苏参与国际产业竞争最具优势的地区。2001年，苏南制造业总产值占到全省总量近七成（69.9%），高新技术产值占全省83.5%，高新产业创利税占全省81.3%，创出口交货值占全省93.9%。2001年，苏南进出口总额、出口总额和外商直接投资分别占全省总额86.5%、85.0%和87.4%，全省制造业的外商直接投资中的88.9%在苏南，有力地促进了苏南地区高附加值的加工制造业、高新技术产业的发展和区域竞争力的提升。在工业经济方面，苏南地区形成了突出的区域性整体优势。

第二节　高新技术的产业化发展

江苏是制造大省，传统产业占了相当比重，近年来，传统产业与支柱产业优势不明显，而高技术、高附加值及名牌、畅销产品仍然偏少。据调查：2000年江苏电气机械及器材制造业市场占有率由1995年的16.5%下降为14.2%，而广东由21.3%上

升到24.2%，电子及通信设备制造业2000年市场占有率比广东低18.4个百分点，石化工业尤其是化纤制造业2000年末已被浙江、山东、广东占去了14%、9.3%、8%的市场份额，食品、建材、文体用品等传统支柱产业市场占有率均下降，逐步落后于广东、上海。面对这一严峻形势，必须加快发展高新技术产业，做大、做强高新技术企业，才能有效地提升产业结构，增强地区竞争力。

一、高新技术产业发展的概况与特点

高新技术产业是以当代最新科学技术武装起来的先导产业。目前，世界范围内新兴高新技术产业主要是以下几个领域：纳米材料与纳米科技，移动通信产业、计算机硬件及软件产业、集成电路产业、生物医药产业、高新能复合材料、光电子及光器件产业。发展高新技术产业就是要实现高新技术产业化。知识创新是高新技术产业化的生成基础，技术创新是高新技术产业化的核心环节，基础设施的完善程度是高新技术产业化的实施保证。高新技术产业化具有明显的大规模的科技与经济相互偶合的特点，体现了知识创新－成果转换与扩散－成果开发利用（市场开拓）－产业成长（实现商业价值）等各环节全过程的协调发展。

1. 高新技术产业发展的总体状况

2001年，高新技术企业完成增加值占全部规模以上企业的17.7%，占规模以上国有制造业的比重近20%。其中，电子通信设备制造业的发展最为迅速，占工业总量的9.55%，居工业行业的第三位，电气机械及器材制造业占6.96%，居工业行业的第四位。在制成品出口结构中，技术和资本含量较高的机电产品比重上升到48.4%，成为制成品出口第一大类，其中高新技术产品出口比重为25.2%。目前，技术进步对工业经济增长的贡献率达到了43%。

2000年，江苏共有高新技术企业1881家，占全省规模以上企业数的10.3%，全省高新技术产业产值达1 775.5亿元，占规模以上工业企业总产值的12%。2001年，江苏全部国有及年销售收入500万元以上的非国有工业企业实现高新技术产业产值2 047.6亿元，比上年增长15.3%。1996～2000年，江苏共认定国家级新产品1826项，确认省级高新技术产品2 482项。新产品产值率和高新技术产业增加值占工业增加值的比重以每年2%～3%的速度逐年攀升，分别达到24%、19%。全省已确认的高新技术企业中，民营科技企业占1/3，但在科技投入方面，2000年全省R&D费用相当于GDP的0.66%，低于全国平均水平，更低于上海1.58%的水平。

科技基地和技术创新体系建设初具规模。2000年，全省已建成16个国家和省级工程研究中心，69个国家和省级工程技术研究中心，91个国家和省级企业技术中心，19个高新技术创业服务中心，17个国家级企业博士后工作站。

科学研究和技术贸易成效显著。2001年，江苏有16项科研成果获国家级重大科技成果奖，有322项成果获省科技进步奖，其中一等奖10项、二等奖62项、三等奖250项。全年共签订各类技术合同3.1万项，技术合同成交额52.9亿元，增长17.7%。

知识产权保护工作加强，专利事业发展较快。全年申请专利10 346件，比上年增长26%；授权专利6 158件，下降4.3%。围绕高新技术产品群培育，加快高新技术产业化步伐，组织实施70项高新技术产业化重大科技攻关项目、380项火炬计划项目和266项星火计划项目。2000年高新技术产品出口53.5亿美元，占产品出口的20.8%，机电产品出口119.3亿美元，占产品出口的46.3%。2001年，主要电子产品产量为：彩电290万部，微机15万台，程控交换机300万线，移动通信基站82万信道。

江苏科技体制改革取得较大进展，多数科研机构直接面向市场从事科研开发和市场开拓，高等院校科技管理体制也逐步适应市场经济要求，民营科技迅速发展，技术市场得到了越来越广泛的重视，全省科技创新体系正在逐步完善。在科技的管理方式上，产学研合作正在发挥越来越重要的作用，全省每年市级以上新产品开发数均以5%～6%的速度增长，其中近80%的项目是通过产学研的组织模式来实现的。

2.高新技术各产业的发展态势

目前，江苏在一些主要的高新技术产业领域中形成了一定的产业基础，发展势头旺盛，但与国际水平和国内发达地区相比存在相当差距。

江苏的移动通信产业始自熊猫电子集团与瑞典爱立信建立合资企业。2000年该公司工业总产值98亿元，利润5亿多元，占熊猫集团总公司的总产值和总利润均达60%以上。其他企业有摩托罗拉在江苏的研发中心、南京普天集团、苏州诺基亚、苏州阿尔卡特、南通的东洲通信设备有限公司，南邮罗顿通信技术有限公司。就整个移动通信产业而言，江苏落后于广东、北京，手机生产落后于山东，与天津相比，并无太大优势，主要表现在生产企业少，产值总量小，对国民经济贡献不够，应对新一轮的技术竞争中企业准备不足。2001年8月，国家计委批准了19家CDMA手机生产企业，江苏仅有一家（南京普天集团）入选，而广东有5家，山东有3家。移动通信产业的核心零部件集成电路芯片生产方面，上海已经启动，进行大量投资，用30亿元打造两条8英寸0.25微米的生产线，而以无锡华晶为代表的集成电路芯片业仍处于较为困难的境地。

2000年，江苏软件产品销售收入23亿元，从业人员2万人，从事软件开发的计算机信息系统集成的企业约1000家。2001年上半年，有163家企业申报软件企业认定，其中39家销售收入超过1000万元，在信息安全、教育、企业信息化、电信管理、嵌入式软件等领域形成一批基础较好的软件企业群，出现了南瑞集团电力控制管理、南大苏富特防火墙、联创电信网间计费、东大金智教育与企业信息化等一批企业，苏州、无锡、南京、常州软件园相继建立，江苏软件园被定为国家软件产业基地。

集成电路产业包括集成电路设计业，芯片制造业，集成电路封装业，材料、设备、仪器等支持业。“九五”期末，江苏集成电路产业已具备0.35微米的设计能力，0.6～0.8微米的生产能力，月产6英寸硅片1万片，年产集成电路芯片2亿块，封装能力达13亿块，有较为完整的材料配套体系。2000年，集成电路销售额25亿元，已经形成了设计、芯片制造、封装、测试、配套、材料较为完整的产业格局。集成电路设计业有近10家单位，是国内一支重要的设计力量，无锡集成电路业已被列入国家集成电路设计产业化基地，但是尚未形成较大的规模和影响力。集成电路芯片制造业有6家相关企业，在双极电路、砷化镓集成电路研究与生产能力均居国内领先地位，MOS电路居国内先进之列，但总体上离国外和国内先进水平有一定差距。集成电路封装业有9家单位，在全国较具实力，是技术水平较高、产量最大的基地，但与国际封装业技术水平现状比较，江苏封装业技术的先进性仍有待提高。江苏集成电路配套材料、设备等支持行业是省内集成电路产业链重要一环，其产量与技术水平居国内领先地位。

从医药产业情况来看，江苏医药产业居全国第三，2000年销售收入达143.7亿元，利税23.4亿元，约占全国1/10以上。

中药研制开发与中医临床的科研力量较强，科研力量配置较为齐全，生物技术制药则处于起步阶段。从中药现代化的创新流程来看，江苏在药用植物种植资源与引种评价、中药药材规范化栽培、生药学、中药炮制、植物化学、中药质量分析、方剂编撰与研究、中药复方筛选、中药药效药理、中药安全性评价、中药现代制剂等方面均有一批研究开发实力居全国前列的高等院校和科研院所。江苏中成药企业数占全省医药行业的12.89%，工业总产值、资产总值、销售收入则占18.54%、17.96%、18.25%，而利润总额占到61.07%。江苏中成药生产与全国相比，企业数量占全国的2.34%，工业总产值、资产总值、销售收入占全国的8.39%、4.36%、6.04%，利润总额则占全国的13.77%。江苏2000年有生物技术制药企业23家，总产值6亿元，比上年增长13%，低于全国同期平均增长率20%的水平，与国内北京、上海等市相比，江苏生物医药发展规模与水平严重滞后，江苏生物科技基础不强，总体实力远不如北京、上海，在基因研究领域还不如湖南，生物医药产业发展环境尚待优化，缺乏重点投入。

江苏信息光电子工业有了长足的发展，特别是光纤光缆业在不断引进国外先进技术和资金的基础上，形成了一定规模，已经建立起了包括光通信、光存储和光显示等光纤及光电子器件门类比较齐全的产业体系。光纤光缆产业已形成规模化生产，拥有国内光缆系列产品最齐全的企业集团。光子器件是光电子产业中最核心的领域，江苏企业积极筹资进入这一市场，开拓了激光器、光纤光栅、光纤隔离等产品。在光存储材料及器件方面，拥有华东地区最大的光盘生产线，并建有我国第一条国产光盘复制生产线。光显示产业集团优势明显，显示管、显像管的市场份额居全国前列，大屏幕液晶显示器生产方面在全国领先。

3. 高新技术产业发展的区域分布

表 4-1　江苏电子信息产业基地基本情况

开发(园)区	累计引进外资(至 2001 年)	主体产业	2001 年工业销售额	2001 年出口额	电子信息产业		
					利用外资	销售额	出口额
苏州国家高新技术产业开发区	56 亿美元	电子信息、精密机械、精细化工、新材料	371 亿元	29.7 亿美元	15 亿美元(到账)	274 亿元	23.8 亿美元
苏州工业园	46.45 亿美元(实际到账)	电子通讯、生物医药、精密机械、新材料				206 亿元	11.6 亿美元
南京江宁经济技术开发区	5.2 亿美元(实际到账)	电子信息、汽车、食品、新材料、教育科研、房地产	202.35 亿元(技工贸总收入)		12 亿美元	163.1 亿元	1.5 亿美元
无锡国家高新技术产业开发区	22.61 亿美元(实际到账)	电子信息、精密机械及机电一体化、生物工程及医药、精细化工、新材料	378.31 亿元(技工贸总收入)	14 亿美元(自营出口)		145 亿元	12.1 亿美元
昆山经济技术开发区	30 亿美元(实际到账)	电子信息、精密机械、精密化工		74 亿美元(累计出口)	37 亿美元	108 亿元	10.6 亿美元
吴江经济开发区	1.4 亿美元(2001 年实际到账)	电子信息	110 亿元	10.2 亿美元(进出口)	★	★	★
南京市珠江路科技园		电子信息	111 亿元	0.299 亿美元			

★吴江经济开发区 2001 年引进外资的 91.48%投入 IT 产业，区内外资企业和外资的 93%为 IT 产业。

注：本表根据<<江苏省电子信息产业基地汇编>>(江苏省信息产业厅、江苏省经济贸易委员会编)有关数据整理而成。

江苏的高新技术产业以苏南沿江经济带为主，苏北的高新技术产业发展相对落后。2000 年，苏南地区拥有高新技术企业 1361 家，占全省全部高新技术企业的 72.36%，实现工业增加值 355.32 亿元，占全省全部高新技术企业的 80.02%，其中：苏州市 392 家，常州市 296 家，无锡市 273 家，南京市 237 家，镇江市 163 家，增加值比重分别为 31.6%、7.3%、14.59%、21.93%和 4.6%；苏中地区共有 326 家，实现增加值 67.17 亿元，占 15.13%，其中：南通市 115 家，扬州市 111 家，泰州市 100 家，增加值比重分别为 4.10%、3.11%和 7.92%；苏北地区的高新技术企业为 194 家，实现工业增加值 21.58 亿元，占 4.86%，其中：盐城市 57 家，徐州市 50 家，淮安市 44 家，连云港市 37 家，宿迁市 6 家，增加值比重分别为 1.3%、1.08%、0.88%、1.51%、0.08%。另据资料，2001 年江苏信息产业制造业实现销售中，苏北占总销售收入的 1%，苏中占 5%，苏南占 94%。前三位的城市是，苏州占全省的 42%，南京占全省的 30%，无锡占 14%。①

4. 高新技术产业开发区的建设

开发区建设是发展高新技术产业的载体，是产业结构升级的有效途径。这里以苏南的高新技术产业开发区为例，分析开发区建设与引进外资的情况。

区内高新技术企业投资来源多样化，外商投资和港澳台商投资的高新技术企业实力较强。2000 年，外商投资和港澳台商投资工业高新技术企业共 447 家，实现增加值、销售收入、利润和利税分别为 227.67 亿元、939.24 亿元、57.84 亿元和 91.19 亿元，占整个高新技术企业的比重为 51.27%、55.02%、

① 江苏省信息产业厅编：《2001 年全省信息产品制造业经济运行情况通报》。

62.21%、55.40%。2001年，江苏电子信息产业完成1061亿元的销售中，外资企业占了77%。其次是集体企业391家，股份合作制虽拥有企业个数较多，但其实现增加值、销售收入、利润和利税所占比重不大。私营高新技术企业快速扩张。2000年末，全省私营高新技术企业共245家，比上年同期增长77.54%，比1998年增长1倍多，呈现出快速扩张的趋势。由于私营高新技术企业起点高，技术创新能力强，经济效益完成情况较为显著，全年私营高新技术企业共完成工业增加值比上年同期增长112.86%，实现利税3.59亿元，增长1.14倍。

开发区内产业聚集优势明显。苏南各市，近年改善投资环境，加大招商引资力度，使外商投资企业（大部分是台资企业）向开发区内聚集，克服了过去开发区内主业不明显的弊端，意味着开发区建设向注重质的方向转变。以下是苏南7个高新技术产业开发区的有关情况，这7个开发区被列为“江苏省电子信息产业基地”，均有自己的主业，均以电子信息产业作为重点发展领域。苏州的硬件制造业正在把广东的台资引吸过来，除了优惠的政策和高效的工作方式外，原有的产业制造基础和发展起来的电子产品配套能力使企业整体投资成本大大降低，在苏州聚集了大量的上下游产业链企业，从基础材料到电子成品的制造均已实现整合。

二、高新技术产业发展的薄弱环节

尽管江苏高新技术产业近几年发展较快，取得了令人瞩目的成绩，但从总体上看，还存在一些不足之处。

从总体来看，江苏高新技术企业规模仍然偏小，到目前为止，全省没有一家特大型高新技术企业，规模上难以形成“航空母舰”，尚未形成强大的竞争优势。而且在全部高新技术企业中还有亏损企业398家，亏损面为21.16%，比全部工业的亏损面(20.29%)还略高些。(1)高新技术产业具备的高技术密集度高、效益好、附加值大等特征的还不够突出。现有高新技术企业中，真正属于国际上领先技术的电子信息、生物医药工程和新材料、航空航天工业等所占份额还比较低，许多企业的技术只能算是次高新技术。(2)高新技术产业尚未成为支柱产业。与其他行业相比，高新技术企业在增加值率上的优势尚不明显，在GDP中所占比重过低。2000年，高新技术产业的增加值率为21.63%，低于全省21.77%的平均水平，在工业增加值与中间投入的关系上，高新技术企业的增加值与中间投入之间的比例关系约为1:3，并不高于全部规模以上工业。(3)拥有自主开发研制能力的高新技术企业还较少。在全部高新技术企业中，企业拥有核心技术和自行研制开发的能力尚不强，尤其在计算机制造和通信设备制造方面特别明显，如销售收入规模较大的南京爱立信熊猫通信有限公司，苏州飞利浦消费电子有限公司，希捷国际科技（无锡）有限公司，旭电（苏州）科技有限公司，华飞彩色显示系统有限公司，苏州明基电脑有限公司，诺基亚（苏州）电信有限公司，苏州罗技电子有限公司，仁宝电脑工业（中国）有限公司等，基本上都是三资企业，其关键技术主要来源于国外，国内的企业主要是组装和销售。(4)高新技术产业主要集中于电子信息制造业，受国际市场的影响较大。江苏电子信息制造业居全国第二，近年来台资的转移为江苏发展硬件制造业带来了机遇，成为江苏新的经济增长点，国际IT产业经过2000年的大调整后进入一个新的发展阶段，但IT产业受市场需求的影响不容低估，要注意国际IT业低迷对江苏经济带来大起大落的影响。

第三节 工业经济结构和工业化发展面临的主要问题

从数量关系上看，根据钱纳里工业化理论以及江苏的人均GDP水平，江苏已处于工业化第三时期末、第四时期初的阶段，处于工业化的中后期，产业结构变化趋势基本遵循了世界各国工业化加速阶段结构变化的一般规律。但从整体上来说，江苏工业经济还处于结构不平衡和工业化水平不高的状态与阶段上，仍没有摆脱低技术经济轨道，尤其是面临着加入WTO以后全球范围内产业结构调整和产业升级的严峻挑战。

一、工业总量规模及发展速度不快，总体效益水平仍不理想

当前，江苏工业总体效益水平仍不理想，企业运行中仍然普遍存在利润不高、富余人员较多的现象和历史累积的债务负担重、资金紧张的问题。

1. 工业总体效益水平不高，公有制工业的效益比非公有制工业低

近年来，江苏工业经济增长的质量和效益虽有提高，但在全国只处于中上等水平，与较好省份相比仍有一定差距。2001年，江苏工业效益综合指数为122.3%，与全国平均水平122.1%基本持平，在全国仅列第11位，与上海（157.2%）、浙江（143.6%）、山东（134.5%）和广东（133.2%）相比差距较大。江苏工业总量规模及发展速度不如广东快。江苏工业总量自1997年首次被广东超过，至今一直位居第二，2001年广东规模以上工业增加值比江苏多633亿元，增速快近1个百分点。江苏工业总体效益水平不如山东好。2001年，江苏工业总量规模

(增加值和销售收入)在全国居第二位，但工业利润总额却居第六位，江苏工业企业比山东多7425个，资产总额多1505.5亿元，产品销售收入多2123.5亿元，而实现的利润、利税却比山东少150.7亿元和115.3亿元。此外，江苏公有经济占用的资产比重为50.5%，比公有经济39.7%的产出比重高10.8个百分点，说明公有经济的要素生产率比非公有经济低，其中国有及国有控股工业占用的资产比重（40.6%）高出产出比重（26.5%）14.1个百分点，要素生产率低下的问题更为突出。

2. 高新技术企业效益也低，创新水平不高

江苏高新技术产值利润率为6.94%，明显低于北京(9.66%)、上海（8.27%）和广东（7.2%）；虽然江苏高新技术创新数与名列第一的上海相近，但达国际同行业新水平的仅占5.47%，落后于上海（15.24%)、北京（14.28%)、辽宁(7.53%）和广东（6.03%)。高新技术产业尚不具明显比较优势。电子及通信设备制造业、电气机械及器材制造业略有比较优势，医药制造业、交通运输设备制造业的利润率均比1998年有所下降。

3. 工业生产消耗高

近十年来，江苏工业总体消耗水平年均增加0.9个百分点左右，全省单位GDP的能源消耗和原材料消耗是美、日、西欧的4～5倍。驰名商标占创新产品的2.39%，低于北京（10.10%)、上海（4.64%)，这与江苏小企业、尤其是乡镇企业过于追求短、平、快，低水平重复多，研究开发能力弱，以及投入少密切有关。

二、工业生产结构性过剩突出，产品的有效供给不足

1. 工业生产能力低水平过剩，工业高加工度化不足

当前，随着需求层次的提高和结构的日益多样化，江苏工业

产品供给层次和结构却不能适应，无效供给过剩与有效供给不足并存。据对近两年市场供求情况的分析，江苏工业产品中，供不应求的占总数的比重基本保持为零，市场畅销的不到20%，供求基本平衡的约10%，滞销的占70%以上。高技术层次产品短缺，低档大路货产品积压，十多年来在经济高速扩张时期形成的生产能力持续性低水平过剩。“九五”时期确定为四大支柱产业的电子、机械、石化、汽车行业的产值比重也仅为50.2%，未能形成规模上的绝对优势。自1990年以来，江苏加工组装工业增长速度虽然快于原材料工业，但仅仅是原材料工业的1.36倍。这说明，江苏的工业高加工度化不足，生产层次不多，产品加工深度不够，直接阻碍了产品结构的多样化和高档化，促成了生产供给结构与消费需求结构的差异扩大。同时，各不同行业之间的加工程度和发展速度的差距也大，各行业发展不平衡比较明显。

2. 高档名牌产品少

近几年的工业品中，江苏工业产品达国家先进水平的不到20%，全省新产品产值率仅9.25%，工业品市场占有率仅为12.53%。江苏的一些名牌产品虽然有知名度，但市场销售情况不如山东（如洗衣机、电冰箱）、广东（如燃气热水器）、上海（如家用汽车）和四川（如白酒）等省（市）的同类产品。江苏一些原有名牌产品的企业被国外大企业渗透和控制，一些名牌产品和优势产品的市场也已被国外同类名牌产品覆盖（如通信产品和饮料）。在高新技术产品中，大多用的是国外品牌，拥有独立自主知识产权的品牌少。江苏名牌偏少的原因是多方面的，企业技术创新能力弱，自主技术创新能力差，研发水平偏低，在创立名牌方面的投入水平不足是重要原因之一。

3. 出口结构仍以劳动密集型产业为主

江苏现行的工业产品出口结构也仍以劳动密集型产业为主。

2001年，出口贸易额大于1亿美元的具有比较优势的19项工业制成品中，63.2%（12项）是劳动密集型产品，26.3%（5项）是显现出较强的竞争力的资本密集型产品，10.5%（2项）是初具比较优势的资本密集型产品。而在处于相对弱势的14项产品中，35.7%（5项）是劳动密集型产品，其余64.3%（9项）是资本密集型产品。

4. 农村就业结构调整和消费能力提高缓慢，制约了工业产品发展

将2001年的三次产业增加值结构（11.4:51.6:37.0）与就业结构（41.8:30.4:27.8）相对比，反映出江苏近年来三次产业增加值的比重变化与从业人员的比重变化存在着较大反差：第二产业产值比重过高，第一产业就业比重过高。可见，相对于产业结构变动而言，就业结构调整较慢，大量劳动力滞留在农业而引发的低收入和低消费，制约了工业（还有服务业）产品的进一步发展。

三、传统制造业面临的结构调整和技术改造的任务繁重

江苏是全国的老工业基地之一，制造业占了传统工业中的90%，面广量大，其在工业结构中仍占有举足轻重地位，也是高新技术产业发展的重要支撑，但是传统制造业大都还仍然在低技术经济轨道上运行，对高新技术产业的支撑也不力。2001年，具有一定比较优势的电子及通信设备和电气机械及器材制造业的产值，分别只占全省制造业的9.25%和6. 19%，远低于广东21.35%和9.77%的水平。普通机械制造、服装制造、电气机械制造和纺织业等行业尚处于一种分散状态，参与国内外竞争明显处于不利地位。由于国内制造业的基础条件相近和发展空间巨大，江苏制造业发展出现了区域工业同构化现象，家用电器、电

子、汽车制造等行业面临国内同业过度竞争。江苏制造业的资产存量质量低，如：机电一体化和自动化的装备不足，关键生产工艺技术与装备的75%依靠进口；大中型工业企业的主要专业生产设备中，技术参数达国际先进水平的设备种类仅占11.1%，达国内先进水平的也仅占28%。在高新技术企业的装备中，达国际水平与国内先进水平的装备只占企业装备总数的24.9%，低于辽宁、北京、上海。加入WTO后，参与国际分工的历程已不可逆转，随着外来资本的注入和产业的转移，制造业面临的调整已经不可避免，这对总体处于成长期的江苏制造业来说，面临机遇的同时，更多的将是挑战。

四、工业企业做大做强的力度还不够，行业集中度低，规模经济效益差

1. 工业行业集中度偏低，单个企业产业规模小

支柱产业生产集中度低、规模经济效益差是制约江苏产业国际竞争力提高的一个重要因素。江苏企业集团规模偏小，集团资产规模或经营总量基本居于10亿元至30亿元的中间层次，进入全国500强的仅4户。全省最大企业集团（熊猫电子集团）实现营业收入仅为世界最大500强企业的八十分之一。江苏企业集团资产及实现利税等经济指标在全国的集中度均低于经济相对发达的广东、上海、山东等省市，也落后于全国平均水平，与经济大省的地位极不相称。江苏单个企业平均产业规模比山东小。2001年，江苏工业企业数量比山东多7425家，实有资产总额比山东多1505.5亿元，但实现利润和利税的指标却分别比山东少150.7亿元和15.3亿元。2001年，全省工业36个生产行业中，60%左右的行业集中度都低于20%，1998～2001年，江苏规模以上工业产值中，大型企业所占的比重虽然由30.1%上升为

35.6%，但是，小型企业所占的比重还有45.7%，虽然下降7个百分点，但仍位居第一。高新技术企业的规模结构也不合理，江苏高新技术企业中，大型企业仅占20.5%，低于上海（35.44%）和广东（23.34%），江苏需要发展“专而小”、“小而精”的小企业，但需要更多的富于竞争力的大型企业集团，需要加大企业战略性改组力度。分地区看，苏南地区工业生产集中度较高，工业总产值中大中型企业占到55.1%，高出全省平均水平0.9个百分点，高出苏北地区6.1个百分点。

2. 做大做强大企业大集团的力度还不够

集团扩展的政策性配套措施有待落实。目前全省多数企业集团在进行资本运作，实施跨行业、跨所有制、跨区域购并重组、扩张集团发展规模、实现集团规模效益的过程中，一些外部不配套政策措施延缓了操作进程，如相对滞后的国有资产管理体制、资本市场及产权交易市场不健全和多数企业集团无外事审批权、部分企业集团受行政部门干预较多，集团董事会、股东会及监事会相互制衡难以落到实处。集团内部规范化程度有待提高。目前，全省企业集团的法人治理结构、管理水平、运行机制均有待进一步完善，如对企业经营者缺乏激励和约束机制，集团母子公司体制不健全，内部产权关系尚未理顺，部分“拼凑式”或“翻牌型”企业集团内部整合力度不够、运行机制不健全。资金筹措困难。2002年前三季度，江苏的工业企业生产、销售均保持较好水平，但企业产品销售价格持续偏低，企业生产成本居高不下，因此直接影响资金不畅，资金筹措困难是当前影响企业生产经营的主要问题，各行业对“资金筹措困难”的认同率亦在40%～60%之间。而上市公司及外商投资企业等特殊群体企业的资金优势明显，其流动资金景气指数分别为123.68和133.96，高于企业平均流动资金景气指数85点。

五、非公有制经济发展力度不足

1. 三资经济比重仍然较低，国际化程度不够高

江苏三资工业发展与广东、上海等沿海省（市）的差距在增大。2001年，江苏三资工业比重仅有29.1%，远远低于广东的54%；江苏外商投资总额是广东的26%，外商投资均额是上海的49.6%、广东的67.5%；江苏高技术企业平均引进外资额是上海的44.8%、广东的69.8%；江苏新产品外向度化9.29%，是上海的23.1%。这反映江苏要加强拓宽国际市场的努力。2002年前三季度，江苏出口额位居全国第二，低于广东(852.76亿美元)；江苏出口增长率列全国第四，仅高于福建(24.7%)；江苏进口额仅高于山东（92.41亿美元），列全国第四；江苏贸易顺差列第四位，仅高于福建（45.57亿美元）；江苏新批外商投资企业合同外资（158.2亿美元）规模高于广东(124.7亿美元)、上海（80.3亿美元），虽继续位居全国第一，但实际直接到账外资低于广东。

2. 个体私营经济比重仍然较低

江苏个体私营经济增长速度较快，但发展水平不高，不如浙江、广东等沿海先进省份。江苏工业实收资本中的个人资本比重占11.2%，远低于浙江32.4%的水平，农村工业资本金中个私资本的比重也比浙江低20个百分点以上。目前江苏个体私营经济的发展仍以数量扩张为主，发展水平不高。如：产品档次低，进入国际市场的少。此外，企业规模也小，平均每一个私营企业拥有资产仅46.2万元，个体工商户户均资金仅为1.22万元。

六、研究开发能力依然薄弱，科技投入不足

企业研究开发能力是企业成长的动力和在市场竞争中取得长

期优势的基本保证。2001 年，在江苏大中型工业企业中，没有科技开发活动的占总数的 45.3%。江苏平均两个企业拥有一家科研机构，而发达国家的大中型工业企业几乎都有自己的科研机构。江苏还缺乏支持名牌战略的产业服务业，包括科技市场、信息市场和人才市场等，人才流动特别是海外人才流动也还停留在浅层次上。2001 年江苏 R&D 经费占 GDP 的比重为 0.97%，低于全国平均水平（1.1%），更低于上海、山东等省市。大中型工业企业 R&D 经费支出也仅占销售收入的 0.76%，大大低于发达国家和新兴工业化国家的投入强度（1999 年，美国、日本、韩国该指标的水平分别为 2.79%、3.04%和 2.46%）和国际公认 3%～5%的投入强度。江苏仅有 23.3%的企业科技活动经费投入占销售收入的比例达到 3%的国际标准，这与江苏发展科技大省的方针极不相称。从长远发展看，仅依靠低成本的比较优势和新技术的快速而广泛吸收难以长期维持企业的综合竞争优势。

七、苏南与苏北之间差距继续加大，地区之间发展更加不平衡

苏南地区已形成的区域性整体优势极为突出，但苏南与苏北之间差距继续加大，地区之间发展更加不平衡。苏南、苏中和苏北的工业增加值之比在 1999 年为 3.67∶1.01∶1.00，而在 2002 年上半年则为 4.5∶1.8∶1；苏南、苏中和苏北的工业增加值分别拉动全省工业增长 10.6 个、2.2 个和 2.0 个百分点；工业增长速度最高的苏州与最低的扬州之间的落差达 6 个百分点，分别为 17.5%和 11.5%。工业生产力布局 80%集中在沿江一带。2001 年，三大区域产值结构均呈现二、三、一格局。就业结构则各有不同，苏南为二、三、一格局，苏中和苏北由于第一产业从业人员比重较高，苏北第二产业从业人员比重低于第三产业，分别呈

现一、二、三格局和一、三、二格局。从工业化进程看，苏南已进入工业化的中后期阶段，而苏北地区仍处于工业化的初始阶段。

第四节　工业结构优化升级的对策思路和政策建议

工业结构的调整和优化是一个国家或地区工业经济发展的结果，也是工业经济持续发展的前提。优化产业结构，使不同产业部门中具有不同边际生产力的劳动、资本等资源从生产率较低的产业部门向生产率较高的产业部门转移，可以显著地带来巨大的资源配置效益，具有十分巨大的潜力。党的十六大提出走新型工业化的道路，这也是江苏工业化发展的必然选择。江苏要发展新型工业化，核心就是要积极地融入经济全球化，主动地利用国际范围内产业结构和产业布局大调整，认真借鉴国际发达国家发展工业的经验，以国内外市场为导向，以科技创新、体制创新和管理创新为核心，以高新技术产业化为依托，进一步调整工业结构，推动产业升级，提高整个工业化的素质，提高工业的国际竞争力。

一、继续依托高新技术产业化及其对传统制造业的改造，推动整个工业结构的全面升级

发展高新技术产业已成为壮大经济技术实力的重要途径，它决定着一个国家或地区在新世纪中的国际地位。特别是加入WTO后，外资将加速流入，再将国外先进技术和管理同省内丰富的低成本劳动力相结合，有望形成新的竞争优势。

江苏应该以占领经济发展制高点为主攻目标，加强高新技术研究及其成果的转化，以重点培育具有比较优势以及产业关联度

高的高新技术产品群为突破口，以加快建设高新技术产业开发区为先导，在高新技术产业中大力发展国民经济的主导产业、支柱产业和重点产业，使之成为国民经济的主导产业和支柱产业；加强以高新技术对传统制造业的改造，使之高新技术化，使之成为或重新成为国民经济中的支柱产业和重要产业，发挥支柱作用，从而推动整个产业结构优化和全面的产业升级。

江苏可选择作为主导产业、支柱产业的高新技术产业是：电子信息、光机电一体化、新材料、生物工程和医药；可选择作为支柱产业和重要产业的传统制造业是：冶金、建材、石油和化工、机械和车辆制造、纺织和服装等。

加快发展江苏高新技术产业，需要采取以下的对策：(1) 培育一支高素质的人才队伍。首先要扩大人才总量。其次要加大力度引进高层次人才，加大力度引进博士、博士后、国外的高级技术创新型人才和熟悉市场经济、工商法律法规、企业经营管理的高层次管理人才。第三要提高人才队伍学历层次，现在江苏电子信息产业人才队伍中本科及以上学历人数比例较低（25%），要通过改善年龄、专业、职称结构，使之逐步趋向合理。第四要提高技术应用型高级人才比例。(2) 建立健全高新技术产业投资机制，逐步探索风险资本运行机制。要形成以政府投入为引导、企业投入为主体、社会投入和外资投入为重要来源的多元化投资体系。加大对高新技术产业的政策扶持力度，加强与跨国公司和国际投资机构的合作，积极引进外资，支持符合条件的企业上市融资，引导民间资本更多地投向高新技术产业。(3) 开发有自主知识产权的技术，进一步提升电子信息产品制造业水平。江苏电子信息产品制造业有较好的基础，但加入世贸组织以后，国外跨国公司进入国内市场的方式以独资企业为主，这将不利于先进技术与管理的外溢，江苏为国外 IT 跨国企业作配套，不能停留在原有的水平上，要融入跨国公司的产业链，必须提高自身的技术水平，在零部件上作一些专业性的研究开发，提高自身的专业化水平。以下产业领域中是可有所作为的：①专用集成电路设计与产业化。突破嵌入式微处理器、IC系统芯片、移动通信类电路、音频视频及多媒体专用集成电路、HDTV外围电路和信息安全所需的专用芯片，形成一批拥有自主知识产权的核心技术产品，成为全国集成电路重要生产基地。②计算机和通信技术及产品。集中力量开发生产计算机、服务器和通信产品，突出抓好CDMA蜂窝系统设备、高性能路由器、IP产品等一批通信产品的开发和生产。③数字视听技术及产品。努力提高数字化信息家用电子产品的生产规模，加速液晶和PDP彩电、HDTV的研制，加快DVD产品关键件的产业化，抓好家庭信息平台接口技术及产品。

二、大胆利用外资改组国有企业，加大国有企业改革的力度

为了深化国有（含国有控股）企业的改革，发挥国有企业在工业结构高加工度化和集约化进程中的骨干作用，需要大胆借助国外资源，通过多种形式的资产重组、资本运营，实施一批重大资产重组项目，着重在主导产业、支柱产业和重点产业中抓紧培育、发展一批管理体制和运行机制与国际接轨，拥有核心技术、拥有自主知识产权、具有跨国经营能力和国际竞争能力的大企业、大集团。原国家经贸委等发布了《利用外资改组国有企业暂行规定》，必将推动国有企业的改革开放进入一个新阶段。江苏应以此为契机，结合自身工业发展战略和产业政策，选择适当的国有企业开展这项工作的试点，并及时总结推广，以此作为促进国有资本优化配置，促进引进技术和管理经验，建立符合国际

规范的企业治理机构，促进现代企业制度的建立和完善，提高国有工业经济的质量和控制力，带动整个工业技术进步和产业升级，做大、做强企业，提高工业综合竞争能力的一个重要手段。国有经济要缩短战线，坚决从一般竞争领域和劣势小型企业中退出来，同时，也为其他类型经济的发展让出空间。继续围绕增强核心竞争力，提高市场应变和竞争能力，采取多种形式放开搞活中小企业。

三、以发展名牌产品为中心，更高程度地对外开放，带动工业化素质全面提高

实施名牌战略，以此带动产品整体档次的提高，提高工商业产品竞争力，提高工业产品的市场占有率，带动整个工业经济的高质量发展，其意义是不言而喻的。但实施名牌战略不仅仅是技术方面的问题，而且涉及到管理体制、运行机制，涉及到宏观和微观诸多方面的问题，是一项系统工程。

1. 明确发展名牌的重点目标，全面整合创新资源，将名牌战略与培育企业规模相结合

江苏发展名牌需要抓好市场机遇，发挥产业的比较优势，重点目标应该是：首先提高电子信息、医药制造、车辆制造业等三大高新技术产业和占全国五分之一的纺织传统业的产品档次，这对于提升江苏工业产品在全国市场的占有率方面具有举足轻重的作用。同时，以发展名牌产品带动高新技术产业更好发展，促进传统产业更快改造、提高产业的科技和管理层次。以市场手段为主导、辅之以行政力量，以提高产品档次和竞争能力、以发展名牌产品为中心，通过调整和重组，重新整合同质性强、关联度高的企业和科研单位，重新整合科技、管理、人才等各种创新资源的比较优势，尽快形成集团或公司，并培育规模，以争取更多的市场份额。

2. 建立全新的对企业和行业的动态评估指标，使速度与效益协调一致

发展新型工业化，需要有新型的评价标准和新型的评价方式。为了提高江苏企业的综合竞争力和创立更多的名牌产品，进一步牢固树立“以市场为导向、以效益为中心”的观念，正确处理好速度和效益的关系，力争做到速度与效益的协调一致，必须改革对工业和企业的考核评价制度，需要建立全新的与国际接轨的动态评估指标，需要改变单纯从产值和增加值评价工业经济和工业企业的方式，更重要的是看产品的市场销售量，看消费者信心指数，看产品知识产权占有率等，从而更准确地评价工业经济和工业企业发展的内在素质；更正确地引导工业经济和工业企业健康发展，走质量效益型发展新路。

3. 以发展名牌产品为中心，以跨国公司为主渠道，高起点地引进创新机制和创新资源

随着经济全球化步伐日益加快，目前世界各国都正在进行产业结构调整，特别是发达国家通过国际分工的变化进行结构的优化升级，江苏应继续面向国际、国内两个市场推进全方位开放式的结构调整，确立江苏在全球和全国经济体系中的分工定位，培育具有国际竞争力的企业集团，发挥劳动密集型产业的比较优势，同时紧紧抓住世界科技革命迅猛发展的机遇发展新兴产业，创造新的比较优势，并使之转换为竞争优势。积极发展多元化的出口市场，分散和降低国际市场上的风险。必须围绕大力发展名牌产品和出口产品，提高引进效率和效益，特别重视围绕提高电子信息、医药制造和车辆制造三大高新技术工业的出口产品和机械、冶金、石化、轻工、纺织、服装等传统出口产品的技术含量和质量，加大引进的力度。处理好吸收组合与自主创新的关系，促进工业产品比较优势递进。最有效的引进途径之一就是加强与

跨国公司和其他国际企业的合作，要引进它们先进的营运、管理、技术、资金、人才、装备以及必要的知识产权，更要引进他们的创新机制，促进企业改革的深化，全面提高企业素质。

4. 探索更有效的培育和激励创新的机制和措施

加大改革的力度，大胆探索经济、技术、社会一体化的培育和创新的激励机制，完善人才市场的功能。进一步完善对企业经营骨干和技术骨干实施年薪制、持有股权、补充商业保险等多种形式的激励制度；积极探索以股票期权激励经营骨干和技术骨干的相关问题。在培育人才时，必须加快培养高级技术工人，他们是科技创新成果转换为现实生产力的重要基础和环节，也是当前提高产品水平的薄弱环节之一。谁控制了知识产权，就意味着谁控制了市场。加大政策扶持力度，强化知识产权的创立和保护意识。

5. 切实加大科技投入，建立健全高新技术风险投资机制

充分发挥企业的投资主体作用，加强与跨国公司和国际投资机构的合作，建立包括企业、社会和政府的多元化的投资体系。加强对各地区、产业、企业结构调整和资金投向的协调、引导、监控和服务，进一步加大技术改革和科技资金投入力度，采取切实有效措施大力鼓励民间投资，增强企业的科技创新能力。个体私营经济是江苏工业的重要支柱和新的经济增长点，也是将来市场竞争的优势和潜力所在，应在增量投入和存量调整上给予倾斜，“十五”期间力争在发展个体私营经济上有新的突破。

四、促进制造业和产业服务业、工业化和城市化的互动发展

现代制造业和服务业的关联度很高。现代制造业的强大需要繁荣的服务业，尤其是技术服务、金融服务、流通服务、信息服

务（包括完善的人才市场和知识市场）等产业服务业的支撑。而制造业的发展、成熟，制造业水平的提高，又必然会推动服务业技术手段的改进和劳动生产率的提高，刺激服务业的进一步发展。现代制造业的强大还需要城市化的支撑，尤其是大城市（含特大城市、都市圈和城市群，下同）的支撑。在经济全球化的背景下，世界经济的控制权也越来越多地集中在世界知名的一些大城市里，只有这些大城市才能承担全球经济网络结点、承担生产制造中心、研发中心和管理运营中心的重要角色，只有大城市才能具有现代新型工业化所必需的投资环境和营运环境，包括必需的经济、技术、管理和人才实力，较完善的基础设施和产业服务功能。同时，工业（尤其是制造工业）也是城市发展的重要内容，是城市发展金融、保险、房地产、服务以及文化、教育、卫生等城市其他产业的基础和依托，这些城市产业的发展，又必然反过来支撑和促进工业（尤其是制造工业）的壮大。

江苏的城市化正进入加速发展时期，但与广东、浙江相比，仍有较大差距。按照2001年江苏二、三次产业合计超过88%的情况，并对照国际城市化和工业化相互关系模型，江苏城市化水平应达到65%以上，而目前城市化明显滞后，因此发展的空间和潜力很大。作为以制造业为工业主体的江苏，应该抓住城市化发展的机遇，在多方面做出努力，发挥城市自身的优势，调整和建设包括积极的政策、规范的管理、高效的协调和周到的服务等在内的良好的新环境，促进制造业和服务业、工业化与城市化紧密结合，相互推动向前发展。

五、以工业结构调整实现苏南和苏北的区域优势互补

为了促进苏北工业加快发展，缩小苏南苏北工业经济发展的差距，需要从多方面采取措施，以城市结构和工业结构调整促进

苏南和苏北的区域优势互补。如：进一步改善苏北城乡结构，加快苏北城市化发展步伐，缩小苏南、苏北工业经济发展的差距，必须同时缩小苏南、苏北城市化的差距，扭转全省城市化水平存在着的自南向北呈梯度递减趋势。发挥徐州区域经济中心和交通中心的优势，加快形成辐射苏北、鲁南、皖北地区的徐州经济圈，相应地提高苏北地区的产业服务能力，改善工业经济发展的环境。随着苏南经济发展水平和居民收入水平的提高，一些生产要素主要是劳动力、土地等的成本正在上升，有些产业具有向苏北地区转移的趋势，需要政府就此加大政策扶持力度，促进苏南工业向苏北转移。苏北应抓住国内外各个地区（不仅仅是苏南地区）工业结构升级和转移的机遇，发挥资源相对丰富、劳动力成本相对低廉的优势，发挥后发优势，主动接受国内外各个地区劳动密集型、资源密集型产业的转移和辐射，提升工业化的技术档次；依托国内外大企业大集团的技术、管理和人才优势，大力扶持以资源加工为主体的新型加工业形成产业新优势。

六、强力推进产业组织结构调整

1. 产业组织结构调整的内涵及特点

产业组织是指提供同一或有密切替代关系产品、服务的同类企业市场关系的集合体。它有三层含义：(1) 产业组织作为同类企业间的垄断或竞争关系。离开了市场和市场机制，即使是生产有密切替代关系产品的同类企业，相互间也不构成垄断或竞争的市场关系，也就不称其为真正的产业组织。因而发育市场，使企业成为法人实体和市场竞争主体是产业组织形成和发展的必要条件。(2) 这些集合体的不同企业必须是生成同一或有密切替代关系的产品和服务，否则，也不可能形成垄断或竞争的市场关系，难以构成同一产业组织。(3) 生产同类产品的企业集团合体必须处于统一的产业市场上，彼此间才能在同一市场产生竞争或联合的企业市场关系。在地区封锁、市场分割状态下，不同地区生产或有密切替代关系的产品和服务的企业群，不能在统一市场上形成竞争关系，也就形成不了真正意义上的产业组织。产业组织结构主要是指产业组织的企业规模结构，它是该产业生产要素在企业间的配置、组合的格局。

20 世纪 90 年代以来，江苏的产业组织结构出现了不断提升的倾向。总体而言，江苏重点企业和大公司、大集团的发展速度不快，就个体来看成长速度也不如山东、广东等省发展较好的大集团。与此相应的是江苏工业集中度也较低。全省前 100 家工业企业的工业总产值只占全省工业的四分之一左右。进入 21 世纪，再来制定江苏产业组织结构调整方案，就是要在“八五”、“九五”产业组织结构政策执行基础上，在不断完善的市场经济条件下，结合 21 世纪国内外各种不确定的可变因素来制定和实施江苏产业组织结构调整，这只能是宏观层面上的、指导性的。企业是产业组织结构调整的真正主体、主角，产业组织结构在企业自我发展中形成，不受政府左右，完全是企业行为，政府只能制定公共规则，保证市场主体平等竞争，为企业创造良好的制度环境，并通过适当的政策予以引导。

2. 产业组织结构调整的形势与要求

进入新世纪，国际国内经济形势发生了很大变化，国际社会及经济动荡不安、国内买方市场格局进一步深化、加入 WTO 后的中国经济进一步融入国际经济体系，这些因素在下一步产业组织结构调整中必须加以重视，对产业组织结构调整提出新的要求。

（1）国际经济、社会发展中不确定因素增加

1997 年爆发的东南亚金融危机对世界经济冲击很大，这几

乎是自二十世纪三十年代大危机以来，世界范围内波及面最广，影响最深刻的一次经济危机，直到现在还有影响。近期一个接一个的华尔街知名大公司会计假账、造成公司破产丑闻等等不可预测事件，让人们感到，一方面，在旧的全球金融和货币体系根本性变更和新的世界金融秩序建立之前，任何一个国家的经济迟早都会受到它的冲击。而这一新秩序的构建需要相当长的一段时期才可能完成。另一方面，随着经济国际化不断扩大和深化，商品、人员、技术、信息、资本等资源在全球范围内的配置日益趋强，对我国来说会带来更多的国际资本、技术、信息等资源，扩大经济发展的空间，但同时也加剧国与国之间的竞争，加大国家经济安全的风险。面对一个不健全、缺乏有效监督机制的国际金融体系，以及不稳定的国际经济环境，我们该如何调整产业组织结构，适应这个多变、不稳定的世界经济，这需要我们深思熟虑。从经济全球化角度看，跨国公司纷纷涌入中国，它们的技术会领先是不言而喻的，我们只有发展中小企业加强与跨国公司合作，成为他们的制造中心来提升我们的技术、人员与管理水平，将来才有可能与跨国公司竞争。从金融危机后东南亚各国经济直观来看，以小企业为主的国家在这次金融危机中冲击最小，而日本、韩国是以大企业为主的国家，追求大规模、大跨度的产业高度集中，这种产业组织结构在四平八稳的繁荣年代有助于生产集中学习效应，但是，遇到不可抗拒的外部因素时显示出缺乏灵活性，而一损俱损了。“9·11”事件后，美国经济出现下滑，使不少跨国公司纷纷裁员，由于公司管理制度不完善，大公司做假账的丑闻也纷纷出现。这些告戒我们，在需求环境不变时，有利于固定性的美国式垂直一体化大企业；环境急剧变动时，则有利于台湾式灵活性中小企业；只有需求环境持续而温和变动的条件下，日韩式大企业才能表现出优胜之处。

(2) 国内买方市场环境不断加深

20世纪90年代中期以来，我国经济形势发生了根本性的变化，基本形成买方市场格局。这预示着中国的经济增长受双重(供给、需求)因素约束的时代大体结束，在新的发展阶段，增长将主要受制于需求。这使得我们在对产业组织结构进行调整时，一定要考虑到国内买方市场环境深化对产业组织产生的影响。首先，买方市场的形成标志着以数量协调为主的阶段的结束。因为随着居民收入水平的提高，闲暇时间的增多，价值观念的变化和产品寿命周期的缩短，人们的需求和消费结构也会发生相应的变化。最主要的是人们从过去追求普及性的“量”的需求为主，转向以追求多品种、高性能的提高“质”的需求为主；人们从单纯的对“物”的生存需求，转向为发展和享受方面的需求，即对大量服务业需求。人们消费结构更多地朝着追求多样、个性化和专门化方向发展。过去那种以追求单一品种大批量生产的大企业肯定不能适应此消费结构要求，相反经营灵活、小批量、多品种的生产企业将更适应这个时代需求。另一方面，科学技术的发展，尤其是电子计算机、现代通讯技术和生物工程引起的革命，使现代化生产工具日趋小型化，随着新兴材料的不断涌现，量大体重的原料所占比重也会越来越少；知识型经济出现，信息化的发展，使小企业、家庭企业可以购置精密设备，采用先进技术来生产产品，提供优质服务，如浙江许多私营企业就是这样。小企业完全可以成为产业组织主要形式。

(3) 影响产业组织的内在因素

近年来，一些学者认为，对产业组织的影响除了我们通常说的经济方面因素外，还有社会因素，也有人称社会资本，即指社会成员之间的信任普及程度，它通常由宗教、传统、习惯等文化机制建立起来，学者研究认为，在一个高度信任的社会，信任可以超越血亲关系，在这样的环境中企业的经营成本比较低，容易造就一批优秀的大企业。但在一个低信任或根本没有信任的社会，信任只能仅仅存在于血亲关系之内，因而社会的“交易成本”很高，在这样的环境中企业就难以“做大”。就社会资本而言，中国长期以来是宗法、家族制度普遍盛行的国家，光宗耀祖和传宗接代的观念意识很强。中华民族又是一个比较重感情的民族，往往把亲情、友情、乡情看得较重，重情就容易伤理，造成中国人办事常常“对人不对事”，办成事情要靠各种关系，因此人际关系比较复杂。加上中国又有几千年的专制主义传统，专制主义和官僚结构对中国社会的影响很深，这就使人们之间的信任关系难以超越血缘、人缘和地缘关系，人们的合作关系仅局限在比较狭小的范围。目前，在我国经济转型时期，旧的秩序被打破，新的秩序有没有完全形成，这个时期常常会出现不讲信用的行为，既不受旧的秩序的约束，又不受新秩序的处罚，造成不讲信用的行为比讲信用的行为获利更多。为此不讲信用已成为一大社会公害，假冒伪劣产品屡禁不止，合同欺骗现象相当严重，金融诈骗、赖账拖欠、出口骗税、盗版侵权等不讲信用的行为屡见不鲜，这些行为严重影响市场经济的正常秩序和企业的发展。

(4) 政府机构改革有进展，但不到位

传统的计划经济体制下的所有社会经济活动都由政府出面组织，因此整个社会的经济活动也都成了政府的经济职能，政府基本上是通过全民所有制企业（国有企业）来实现这些经济职能的。这一时期，整个社会就是一个政企高度合一的组织结构。经过二十多年的改革，特别是市场化进程的加快，非国有经济的发展，国有企业在全部企业中的比重已不足三成。与此同时，政府加大自身改革力度，政府管理企业权利下放，企业经营自主权进一步扩大，政府改革最终实现三个转变，即由直接管理转变为间接管理；由微观管理转变为宏观管理；由部门管理转变为行业管理。目前政府改革还不到位，有些应下放的职能政府还舍不得放手，在制定产业组织结构调整战略时，不能不考虑到政府改革的力度和进程。

(5) 行业协会发展不到位

一般理解行业协会是产业内企业利益协调的重要场所，它是使产业内企业间保持有效竞争态势，实现资源的优化配置和产业组织合理化的核心问题。不可否认，现阶段行业协会对产业组织的有效作用甚微，主要表现在：其一，行业协会行政色彩过于浓厚，在按照市场化、社会化的要求协调产业组织演变方面还未发挥应有作用；其二，现阶段的行业协会的中介力、协调力和组织力都还欠缺，对企业规模合理扩张的支持和对企业过度竞争的约束都显得乏力；其三，行业协会自身的体制严重阻碍了它们有效地发挥作用。

(6) 个体私营经济增长速度较快，但发展水平不高

近年来江苏个体私营经济发展比较快，但不如浙江、广东等沿海先进省份。目前省内个体私营经济的发展仍然以数量扩张为主，发展水平不高。反映在：行业门类齐全，但产品档次低；国内市场旺，但跨入国际市场的少；有效投入多，但企业规模小。平均每一个私营企业拥有资产仅仅46.2万元，个体工商户户均资金仅为1.22万元。

3. 产业组织结构调整的思路与政策

产业组织结构的调整是一个长期循序渐进的过程。新世纪，我们要面对以上影响产业组织成长的一系列因素，它们对如何进一步调整江苏产业组织提出了挑战，但其中也是有机遇的，即在相当时期内大企业仍然是国有企业集团的主要形式，同时也为小企业发展提供了广阔空间。因此，我们必须尽力采取一切可行的

政策，使江苏产业组织能顺应历史潮流在经济转型期发挥更大作用。

（1）加紧国有经济战略性调整和微观组织改造

在浓厚的计划经济下出生、成长的国有经济在市场化不断深入、体制转轨的今天，不可避免地暴露出国有经济布局过于分散、参与度过高、效率低下等诸多问题。为此，根据国有企业改革的总体目标和不同阶段、不同历史条件下国有经济的运行态势，按照有进有退、有所为有所不为的总体思路，着眼于提高国有经济自身的内在质量和运行效率，着眼于进一步增强国有经济的控制力、影响力和竞争力。我们认为，在为各种所有制经济的企业营造良好的平等竞争环境的同时，要通过资产重组实现国有经济组织形式上的优化配置。当然，这种调整不同于以往的调整，它一定要以市场为导向，"搞好大的，放活小的"，择优扶强，优胜劣汰，使企业组织结构趋于优化。与此相适应，国有企业在微观体制方面也要进行改造。建立起"产权清晰，权责明确，政企分开，管理科学"的现代企业制度。按照建立现代企业制度的要求，把大多数国有大型企业改组成股权多元化或分散化的股份有限公司。严格按照《公司法》的规定设立股东大会、董事会、监事会，明确各自的权力和责任，处理好董事会和经理层的关系，建立起规范的法人治理结构。通过人事制度、分配制度等的改革，建立起有效的高层经理人员的激励与约束机制；全面推行合同制，建立起"双向选择"，职工实行劳动制度和奖勤罚懒、多劳多得的分配制度；配合劳动制度和分配制度的改革，完善社会保障制度；建立科学有效的国有资产管理体系，使国有生产要素具有充分的流动性，并通过市场作用进行优化配置，确保国有资产的安全和有效营运。

（2）大力发展中小企业，特别是中小企业产业群小而优的企业是现代化生产的重要基础，政府要在政策上支持。学习现代市场经济国家小企业政策经验，向浙江学习发展小企业的政策措施。迈克尔·波特（1998）定义产业群为在某一特定领域内相互联系的、在地理位置上集中的公司和机构的集合，包括一批对竞争起重要作用的、相互联系的产业和其他实体。从组织创新角度看，产业群是一个有较强生命力和创新力的企业间新的组织形式。目前我国部分地区出现企业集群，还没有形成产业群，如海宁的皮件、义乌小商品，宁波的服装、盛泽丝绸等等，它们不仅带动了地方经济发展，促进人民富裕，更为重要的是企业集群的形成有利于获得群体效应，能够有效地推动产业结构的升级，上游企业之间、下游企业之间以及上下游企业之间交互过程不断推动产业的提升，而产业组织结构的升级又是保持企业集群长期竞争优势的关键。针对江苏苏南中小企业发展状况，有很多地方企业集群也初见雏形，未来要加大发展更多的企业群，提升现有的企业群向产业群发展。首先，为中小企业创建良好生存的宏观环境。小企业与大企业相比，对抵御各种风险要相对弱些。因此政府应通过立法来维护正常的市场秩序，反对垄断，尤其要反对各部门对小企业的各种敲诈行为，使小企业有一个好的生存空间。其次，要建立支持小企业的政策体系，特别是制定一套有利于小企业发展的金融政策、财政政策和税收政策，鼓励小企业向专业化协作方向发展，鼓励小企业出口产品。第三，要扶持中介服务机构为小企业服务，如各种培训、教育、咨询和提供信息，有利于小企业健康、快速发展。第四，要鼓励能人创办小企业，要制定鼓励小企业吸纳下岗职工的政策，这对于目前广开就业渠道，保持社会稳定，具有十分重要的现实意义。

（3）发展、壮大一批跨国大企业集团

从经济全球化的要求来看，跨国公司已是经济全球化的主体，各国通过其跨国公司实现经济的全球化。从某种意义上讲，跨国公司把握着世界技术、资本、管理、人才和市场，它是世界范围内配置资源的核心力量，在未来的世界，任何大国不可能没有自己的跨国公司。再说，加入WTO，意味着企业直接进入国际市场竞争，与国外大型跨国公司相比，我们企业在规模上不相当，竞争上就处于弱势地位。而随着国外大企业间强强联合的不断出现，我们的竞争劣势会更加明显，我们企业与它们之间差距会拉大，如不及早应对，不仅难于竞争，而且会陷入生存危机。江苏作为中国经济发达的省份，发展跨国大集团公司是应有的选择。在发展大集团中，集团的组织结构绝不应只有国有独资一种形式，而应发展更多形式的混合经济，即国有控股参股、国有民营、民有民营、合资经营等等。鼓励发展以母子公司为集团主体，以持股公司和契约公司为外围成员，跨地区、跨行业、跨所有制甚至跨国家的综合企业集团模式，集生产、流通、金融为一体的产业资本、商业资本和金融资本的混合体，从而有利于企业集团参与国际市场竞争，有利于提升工业结构，有利于加深工业化。

第五章　服务业加快发展

在现代工业文明社会中，服务业（第三产业）有其独特的地位、作用。服务业在农业、工业特别是在工业化的不断深化发展中获得丰厚的源泉和基础，同时服务业的发展又反转过来给予工业经济和其他产业经济发展以广泛深刻的影响。与工业、农业等有所不同，服务业门类繁多，覆盖范围宽，吸纳劳动就业容量大，且与城乡居民生活的联系更为直接。江苏经济社会发展和工业化过程中，服务业有了较大发展，现已成为全省国民经济的一大产业。面向新世纪新阶段富民强省、全面建设小康社会和率先基本实现现代化，伴随新型工业化过程，江苏服务业必将进一步加快发展，并在加快发展中扩展领域、提高层次，发挥更为显著的作用，其未来发展前景深远、广阔。

第一节　服务业的总体发展

服务业有其自身的产业特点。过去数十年，江苏服务业有了较大发展，未来几十年，江苏服务业的发展、壮大和提升，趋势看好。

一、服务业的特点与产业门类

迄今为止的社会各种产业及其发展，都是为着满足人类生产、生活需要服务的，也都是在一定的社会生产、生活需要推动下而形成的。服务业也是如此，它是在满足人类生产与生活需要的长期历史积累的过程中逐渐形成和发展起来的。从产业关系看，服务业与农业、工业有着互相依存、互相促进发展的紧密联系，一方面，农业和工业的发展与提高，为服务业的发展、壮大提供了厚实的产业基础，特别是近代工业化运动给服务业发展以极大的推动，正是在世界工业化浪潮的推动下，服务业获得加速发展，社会有更多的劳动力与资金等要素转向服务业；另一方面，农业和工业的发展，也离不开服务业的支持，服务业的发展、壮大给予现代农业与工业以深刻的社会影响与支撑，在现代农业、工业发展的几乎所有环节和方面，都可以清晰地看到服务业的影子。由于服务业发展速度更快，在发达工业化和后工业化国家，服务业已上升为国民经济的主导和支柱地位，占有更大的产值份额，在新兴工业化国家和地区，现在服务业也在加速上升，目前整个世界经济伴随市场化、工业化、信息化、知识化和全球化的强劲发展，整个服务业获得了从未有过的发展动力和空间，整个世界经济的发展无疑加速了从传统工业社会向现代工业社会进而向服务型社会转变。从居民生活看，服务业更是有其独特的地位与优势。现代工业文明社会，人们的物质文化需要的实现与满足，均离不开服务业的支持，人们各种日益增长的物质生活需要的实现与满足，需要各种商贸流通以及餐饮生活服务活动的支持，人们各种广泛的与日俱进的精神文化生活的实现与满足，不仅需要一般的商业服务支持，更依赖于科学教育文化等社会服务业的发展支持，这些生活需要的实现与满足，不仅需要服务业传送各种类型的物质产品与工具，往往还直接需要人（劳动者、服务者）的劳务（服务）活动的提供与支持。所以，现代社会服务业不仅可以像农业、工业一样，其发展能够不断创造出更大的社会产品或财富来，从而提供重要份额的税收、利润等经济效益，而且可以吸收更多的城乡劳动者就业，扩大就业，直接增加和提高城乡居民的收入与生活水平，进而支持和促进社会的城市化与工业化。因此，发展服务业，提升服务业，对于一个国家或地区来说，是一个大战略，一个长期战略，发展和提升服务业关系到社会的生产与生活，关系到社会经济与政治稳定，对促进经济社会发展有着十分重要的战略意义，从这个意义上说服务业也是一个战略产业。

在三次产业经济中，服务业是一个有着十分广泛范围和内容的产业。国际社会对现代服务有统一的标准、规定和具体的产业分类划分，联合国的有关机构组织对服务业有明确、具体的统计分类，世界贸易组织（WTO）也有详细的分类和规定。以 WTO 的《服务贸易总协定》为例，该协定将现代服务业分为 12 个部门，即商业服务、通信服务、建筑和相关工作服务、分销服务、教育服务、环境服务、金融服务、健康服务、旅游服务、娱乐和文化服务、运输服务、其他服务，并将这 12 个服务部门又进一步细分为 160 多个分部门，这种分类与联合国中的产品分类系统对服务的分类基本一致①。我国国家统计局现行的对于第三产业统计分类法把服务业分为 12 个门类，即农林牧渔服务业、地质勘察水利管理业、交通运输与仓储及邮电通信业、批发及零售贸易餐饮业、金融及保险业、房地产业、社会服务业、卫生体育及社会福利业、教育文化艺术及广播电影电视业、科学研究和综合技术服务业、国家机关与党政机关和社会团体、其他产业。总体而言，中国现有的服务业统计分类要比国际通行的的服务业统计分类粗略，可能也是由于中国现有的服务业还不够发达的缘故，

---

① 石广生主编：《中国加入世界贸易组织知识读本（一）》，人民出版社 2001 年 11 月第 1 版第 209 页。

现实生活中确实有很多新的服务行业在发达国家已经统计，而在中国则可能出现或者仅是萌芽，其中也有统计分类工作不足的因素，如一些新的服务业（信息服务业、社区服务、物业管理业等）也形成和初步发展了，但在实际的统计工作中尚未纳入其范围，等等。现代服务业的多产业、多门类、多样化发展趋势，实际上是工业化深化发展和人民生活水平显著提高的产物，正是现代服务业和传统服务业的显著区别之所在，这提示人们，以后不能继续沿用过去的观念僵化地认识和对待现代化服务业。

二、服务业的发展过程与现状

20世纪下半叶，伴随国家工业化和江苏经济改革开放与发展，江苏服务业取得了长足的进展。全省第三产业增加值总额由1952年的14.39亿元扩大到2001年的3522.02亿元，1953～1998年年均增长8.8%，1996～2001年年均增长12.3%，其占国内生产总值的比重从1952年的29.7%上升至2001年的37.0%，比重累计上升7.3个百分点。江苏服务业占全国服务业的增加值份额由1952年的7.4%上升至2001年的10.9%，份额扩大3.5个百分点。

但是服务业在不同历史时期其发展的情形很不相同。总的发展规迹是：（1）计划经济时期缓慢，改革开放以后加快。江苏第三产业增加值年均增长率1953～1978年为3.9%，1979～2001年为14.8%，发展速度加快10.9个百分点。这主要是因为，计划经济时期物质生产水平不高，人民生活水平较低，体制制度限制，服务业发展受到严重制约；改革开放以后，社会生产力加快发展，工业化进程加速，改革开放释放活力，人民生活水平显著提高，服务业发展的供给需求与体制制度的限制被突破，服务业的发展加快。（2）改革开放以后，“六五”、“七五”时期发展较缓，“八五”、“九五”以来发展较快。以第三产业所占国内生产总值份额为例，1978～1990年，江苏第三产业所占份额从19.8%演进为26.0%，共增加6.2个百分点，而在1990～2001年，这一份额从26.0%演进为37.0%，累计上升11个百分点，两个时期相比较，最近十余年比此前十余年多上升4.8个百分点。

最近十余年来，江苏工业化步入中期深度推进阶段，改革开放力度显著加大，人民生活由温饱到小康，全省经济保持了持续快速发展势头，服务业呈持续强劲的扩展与提升之势。1989年江苏服务业增加值所占经济总额的比重首次超过农业，占第二位，产业结构位序实现从“二一三”到“二三一”的转变。2001年与1990年相比较，全省经济总量由1416.5亿元增长到9511.91亿元，扩大3.1倍，服务业增加值由368.74亿元增长到3522.02亿元，扩大3.81倍，服务业发展快于整体经济发展。具体情况见表5-1～5-3和图5-1～5-2。

表5-1　1990～2001年江苏国内生产总值

单位：亿元

年份	国内生产总值	第一产业	第二产业	服务业
1990	1416.50	355.17	692.59	368.74
1991	1601.38	345.14	793.92	462.32
1992	2136.02	393.82	1119.26	622.94
1993	2998.16	490.59	1598.05	909.52
1994	4057.39	671.94	2186.77	1198.68
1995	5155.25	848.35	2715.26	1591.64
1996	6004.21	965.29	3074.12	1964.80
1997	6680.34	1008.41	3411.86	2260.07
1998	7199.95	1016.27	3640.10	2543.58
1999	7697.82	1003.51	3920.15	2774.16
2000	8582.73	1031.17	4435.89	3115.67
2001	9511.91	1082.43	4907.46	3522.02

资料来源：有关年份《江苏统计年鉴》。

表 5-2　1990～2001 年江苏经济的三次产业增加值年增长率

单位：%

年份	国内生产总值	第一产业	第二产业	第三产业
1990	5.0	1.0	5.4	6.9
1991	8.3	－3.9	8.9	19.0
1992	25.6	10.7	31.9	26.2
1993	19.8	2.5	23.3	25.1
1994	16.5	5.2	22.3	11.4
1995	15.4	13.6	16.1	14.9
1996	12.2	7.8	12.3	14.3
1997	12.0	5.0	12.6	14.1
1998	11.0	2.1	12.0	12.9
1999	10.1	4.5	11.3	10.0
2000	10.6	3.9	11.6	11.2
2001	10.2	3.9	11.0	11.1

资料来源：有关年份《江苏统计年鉴》。

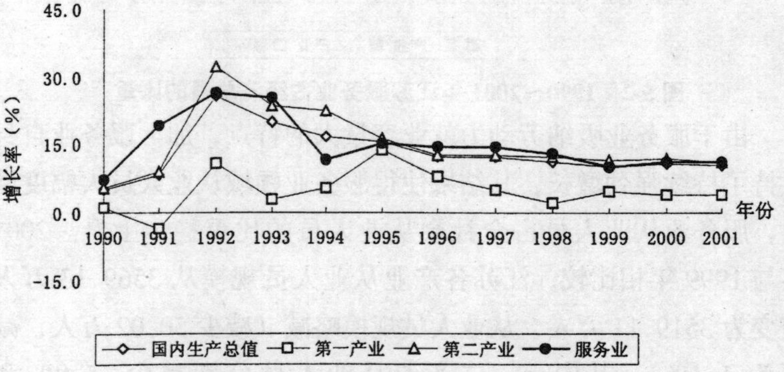

图 5-1　1990～2001 年江苏经济与产业年增长率

表 5-3 1990～2001 年江苏服务业占国内生产总值的比重

单位：%

年份	第一产业	第二产业	服务业
1990	25.07	48.89	26.03
1991	21.55	49.58	28.87
1992	18.44	52.40	29.16
1993	16.36	53.30	30.34
1994	16.56	53.90	29.54
1995	16.46	52.67	30.87
1996	16.08	51.20	32.72
1997	15.10	51.07	33.83
1998	14.11	50.56	35.33
1999	13.04	50.93	36.04
2000	12.01	51.68	36.30
2001	11.38	51.59	37.03

注：根据表 5-1 数据计算。

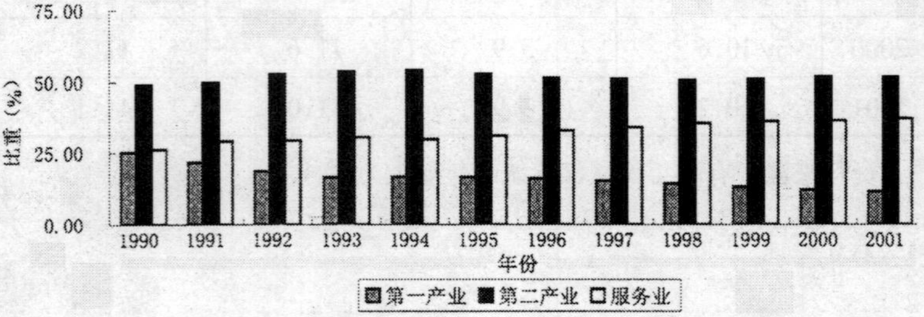

图 5-2 1990～2001 年江苏服务业占经济总量的比重

由于服务业吸纳劳动力就业容量大的特点，加上服务业自身保持了持续强劲增长，其结果使得服务业领域从业人员大幅度增长，服务业从业人员占全社会从业人员的比重稳步上升。2001 年与 1999 年相比较，江苏各产业从业人员规模从 3569.13 万人演变为 3519.11 万人，从业人员规模略减（减少 50.02 万人，减幅为 1.4%），其中一、二产业从业人员分别减少 15.8% 和 11.3%，服务业从业人员增加 361.4 万人，增长 58.7%，由此，

一、二产业从业人员占全社会从业人员比重分别下降了 7.1 个和 3.4 个百分点，服务业从业人员占全社会从业人员的比重上升了 10.5 个百分点，2001 年达到了 27.8%（详见表 5-4 和图 5-3）。

表 5-4　1990～2001 年江苏从业人员人数与结构

单位：万人

年份	从业人数	第一产业		第二产业		服务业	
		人数	比重（%）	人数	比重（%）	人数	比重（%）
1990	3569.13	1745.12	48.90	1208.00	33.80	616.01	17.30
1991	3600.27	1770.76	49.20	1200.37	33.30	629.14	17.50
1992	3613.90	1722.00	47.60	1220.76	33.80	671.14	18.60
1993	3639.04	1652.07	45.40	1258.31	34.60	728.66	20.00
1994	3639.90	1616.51	44.40	1250.49	34.40	772.90	21.20
1995	3649.69	1564.70	42.90	1271.74	34.80	813.25	22.30
1996	3647.09	1551.79	42.50	1246.84	34.20	848.46	23.30
1997	3658.05	1554.22	42.50	1219.15	33.30	884.68	24.20
1998	3570.60	1550.38	43.40	1104.67	31.00	915.55	25.60
1999	3533.28	1523.26	43.10	1075.11	30.40	934.91	26.50
2000	3504.87	1497.70	42.70	1057.32	30.20	949.85	27.10
2001	3519.11	1470.17	41.80	1071.53	30.40	977.41	27.80

注：根据有关年份《江苏统计年鉴》资料整理、计算。

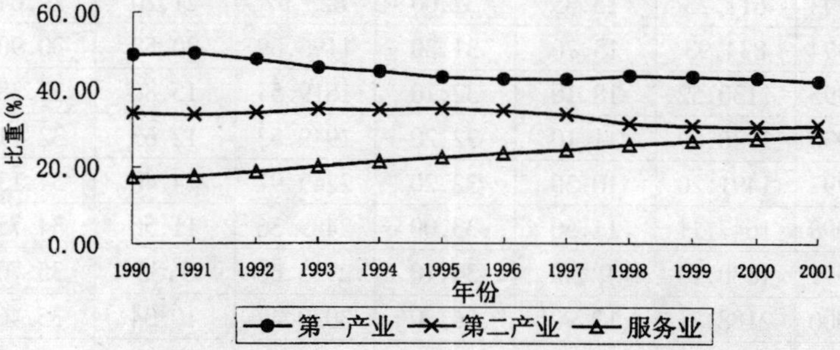

图 5-3　1990～2001 江苏三次产业从业人员占总从业人员的比重

表 5-5　1990～2001 年苏粤鲁浙 4 省服务业部分指标比较

单位：亿元、%

年份	江苏省			广东省		
	增加值	增速	比重	增加值	增速	比重
1990	368.74	6.92	26.03	558.58	13.40	35.80
1991	462.32	18.95	28.87	694.63	19.40	36.70
1992	622.94	26.18	29.16	881.39	19.00	36.00
1993	909.52	25.14	30.34	1171.27	15.10	34.10
1994	1198.68	11.39	29.54	1579.98	16.80	35.00
1995	1591.64	14.90	30.87	1988.24	13.10	34.70
1996	1964.80	14.34	32.72	2308.06	9.90	35.40
1997	2260.07	14.10	33.83	2680.87	9.10	36.60
1998	2543.58	12.90	35.33	2922.23	8.70	36.90
1999	2774.16	10.00	36.04	3178.69	9.60	37.50
2000	3115.67	11.20	36.30	3793.42	11.80	39.30
2001	3522.02	11.10	37.03			
年份	浙江省			山东省		
	增加值	增速	比重	增加值	增速	比重
1990	264.77	1.38	29.50	449.92	0.65	29.77
1991	342.42	25.65	31.60	542.79	16.00	29.98
1992	448.96	23.41	32.90	662.80	16.30	30.17
1993	611.23	15.85	32.00	823.92	21.20	29.64
1994	834.93	15.70	31.30	1196.69	20.58	30.90
1995	1130.52	18.10	32.10	1619.54	15.86	32.38
1996	1336.69	11.10	32.20	1949.53	12.65	32.71
1997	1491.20	10.50	32.20	2269.97	14.40	34.13
1998	1647.11	11.50	33.00	2489.36	11.55	34.75
1999	1830.14	9.80	34.10	2735.66	9.33	35.70
2000	2188.71	11.90	36.30	3029.47	10.34	35.46
2001						

注：根据有关年份和有关省份统计年鉴资料整理、计算。

与广东、浙江、山东和全国服务业的发展相比较，2000 年江苏服务业增加值规模小于广东，大于浙江和山东，服务业占经济总量的比重江苏低于广东，平于浙江，高于山东和全国。服务业从业人员数江苏少于广东和山东，多于浙江，服务从业人员占总体从业人员的比重江苏均低于广东、浙江、山东和全国平均水平（详见表 5-5 和 5-6）。

表 5-6　1990～2001 年苏粤鲁浙和全国服务业从业人员比较

单位：万人、%

年份	江苏省		广东省		浙江省		山东省		全国	
	从业人数	比重	从业人数	比重	从业人数	比重	从业人数	比重	从业人数	比重
1999	934.91	26.50	1040.49	27.41	762.73	29.10	1752.60	32.98	18987.00	26.90
2000	949.85	27.10	1605.43	34.16	839.62	30.80	1839.40	34.17	19566.00	27.50

三、服务业发展的内部结构变化

20 世纪 90 年代以来，江苏服务业不仅总量持续强劲增长，而且其内部行业门类增多，内部层次结构提升。1990～2001 年，全省各主要服务产业门类均保持了持续强劲发展势头，虽然它们的增长速度有所差异。具体情况见表 5-7～5-10 和图 5-4。

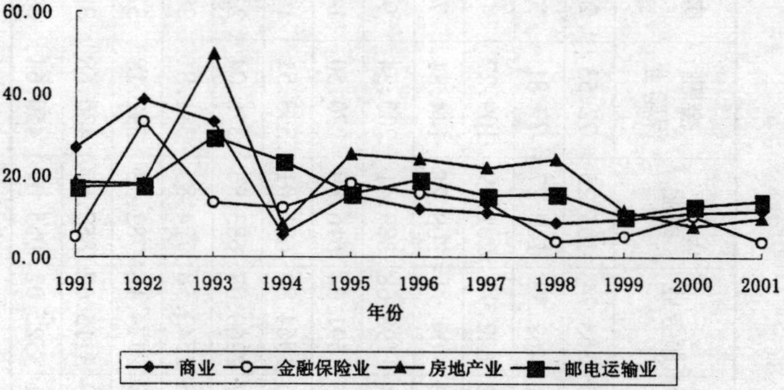

图 5-4　1991～2001 年江苏部分服务行业年均增长率

表 5-7　1990～2001 年江苏服务业分行业增加值

单位：亿元

年份	服务业	商业	金融保险业	房地产业	社会服务业	运输邮电业	卫生体育社会福利业	教育文艺广播电影电视业	科学研究综合技术服务业	国家政党机关社会团体	其他
1990	368.74	103.25	72.53	27.02	19.88	63.64	11.66	24.79	11.09	34.88	
1991	462.32	140.27	77.81	33.51	25.96	80.27	13.92	28.89	14.06	40.90	6.73
1992	622.94	201.19	109.27	43.89	35.79	100.55	17.74	35.49	17.92	51.05	9.33
1993	909.52	308.21	144.81	74.56	59.79	144.11	25.43	45.68	24.75	70.26	11.92
1994	1198.68	389.41	200.34	99.26	82.36	187.19	33.53	65.37	34.42	97.79	9.01
1995	1591.64	516.89	270.50	143.61	102.98	253.52	44.16	88.37	47.50	112.12	11.99
1996	1964.80	621.01	333.51	194.24	131.81	314.91	54.99	106.92	58.53	134.25	14.36
1997	2260.07	683.86	376.04	234.28	166.12	369.54	61.67	124.67	66.02	160.94	16.93
1998	2543.58	724.85	381.81	286.66	210.39	435.77	71.82	150.64	73.71	188.28	19.65
1999	2774.16	782.38	392.18	314.86	231.44	484.86	80.50	168.13	81.27	213.22	25.32
2000	3115.67	857.57	430.68	351.92	265.25	557.37	92.16	203.85	90.49	235.08	31.29
2001	3522.02	955.07	450.64	393.75	308.83	644.87	104.13	249.94	106.64	267.08	41.07

资料来源：有关年份《江苏统计年鉴》。

表 5-8　1990～2001 年江苏服务业年增长率

单位：%

年份	商业	金融保险业	房地产业	社会服务业	运输邮电业	卫生体育社会福利业	教育文艺广播电影电视业	科学研究综合技术服务业	国家政党机关社会团体	其他
1991	35.85	7.28	24.02	30.58	26.13	19.38	16.54	26.78	17.26	
1992	43.43	40.43	30.98	37.87	25.26	27.44	22.85	27.45	24.82	38.63
1993	53.19	32.52	69.88	67.06	43.32	43.35	28.71	38.11	37.63	27.76
1994	26.35	38.35	33.13	37.75	29.89	31.85	43.10	39.07	39.18	-24.41
1995	32.74	35.02	44.68	25.04	35.43	31.70	35.18	38.00	14.65	33.07
1996	20.14	23.29	35.26	28.00	24.22	24.52	20.99	23.22	19.74	19.77
1997	10.12	12.75	20.61	26.03	17.35	12.15	16.60	12.80	19.88	17.90
1998	5.99	1.53	22.36	26.65	17.92	16.46	20.83	11.65	16.99	16.07
1999	7.94	2.72	9.84	10.01	11.27	12.09	11.61	10.26	13.25	28.85
2000	9.61	9.82	11.77	14.61	14.95	14.48	21.25	11.34	10.25	23.58
2001	11.37	4.63	11.89	16.43	15.70	12.99	22.61	17.85	13.61	31.26

注：根据表 5-7 计算（当年价格）。

表 5-9　1990～2001 年江苏部分服务行业的年增长率与所占服务业增加值的比重

年份	商业			金融保险业			房地产业			运输邮电业		
	指数	增速（%）	比重（%）	指数	增速（%）	比重（%）	指数	增速（%）	比重（%）	指数	增速（%）	比重（%）
1990	506.10		28.00	464.70		19.67	328.70		7.33	619.90		17.26
1991	641.00	26.65	30.34	487.20	4.84	16.83	388.70	18.25	7.25	725.10	16.97	17.36
1992	886.40	38.28	32.30	648.50	33.11	17.54	458.20	17.88	7.05	850.60	17.31	16.14
1993	1178.60	32.96	33.89	734.90	13.32	15.92	686.30	49.78	8.20	1099.50	29.26	15.84
1994	1244.00	5.55	32.49	822.60	11.93	16.71	741.70	8.07	8.28	1355.50	23.28	15.62
1995	1433.10	15.20	32.48	971.50	18.10	17.00	927.10	25.00	9.02	1562.90	15.30	15.93
1996	1602.80	11.84	31.61	1121.50	15.44	16.97	1147.30	23.75	9.89	1855.80	18.74	16.03
1997	1774.30	10.70	30.26	1272.90	13.50	16.64	1394.00	21.50	10.37	2136.00	15.10	16.35
1998	1923.30	8.40	28.50	1322.50	3.90	15.01	1725.80	23.80	11.27	2469.20	15.60	17.13
1999	2100.20	9.20	28.20	1386.00	4.80	14.14	1919.10	11.20	11.35	2721.10	10.20	17.48
2000	2329.10	10.90	27.52	1521.80	9.80	13.82	2063.00	7.50	11.30	3058.50	12.40	17.89
2001	2594.60	11.40	27.12	1579.70	3.80	12.79	2263.10	9.70	11.18	3480.60	13.80	18.31

资料来源：根据有关年份《江苏统计年鉴》资料整理、计算。

表 5-10　1990～2001 服务业增加值内部结构

单位：%

年份	商业	金融保险业	房地产业	社会服务业	运输邮电业	卫生体育社会福利业	教育文艺广播电影电视业	科学研究综合技术服务业	国家政党机关社会团体	其他
1990	28.00	19.67	7.33	5.39	17.26	3.16	6.72	3.01	9.46	
1991	30.34	16.83	7.25	5.62	17.36	3.01	6.25	3.04	8.85	1.46
1992	32.30	17.54	7.05	5.75	16.14	2.85	5.70	2.88	8.20	1.50
1993	33.89	15.92	8.20	6.57	15.84	2.80	5.02	2.72	7.72	1.31
1994	32.49	16.71	8.28	6.87	15.62	2.80	5.45	2.87	8.16	0.75
1995	32.48	17.00	9.02	6.47	15.93	2.77	5.55	2.98	7.04	0.75
1996	31.61	16.97	9.89	6.71	16.03	2.80	5.44	2.98	6.83	0.73
1997	30.26	16.64	10.37	7.35	16.35	2.73	5.52	2.92	7.12	0.75
1998	28.50	15.01	11.27	8.27	17.13	2.82	5.92	2.90	7.40	0.77
1999	28.20	14.14	11.35	8.34	17.48	2.90	6.06	2.93	7.69	0.91
2000	27.52	13.82	11.30	8.51	17.89	2.96	6.54	2.90	7.55	1.00
2001	27.12	12.79	11.18	8.77	18.31	2.96	7.10	3.03	7.58	1.17

注：根据表 5-7 计算。

由以上图表可见，最近十余年来江苏服务业内部不同的产业门类发展速度有快有慢，大体的发展轨迹是，“八五”期间波动较大，“九五”以来波动明显减弱，由此造成它们所占服务业比重相对升降变化：商业比重下降 0.88 个百分点，仍占第一位；运输邮电业比重上升 1.05 个百分点，从原来的第三位上升至现在的第二位；金融保险业比重下降 6.88 个百分点，由原第二位降至现在的第三位；房地产业比重上升了 3.85 个百分点，由原第五位升至现在的第四位；社会服务业比重上升了 3.38 个百分点，由原来第七位升至现在的第五位；党政机关社会团体服务业比重下降 1.88 个百分点，由原第四位减至现在的第六位，体现了政府机构改革和职能转换的效果；教育文化业比重上升 0.38 个百分点，由原来第六位降至现在的第七位；科研服务业比重上升 0.02 个百分点，由原来第九位上升至现在第八位；卫生体育业比重下降 0.2 个百分点，由原来第八位降至现在第九位。这其中比重变化显著的是金融保险业、房地产业，其中房地产业比重上升幅度最大，反映近十年来住房制度改革的深化推进和房地市场的快速发展崛起，单位价值大，社会需求旺。社会服务业如各种社会中介组织服务业等，不仅比重明显增大，而且其在服务业中的位次也提升较多，说明随着市场经济深度生成，社会对各种市场中介服务需求与日俱增，社会市场中介组织机构逐渐成长起来。但从总体上看，江苏现有的服务业其内部结构层次还不高，其功能作用不够强大，有待在进一步发展中改善、提升。

四、服务业的发展趋势与对策思路

新世纪新阶段，江苏要致力于富民强省、全面建设小康社会和率先基本实现现代化，就必须认真贯彻党的十六大精神，大力推进产业结构调整。大力推进产业结构调整就必须进一步发展服务业。在加入世贸组织的条件下，全国和省内的服务业不断加大对外开放，江苏与国际上的商品与生产要素更大规模、更加迅速地互换交流，必将对省内服务业的供给与需求产生重大的影响，因势利导，扎实工作，可以将加入世贸组织后的新资源、新因素、新力量为江苏服务业的发展服务，将会促进全省服务业的进一步发展。国内、省内全面小康社会的建设，新型工业化的大举推进，省内一部分地区率先基本实现现代化，这些也将成为推进江苏服务业新发展的强大动力。因此，新世纪最初的10～20年，江苏服务业发展面临着一个难得的历史性机遇。

所谓进一步发展江苏服务业，就是要：(1) 加快全省服务业发展的步伐。今后一个时期要继续保持服务业以快于农业和工业的发展速度持续快速增长。(2) 以服务业的加快发展为基础，进一步增强服务业在国民经济中的地位与作用。经过一段时期的努力，要明显提高服务业的增加值占全省国内生产总值的比重和服务业从业人员占全社会从业人员的比重。争取每年提升1～2个百分点。(3) 在服务业加速发展的进程中，要全面发展服务业。根据全面建设小康社会和率先基本实现现代化的要求，江苏服务业应坚持党的十六大提出的全面发展服务业的指导方针。这就是说，传统服务业和现代服务业、一般技术服务业和高新技术服务业、以生产为目的的服务业和以生活为目的的服务业，各种分部门类别的服务业，都需要坚持发展，都需要加快发展。江苏人口众多，农村剩余劳动力转换任务较重，城镇就业压力很大，经济发展阶段不可能很快转到服务主导型的经济发展阶段，所以全面发展服务业对江苏很有针对性，完全适用，应毫不动摇地坚持下去。(4) 在促进服务业全面发展和加快发展的过程中，必须重视改善服务业的内部结构，提升服务业的结构层次。要面向物质产品生产和城乡居民生活，广泛深入地开拓服务领域，扩展服务业门类，改造拓展传统服务业，加强发展现代服务业，努力提升服务业的技术知识含量和服务工作水平，增进服务活动的经济效益和社会功能，增强江苏服务业在国内外的竞争力。要根据生产生活的要求，经常性地、适时地优化调整服务业的内部层次结构，提升和创新各种不同类型的服务活动的业态，使它们在动态发展和竞争中灵活应变，充满生机和活力。过早的、主观的规定服务业的内部结构比例是不合时宜的，一切都要符合生产生活需要和市场形势变化。应该说，在未来10～20年的经济发展中，全省各种服务产业门类都有很大的发展潜力和创新空间，只是由于不同行业门类的需求强度与供给效能有别，一些部门发展更快，如信息服务等，一些服务部门发展较快，如咨询、教育、科研和卫生保健等，一些部门发展稍快，如金融保险、商贸运输等。房地产业和汽车服务业作为两个特殊的服务门类，在今后一段时期内，将呈现出持续快速发展趋势。此外，社会中介组织服务与政府机关服务的相对比重的调整、变化今后一段时间可能继续保持下去。

全面加快发展服务业，需要制定和实施一系列相互关联和配合的单项服务业发展规划及措施。(1) 积极发展面向生产的服务业。如积极采用连锁经营、特许经营、代理配送等新型营销方式，拓展仓储式批发和拍卖业、会展等新型业态；加快构建公路、铁路、航空、港口快速运输和重载货运、集装箱多式联运的快捷商品配送网络体系；积极利用实物传递网络，建设邮政物流体系；以区域性中心城市和交通框架为依托，建成区域性综合物流中心；大力发展电子商务和电子政务；鼓励金融创新，大力发展新的银行、保险、证券、信托、基金与其他混合的金融中介服务业，广泛深入地参与各种金融市场，扶持发展地方性的金融市场；加快培育发展各种合乎现代市场经济要求、与国际接轨的咨询、论证、评估、调研、企划、协会、专业合作等社会中介组织。(2) 大力发展面向生活的服务业。如通过完善住房公积金制度，扩大房地产抵押贷款，加强住宅信贷，建设经济适用房，建立多层次住宅供应体系，大力发展房地产业；大力发展和规范发展物业管理，建立多层次的社会服务体系，优先发展家政服务、养老服务、托幼服务、维修服务、卫生保健服务、文娱体育服务和安全防范等；实施和扩展旅游倍增计划，大力发展有江苏特色的旅游业；积极发展与汽车消费配套的相关服务业，同时进一步改善和发展城市公共交通以及其他服务城乡居民生活的水电气等公共服务业；加快发展教育卫生事业和社会保障服务业；大力改善和加强服务居民生活的社会公共管理、监督服务等。

全面加快发展服务业，必须加快服务业的改革开放步伐。加快服务业的改革开放步伐，基本的政策思路是加快推进全省服务业发展的市场化和社会化的步伐。(1) 适应加入世贸组织的要求，逐步扩大服务业对外开放，吸收外资力量参与省内服务业的建设与发展。(2) 放宽服务业市场准入条件，降低准入门槛，简减行政审批，扩大对内资特别是对民营资本的开放，做到外资能进入的，民资都能进、民资优先进，以便更好地吸引民营经济力量广泛深入地参与服务业的开发建设。(3) 加大服务业领域的体制改革和组织结构调整力度，主要是加快服务业中的国有经济改革步伐和国有资本的战略性调整，打破垄断、增强竞争、提高效益、鼓励服务业中内外资各种企业主体的多样化合作组织开发。(4) 通过政事分开、政企分开，主辅分开，强化分工与自主独立经营，推进服务业发展的专业化和社会化，努力提高服务业的效率。(5) 加强政府规划，改善政府公共服务，引导城乡服务业合理布局，把握好城市经营、土地经营、资本经营的方向，最大限度地抑制它们的负面影响，发挥它们的正面效应，促进服务业的加快发展。(6) 在公共财政的范围内，发挥好政府投资的导向作用，多渠道增加对服务业发展的投入，改善服务业的投融资机制及其管理。(7) 加快服务业人才的培养与建设，大力提高服务业从业人员的素质。

第二节 若干重要服务门类的发展

一、商贸流通业发展

商贸流通业过去、现在和将来，始终都是服务业中的重要产业部门，也是整个服务业加快发展的重要方面和基础。江苏全面加快发展服务业，必须重视发展和提升商贸流通业。

1. 商贸流通业的发展现状

改革开放以后，尤其是"九五"计划以来，随着我国经济发展和人民生活水平的提高，江苏商贸流通领域也发生了深刻的变化。目前，全省商品流通规模日益扩大，流通现代化步伐不断加快，流通企业的经营机制越来越灵活，以致流通业在国民经济和社会发展中的地位和作用日益重要。一个多元化、开放式、竞争型的商贸流通体系已逐步形成，为促进全省经济的持续、快速、健康发展而发挥了积极的作用。

(1) 商贸流通企业改革取得新进展。近年来，全省国有商贸流通企业改革步伐加快，已有近 70% 的企业完成了改制，其中一些企业通过资产重组、结构调整、转换经营机制，加强企业管理，已在激烈的市场竞争中崛起。一批国有中小型企业通过股份制改造、出售、拍卖、租赁、承包等多种形式调整所有制结构，由国有企业转为民营、个体私营企业，获得了前歌后舞的活力。此外，一些集体、民营企业经过多年发展已在流通领域崭露头角，呈现良好的发展态势。如苏果超市公司，苏宁、五星等家电企业。因此，无论从各种经济成份商贸企业在全省社会商业、餐饮、服务机构总数中的比重，或是各种经济成份商贸从业人员占总人数的比重，以及各种经济成份商贸企业销售额在社会消费品零售总额中的比重来看，江苏均已形成了国有、集体、私营、民营、个体、合资、合作等多种所有制形式共同发展，企业多元化、开放式、竞争型并存的商贸流通新格局。

(2) 商贸流通业整体实力增强。1978 年至 2000 年，全省商贸流通业增加值年均增长 15.9%，增幅高于同期国内生产总值增长率 3.5 个百分点。“九五”期间，全省社会消费品零售总额年均增长 11.4%，2001 年达到 2869 亿元，比上年增长 10.2%，高于全国平均增幅 0.1 个百分点，总量仅次于广东，多年保持全国第二位。此外，经过多年的改革与发展，全省商品交易市场也发展迅速，目前全省已有各类商品交易市场 4679 个，年交易额 2471 亿元，形成了一批规模较大，在省内外辐射能力和示范带动作用较强的商品市场。据有关部门统计，到 2001 年 9 月底，其中成交额超亿元的市场就有 444 家，数量占全国之首。由于贸易流通业是第三产业的重要组成部分，全省各地通过工商联手，开拓大市场，发展大贸易，搞活大流通，从而增强了贸易流通业对全省工业、农业和经济增长的拉动作用，有效地促进江苏经济结构的优化和产业升级，使全省经济得以持续、快速健康地发展。

(3) 商贸流通业由封闭型向开放型转变。自 1992 年我国实行商业流通行业对外开放试点以来，江苏积极稳妥地推进商贸流通业的对外开放，截至 2000 年底，全省商贸流通领域已兴办外商投资企业 346 家，投资总额达 17.34 亿美元。外资进入江苏商贸流通业，不只是加剧了商贸业的竞争力度，同时也带来了国际上商贸流通业的现代经营理念、营销方式、先进技术和管理手段，并且在引进国外产品、搞活消费品市场之际，也把省内的产品纳入其全球采购系统，促进了江苏产品的出口。随着我国加入世贸组织，根据现行的承诺，我国的商贸流通业（包括批发、零售、佣金代理、特许经营和其他分销服务业）将在2～5年内逐步放开，商贸流通业将在更广范围、更大程度、更深层次上参与经济全球化的进程。目前，世界50家最大的零售企业已有70%在我国登陆，这些外商企业将陆续进入江苏市场，除已进入的麦德龙、家乐福、欧倍德、欧尚等，易初莲花、沃尔玛、百安居等也将落户江苏。江苏商贸流通业的发展将处于一个极为关键的时期。

（4）新的经营模式和业态发挥举足轻重的作用。2001年全省共有171家连锁超市公司（含外省连销超市公司在江苏开设的门店），店铺总数达3241个。其中苏果超市、苏宁电器、南通文峰大世界、江苏五星电器等4家企业已跻身全国连锁企业20强。与此同时，大型综合超市、仓储式超市（俗称大卖场）也都得到相应的发展，如家乐福、麦德龙、好买得、金润发、欧倍德等。此外，便利店则因其商店面积小、营业时间长（大多为24小时昼夜服务）、顾客自我服务等特点，深受消费者欢迎。因此，街头巷尾的便利店大都也随着连锁经营的发展，从改造小粮店、烟杂店等传统的商业小网点起步，逐步兴盛起来，方便了人民群众的生活。

（5）商贸流通行业服务水平明显提高。从购物、送货、安装、“三包”到示范店、文明街、诚信服务等，不一而足。

但是，江苏商贸流通业在改革和发展中也还存在着一些问题。（1）商贸流通业的发展不适应经济社会发展的需要。1997～2001年江苏社会消费品零售总额增幅与全国平均水平相比较，前三年低于平均水平，后两年高于平均水平，波动起伏较大。2001年全省社会消费品零售总额相当于国内生产总值的30.15%，比上年下降0.15个百分点，低于全国平均水平8.04个百分点，低于广东12.62个百分点，低于浙江7.89个百分点，低于上海7.45个百分点，差距明显。2001年人均社会消费品零售总额，全国为2945.71元，江苏为3900.75元，而上海、广东、浙江则分别为11532.22元、5801.49元、5539.78元。从总量上看，江苏多年位居全国第二，仅次于广东；但从人均看则虽高于全国955.04元，但却远远低于沪、粤、浙等地。(2)商贸流通企业过于分散，集中度不高。江苏商贸流通企业大多数经营规模偏小，营销方式单一，组织化程度较低，因而企业在激烈的市场竞争中压力增大。(3)现代流通业在全省流通企业中所占比重较小。(4)内外市场分隔时间长，负面影响深，内贸流通企业大多不熟悉国际贸易。(5)国有商贸流通企业改革相对滞后，不适应形势。针对这些问题，近些年来，江苏通过大力发展连锁经营，开发购物中心、折扣商店、无店铺销售等新兴业态，打造现代物流，推进电子商务等，创新省内商贸流通组织管理与经营形式，使全省商贸流通业重新焕发生机活力。仅有这些还是远远不够的，这些仅仅是初步趋势，必须通过进一步的改革创新，使其加速发展。

2. 商贸流通业进一步发展提升的政策措施

随着商贸流通业现代化程度的不断提高，流通对经济发展的影响和作用越来越大，必将成为世界经济增长的火车头。2001年，在全球拥有4150家连锁分店的最大的跨国零售企业—美国的沃尔玛，以2198.12亿美元的销售额超过埃克森美孚公司(1915.81亿美元)，成为世界上第一个排名第一的非生产企业就是最好的例证。可以预料，面对经济全球化、信息化的发展大趋势，在我国加入世界贸易组织之后，由于关税保护壁垒的逐步消除，国际国内贸易将会形成一体化、全球化的发展态势。因此，国内外的消费市场的界限也将被打破，越来越多的外国零售企业必将进入我国的流通领域，与国内商贸企业同台竞舞，形成对峙的局面。如果我们不重视商贸流通业的改革与创新，努力提高企业的竞争能力，我们失去的将不仅仅是国内市场，更重要的是将会失去在新世纪中参与国际国内市场竞争，发展中国商贸业的良机。

李岚清同志指出：流通带动生产，小流通带动小生产，大流通带动大生产，现代流通带动现代生产；流通是现代经济的火车头，要把发展现代流通作为21世纪我国经济新的增长点。吴仪同志也指出：只有现代化的流通，才能带动现代化的大生产；没有流通的现代化，就没有真正意义上的社会主义市场经济。为此，根据江苏经济社会发展和产业结构调整的要求，应把商贸流通业作为重点产业加以发展。通过以深化流通体制改革为动力，不断加大商贸流通企业所有制结构、组织结构、业态结构等方面的调整力度，大力推进现代化营销方式，加快以流通现代化、信息化为重点的企业技术进步，积极鼓励国外资本、民间资本共同参与全省国有流通企业的改组与改造，努力构建起与江苏经济社会发展相适应的现代化的商品流通体系。

（1）加快国有商贸流通企业改革的步伐

为了充分发挥江苏商贸流通行业的现有优势和充分利用国内外两个市场的资源条件，江苏必须加大国有商贸流通企业的改革力度，按照“有所为、有所不为”、“有进有退”的原则，合理配置国有资本，搞好商贸流通行业的战略性重组。一是要进而有为。要针对江苏商贸流通行业过于分散的问题，制定相关的提高流通产业集中度的政策。在流通企业改制的基础上，按照现代企业制度的要求，积极引进内资、引进民资，改变现有的大型骨干流通企业中国有资本过高的状况，加快组建现代化水平较高的，具有较强的国际国内竞争力的大型流通企业集团。在集团建立中，要努力打破各种条条框框的束缚，真正做到以优势企业为龙头，包括民营企业在内，发展跨行业、跨区域的大型商贸流通企业集团。同时做到对不同所有制企业在发展政策、市场准入等方面一视同仁，谁强就扶持谁，谁做大就支持谁。二是要退而有序。对全省各地面广量大的中小型流通企业，要继续采取改组、联合、兼并、租赁、承包、股份合作、出售等多种方式使国有资本尽快从中彻底退出，促使这些中小企业实现早转早主动，早转早走活路。当然，在企业改制中，政府有关部门要注意维护职工的合法、正当权益，妥善安置下岗分流失业人员，保持社会稳定，以及防止国有资产流失等。

(2) 大力推进流通经营业态的调整和创新

流通经营业态的调整和创新，其目的除了为了提高企业的经济效益之外，更重要的是为消费者提供更好、更周到、更便捷的服务。为了使全省各地商贸流通领域形成多种业态并存、结构比例适当、作风适应流通企业生存发展与竞争的需要，省、市流通主管机关及相关部门应及早制定全省及各地的商贸流通业发展规划和网点布局、业态调整的指导意见。比如，对全省和各地的城市商业中心、区域商业中心、郊区及新城区商业中心、社区商业、中心乡镇商业、专业街、步行商业街区等商业形态作出定性的归类，并对各地鼓励发展的商业业态、业种及其网点布局提出相应的指导性规划和意见，以促进江苏流通业的健康、有序的发展。从总体上说，全省商贸流通业当前应以提高产业集中度和组织化水平为重点，在适度控制大型综合超市、仓储式商场、百货商店等业态的基础上，着重发展各类连锁经营店、大型购物中心、便利店等业态。以连锁经营为例，一方面要尽快实现连锁经营的规模化与规范化，要以苏果、苏宁等省内的大型连锁企业为龙头，真正彻底打破行业、地区、所有制的界限，对全省现有连锁企业进行必要的调整、重组与兼并。另一方面，要重视连锁经营的业种创新，即连锁经营的业态形式要向各个行业进行多级化、专业化方向延伸。据了解，日本的连锁性有300多个业种，我国台湾也有170多个。然而，国内连锁业发展较快的上海市在2001年初时也只有25个业种。最近，北京市提出要在2005年内将连锁经营的业种增加到80个左右。由此可见，连锁经营在专业店、专卖店等方面还有较大的发展空间。为此，江苏应在药品销售、医疗保健、农资供应、图书报刊、音像制品、电讯、汽车销售、汽配修理、家具厨具、建材装饰、旅游服务、餐饮、假日旅馆、加油站、娱乐健身等方面发展连锁经营。此外，还应重视发展以特许经营为基础的连锁经营，实现低成本的规模扩张。总之，要通过商贸流通经营业态的调整与创新，达到江苏商贸流通的完善功能、调整结构、提升档次、营造环境，实现全省经济发展的目标。

(3) 积极引资实现流通业多种经济成份共同发展

我国的商贸流通业是对外开放较早，开放程度较大的行业之一。加入世贸组织以后，随着全国、全省对外开放的不断扩大，商贸流通领域已成为外商投资的热点。为了改变全省商贸流通行业国有经济成份过高的现状，实现多种经济成份比例协调、共同发展，商贸流通业要加大招商引资力度。一是国有商业要通过改制等途径，对大型骨干企业着眼于做大做强做实商业资本，走多方参与、整体发展、共同得益的路子。对中小企业则积极筹划国有资本的退出，全额转让给职工或个人，实施民有民营的经营与管理。二是积极鼓励和引导外商投资便利店、购物中心、折扣店、专卖店等江苏流通领域相对缺乏的业态经营；积极参与国有商贸企业的改组改造，逐步允许外商并购国有及国有控股的商业企业特别是批发企业，并在债权债务处理、富余人员安置等方面作出相应的政策规定；鼓励外资参与国有商业企业的技术改造与更新，以及外商投资的商业企业扩大对江苏商品的采购与出口等。三是重视引进省内外社会资本、民间资本，通过控股、参股、合资、加盟等多种有效方式，吸引上述资本参与省内国有商贸流通业的改革与改造。总之，要通过多种办法，改变目前流通业国有资产比重过高，开放度不足的现状，以国有资本的退出，加速实现全省商贸体制的改革。同时，在招商引资过程中，要按照国际惯例，加快制定全省及中心城市的商贸流通业发展规划和利用外资的规划，引导外资及民间资本，避免其在一些地区或行业盲目投资，过度竞争，浪费资源。

(4) 广泛应用先进技术，提高商贸流通业的现代化水平

当前，以信息技术为主的各种高科技已得到迅猛发展，其影响面已涉及社会经济生活的各个方面，也成为商贸流通业提高效能、促进新兴业态经营产生的重要动力。目前，网络销售、电子商务、绿色商业以及供应链管理等各种新技术、新手段已在世界各国商贸流通领域得到很大的发展和应用。高新技术的发展在很大程度上对我国的传统商业组织形式、流通方式、营销手段等方面提出了挑战。因此，江苏商贸流通行业要充分重视高科技的发展所带来的各种影响，认真研究与探讨，学习和应用与之相适应的商贸流通业新型组织形式、经营方式和管理手段。要重视江苏商贸人才的教育与培养；要积极开发商贸信息化、商务处理和流通作业机械化、自动化等技术；要建立自己的电子商务平台，发展一批骨干网站和专业网站；要积极鼓励省内大型商贸企业集团在商品采购、销售结算、仓储配送、库存管理、信息收集与处理

等方面广泛运用计算机技术。总之，要通过推进各种现代管理技术与方法，促进江苏全省商贸流通企业更加广泛地参与国内与国际的合作与竞争，为促进全省经济的持续快速健康发展而努力。

二、现代物流业发展

1. 物流业发展的重大意义

物流的概念随着交易对象和环境的变化而发展，由初期的Physical Distribution 逐步演化成 Logistics，包含生产领域的原材料采购、生产过程中的物料搬运与厂内物流和流通过程中的物流或销售物流。现代物流泛指原材料、产成品从起点到终点及相关信息有效流动的全过程。它将运输、仓储、装卸、搬运、包装、流通加工、配送、信息处理等功能有机结合起来，采用先进的供应链技术手段，尽可能将生产时间、流通时间缩短为最少，为用户提供多功能、一体化的综合性服务，提高企业的竞争力。现代物流业则是指以现代物流活动为基本共同点的行业群体。美国物流协会将物流定义为一个过程或管理，有七个主要特点：一个中心，为顾客创造价值；二个边界，原材料和最终顾客；三个阶段，物质采购及其管理、物料管理和物资配送；四个重点，采购原材料、供应生产过程、及时配送和提高顾客满意度；五个要点，供应链合作伙伴、数量少的供应商、连续稳定的生产过程、及时齐备的送货和了解市场及顾客的需要；六项作业，包装、装卸、搬运、储存、流通加工和信息管理；七项目标，流动稳定、均衡、连续、顺序、简捷、迅速和安全。现代物流的分类，按物流的系统性质可以分为社会物流、行业物流和企业物流。社会物流是全社会物流的整体，称为宏观物流。行业物流是指同一行业中的企业的互相协作，共同促进行业物流系统的合理化。企业物流是企业自身的具体的、微观的物流活动。按物流的作用可以分为供应物流、销售物流、生产物流、回收物流和废弃物物流。供应物流是指企业为保证自身的生产活动，不断组织原材料、零部件、燃料、辅助材料供应的物流活动，并要求最低成本及最少消耗、最大保证，企业竞争的关键之一就是降低物流过程的成本，这是企业物流的最大难点。销售物流是企业为保证自身的经营效益，伴随销售活动，将产业所有权转给用户的物流活动，在现代社会中，销售物流活动带有极强的服务性，包括售后服务。生产物流指企业生产工艺中的物流活动。回收物流指企业在生产、供应、销售的活动中产生的各种边角余料的处理活动。废弃物物流是对废弃物的处理活动。按物流的活动空间可以分为地区物流和国际物流。在物流与商流、信息流的关系上，物流、商流和信息流是商品流通必要的组成部分和不同的运动形式，是流通过程内在的经济范畴。“三流分立”是当今的发展趋势，既相互制约，又相互促进，商流与物流独立运行，物流是商流的保证，信息流是物流的核心。随着现代企业生产经营方式的变革和市场外部条件的变化，工业型社会逐步向信息型社会过渡，企业从“纵向一体化”转向“横向一体化”，企业将主要精力放在关键业务和核心竞争力上，将非核心业务的物流服务交给专业的物流企业，因此第三方物流应运而生并发展壮大。发达国家的物流模式以第三方物流为主，如欧洲使用第三方物流服务的比例高达76%，美国约为58%。第三方物流与传统的物流委托有明显的不同：第三方物流企业站在货主的立场上，以货主企业的物流合理化为设计物流系统运营的目标，可以不直接拥有物流设施和运输工具，不直接从事运输、保管等作业活动，而是负责物流系统设计并对物流系统运营承担责任。

随着全球经济一体化和信息技术的迅速发展，社会生产、物资流通、商品交易及其管理方式正在发生深刻的变化，物流活动正在从传统的仓储、运输服务发展到以信息技术为支撑、融合先进管理方式的现代物流服务。按照现代物流和供应链管理理论，构筑信息化的现代物流网络体系，对提高全社会物流系统的运行效率，降低经济运行成本，调整优化产业与经济结构，促进全省经济社会发展，提高综合竞争力具有十分重要的战略意义。加快物流产业的发展已不仅仅是强化物流领域的竞争能力问题，更重要的是，为所有的企业和整个国民经济创造一个高效的物流环境，提供高水平的物流服务，从整体上改善国民经济的运行效率，提高全社会的经济效益，增强企业和整体经济的竞争能力。物流业将成为国民经济中的重要组成部分和新的经济增长点。

2. 物流业发展的现状

随着全球经济一体化进程加快，生产专业化分工加强，物流业在世界经济社会发展中的作用和地位不断提高。据统计，2000年全球物流费用总支出3.75亿美元，其中第三方物流市场份额为2070亿美元，占5.5%。预计2002年物流支出将达到4万亿美元，其中第三方物流达到2810亿美元，占7%，呈上升趋势，从1996年到2002年，全球第三方物流年均增长率为13%。1999年，美国物流成本为9210亿美元，占当年GDP的9.9%，呈逐年下降趋势，这一比重1990年为11.4%，1980年为15.7%。2000年，美国第三方物流市场为564亿美元，占物流总支出的5.6%，在未来的5年内，美国第三方物流市场将以15%～20%速度增长。1999年，欧盟物流总支出为850亿欧元，其中第三方物流市场为260亿欧元，占30%。中国物流成本占GDP的比例大大高于发达国家，按世界银行估算为16.7%，的确是一个巨大的市场。我国第三方物流占总支出的比重较低，约为10%左右，发展第三方物流的潜力巨大。我国现在已加入了世界贸易组织，WTO关于货物、服务、知识产权保护各领域的规则都与物流业有关，因此我国的物流业将面临着巨大的机遇和挑战。开放分销领域将扩大国内物流服务的需求，促进物流体制改革和产业结构调整，同时跨国物流企业的进入将加剧国内物流市场的竞争，冲击国内僵化的商品流通体制和落后的物流设施及技术。

近年来，江苏经济持续快速健康发展，经济总量和货运量不断增加，物流业有了较快的发展。2001 年，全省实现国内生产总值 9514.6 亿元，外贸进出口总额 513.5 亿美元，占全国进出口总额的 10.1%，货运量 9.1 亿吨，货物周转量 1542 亿吨公里。原材料供应和产品销售“两头在外”的结构性特点决定了江苏物流量巨大，为现代物流业的发展提供了广阔的市场空间，奠定了坚实的经济基础。不断完善的综合交通体系为物流业的发展提供了强有力的物质基础设施保障。快速发展的信息基础设施建设、信息服务业和城市信息化为物流业的发展提供了必要的信息技术支持。经济增长促进了物流相关行业的发展。按现行的统计口径计算，物流相关行业包括交通运输、邮政、电信、仓储、包装、批发和零售等行业。2001 年全省物流相关行业增加值达到 1579.44 亿元，占国内生产总值比重由 1995 年的 14.9% 提高到 16.6%，一批各具特色的物流企业应运而生。随着物流需求的快速增长，江苏现代物流业开始起步，以现代物流经营理念为指导的物流企业初露头角，主要包括：功能较为完备的综合性物流中心；以口岸直通、保税仓库、出口监管等为主功能的物流企业；以国际货贷为主功能的物流企业；以储运为主功能的物流企业；以配送为主功能的物流企业；以提供货运信息为主业的物流企业；由制造业企业独立经营的自身物流企业和利用社会物流资源从事物流经营的第三方物流企业等。

总体来看，江苏现代物流业尚处于起步阶段，还存在着许多制约因素。概括起来主要有：一是对发展现代物流业的市场需求不足，一些本应从企业内部剥离出来交给第三方企业来经营的物流服务依然滞留在企业内部，物流活动主要依靠企业内部组织的自我服务完成，这种以自我服务为主的物流活动模式在很大程度上限制和延迟了企业对高效率的专业化、社会化物流服务需求的产业发展。二是物流服务的水平和效率较低，经营管理水平不高，服务方式和手段比较传统和单一，企业规模较小，缺乏必要的竞争实力。三是尚未形成物流产业发展的制度环境，缺乏统一的协调和管理，存在条块分割、部门分割和重复建设等问题，造成社会资源的大量浪费。各自一套的运作和管理标准，致使物流系统各环节之间不协调、不配套，物流速度慢、效率低、费用高。四是物流企业涉及的产业层次普遍较低，为企业服务的第三方物流发展缓慢，虽然配送发展较快，但物流的最大需求集中在企业的供应、生产、库存、销售等环节。五是物流设施与装备还较落后。仓储设施设备落后，现代化的集装箱运输和专用运输发展缓慢，装卸搬运的机械化、自动化程度低，物流设施设备的总体标准化程度低，在相当程度上影响了国内物流作业效率的提高。六是物流技术总体水平还较低，信息技术应用水平较低，发展现代物流业所需要的高素质人才还相当匮乏。

3. 物流业发展的主要任务与措施

(1) 总体目标。充分发挥江苏在交通、信息等方面的比较优势，建立健全适应物流产业发展需要的制度规范、法律框架和政策体系，积极采用现代物流管理技术和装备，建设包括物流基础设施和物流公共信息平台的现代化物流系统，建立起基本适应经济发展需要的社会化、专业化的物流服务体系，大力培育和发展一批具有国际国内竞争力的现代物流企业，构筑与国际接轨的多层次、社会化、专业化的现代物流网络体系，使江苏成为全国现代物流产业大省。

(2) 区域布局。全省物流区域布局可采取“物流枢纽城市—综合物流园区—专业物流中心”的模式。物流枢纽城市是在物流区域中有突出的经济地位、交通优势、信息条件，物流交换量大，物流企业集中，有枢纽地位的城市。综合物流园区是指多家物流企业或与物流相关的企业在空间上集中布局的场所，具有多功能、高层次、集散功能强、辐射范围广，在全省范围有突出地位，能起到示范作用的社会化物流结点。专业物流中心是指在某专业领域内具有一定综合功能的物流结点，在全省的该专业领域能发挥较强的示范作用。综合物流园区与专业物流中心可主要依托港口、交通枢纽道口、开发区、商贸市场等进行建设。物流枢纽城市是物流区域的中心，在全省范围宜建设南京物流枢纽、徐州物流枢纽、连云港物流枢纽和苏州无锡物流枢纽。综合考虑江苏交通运输、经济区域及与周边省市的相互关系等因素，将全省分为三个物流区域，即南京物流区、徐州物流区和苏锡常通物流区。南京物流区域：包括南京、镇江、扬州、泰州 4 市，并辐射南京区域经济区内其他各市，重点建设龙潭港和王家湾两个综合物流园区。徐州物流区域：包括徐州、连云港、盐城、淮安、宿迁 5 市，并辐射淮海经济区内其他各市，重点建设淮海食品城和连云港港口两个综合物流园区。苏锡常通物流区域：包括苏州、无锡、常州、南通 4 市，并辐射长江三角洲内其他各市，重点建设苏州唯亭、张家港港口、无锡锡北、江阴港口、常州新区和南通港口六个综合物流园区。依托省内主要高新技术开发区、工业园区、大型商贸市场等，选择规划与建设六大专业物流中心，即苏州新区物流中心、常熟招商城物流中心、吴江东方丝绸市场物流中心、无锡新区物流中心、南京江北化工园物流中心和徐州香山物流中心。

（3）公共信息平台。可采用“政府层—共用信息层—枢纽城市层－应用层”的结构模型来构建，协调全省物流公共信息平台、省市政府各行业管理部门的信息系统、枢纽城市物流公共信息平台、物流企业信息系统等之间的关系。物流信息数据的来源主要是政府相关部门和具有核心业务能力的物流企业，包括交通、港务、航空、铁路、规划、税务、保险、银行、海关、计委、经贸、统计、信息产业、电信等部门和企业。可采用总体规划、分步开发、逐步完善的建设策略。在业务流程和操作规范的基础上结合实际，方便各方运作，加快制定物流信息共享和数据交换的规范和标准；抓紧建设全省区域性的电子商务与物流信息系统的统一互联交换平台，以基础条件好、技术成熟、易于实现的国际集装箱多式联运电子数据交换（EDI）系统为起点，互联国际经贸链各行业及相关部门，与中国电子口岸执法系统相连接，推进电子政务和物流企业资源计划（ERP）建设，利用城市的基础地理信息平台，连接物流中心和企业，构筑江苏区域物流公共信息平台，实现电子数据交换和物流信息共享。

（4）政策建议。发展物流涉及多个环节，一是加强改进贸易方式，减少批发层次；二是通过运输组织方式的改进，缩短在途时间；三是采取先进库存管理手段，缩短原材料、半成品或产成品的在库时间。物流最有潜力的环节不在运输，而在流通方式的变革和库存管理的革命，这是物流产业发展的重点。现代物流业的发展有赖于各种生产要素的投入和法制保障，其中资金、土地、高素质劳动力、技术进步与公平有序的竞争环境是发展的重要基础。因此，不能把现代物流业作为一般产业对待，特别是在起步阶段，要用相关政策促进其成长和发展。要坚持现代物流产业的整体协调发展，强化对综合物流园区和专业物流中心建设的宏观指导，大力培育各类物流企业，实施“物流企业再造工程”，加强现代物流业法规制度建设，加快现代物流专业人才的培养，积极发挥现代物流行业协会作用，同时加强对物流产业发展的组织领导。

三、旅游业发展

1.旅游业的发展现状

旅游活动自有人类以来就已发生，作为一个产业则是在二战以后才发展起来，在中国仅仅是近20年的事情。随着改革开放的不断深入，无论从入境旅游创汇额相对外贸出口创汇额，还是旅游增加值占GDP的比重，旅游业均以实在而显著的贡献率、产业形象和发展速度向人们展示了中国旅游业已成长为国民经济中的一个重要产业。旅游业从过去单一的观光型旅游业发展为集观光、度假、商务、研修等多功能于一体的综合型旅游业，成为第三产业消费类的龙头产业。“九五”期间，江苏的入境旅游创汇额稳步增长，平均年增长23.21%，特别需要强调的是，在1997年东南亚金融危机以后，增长幅度虽呈下降趋势，但仍保持着高于16%的高速增长势头。在国内旅游方面，平均年增长19.21%，这个5年间，除了1998年较1997年增长了30.50%外，都比较平稳地保持年增长率15%左右。1998年出现的“井喷”现象，主要与第一年实行“五一”、“十一”七天假期有关，国内旅游出现盲目出游的热潮。随着人们观念的成熟，在“九五”的后几年里，这种盲目出游的现象有所减少，国内旅游呈现逐年的稳步增长的趋势。到2000年，国内和国际的旅游收入已占江苏当年GDP的7.45%，占整个第三产业36.3%的1/5（见表5-11）。

“十五”期间是中国人普遍产生旅游动机的起始阶段，加之全年假期的不断提高，旅游业确确实实存在着一个有着巨大潜力的需求市场，旅游业的高速健康发展将对江苏经济的增长起着切实的拉动作用。

表 5-11 “九五”期间江苏旅游业发展状况

单位：亿元、%

年份	1996	1997	1998	1999	2000
国际旅游收入	26.36	35.10	43.78	51.36	59.92
国内旅游收入	292.66	338.90	442.25	510.54	587.52
合计	319.02	374.00	486.03	561.90	647.44
当年 GDP	6004	6680	7200	7398	8583
比重	5.31	5.60	6.25	7.30	7.54

注：国际旅游收入=当年的入境旅游创汇额 ×当年人民币与美元的平均汇率。

资料来源：有关年份的《江苏统计年鉴》。

2. 旅游业存在的问题

江苏旅游资源丰富，改革开放以来，旅游资源的优势已经逐步转化为现实的经济优势，旅游业得到了迅猛发展，在接待人数、外汇收入、旅游基础设施建设、旅游资源的开发和保护、旅游队伍的建设等各个方面都取得了突出的成就。但目前江苏的旅游业也存在着不少问题，主要是旅游环境相对比较差，旅游服务缺乏行业标准，旅游商品供应上存在着不少问题，旅游业的整体素质和竞争力还有待进一步的提高。

3. 促进旅游业发展和结构调整的策略与建议

(1) 加快旅游企业之间的兼并，促进旅游企业的集团化发展

江苏的旅游行业经过二十多年的发展，已经形成了比较庞大的产业组织和产业规模，旅游企业遍布全省的各个地区，在国民经济高速发展中起着日益显著的作用。但是，与国外发达国家的

旅游企业相比较，江苏旅游企业仍未摆脱“小、弱、散、差”的格局。在国际、国内旅游市场竞争日益激烈的情况下，集团化发展将成为旅游企业发展壮大的根本途径。实行集团化发展是由旅游业的特点和市场竞争环境所决定的。旅游是一个跨地区、跨行业的综合经济活动，因此有必要建立企业之间、地区之间、部门之间的横向联合，组成跨地区、跨行业的大型旅游集团。旅游企业要加快建立规范的现代企业制度，理顺产权关系，明确权责利益，在经营制度上要加快与国际接轨的速度，在经营策略上要实现大型企业集团化、中型企业专业化、小型企业网络化的战略思路，走出一条集约经营、质量竞争、效益发展的路子。对于规模现在已经很大、经营实力已经很强的骨干企业，要借助市场导向机制，通过资产重组、兼并联合等手段，着手组建各级旅游股份集团公司，壮大实力，来提高自身抵御外来冲击的能力。在实施旅游企业集团化的过程中，应根据自愿、平等、互惠互利、鼓励竞争和稳定联合相结合的原则，以及符合国家产业政策、坚持公平竞争、禁止行业垄断和地区封锁的总体要求，采取以市场力量为主、政府引导为辅的方式，将现有分散的旅游企业优化重组为几个大型的旅游集团企业。

(2) 调整旅游业的产业结构，优化旅游业的空间结构

江苏旅游业产业结构不合理的状况一直未得到很好的改善，如高档酒店、旅行社发展过快，旅游商品发展滞后，旅游车辆陈旧及更新换代慢等，都是很典型的表现。以旅游酒店来说，近些年，旅游业无论是内资还是外资的投入大多集中在高档酒店的建设上，结果导致旅游饭店“僧多粥少”的局面，不少酒店客房出租率偏低，达不到国际通行的60%的标准。“十五”期间，对于旅游业的资金流动，要在市场经济的引导下，流向旅游基础设施的建设上，例如，景区内道路的建设、旅游产品开发等。现有的

旅游产品超过90%都是自然风光旅游产品，而文化旅游、农业旅游、生态旅游、会展旅游、美食旅游和度假旅游还相对比较薄弱，没有发挥出大旅游的潜在优势。开发更多新的旅游产品，不但可以极大的开拓旅游者的选择空间，而且对相关配套行业也将产生明显的带动作用。以农业旅游为例，南京市江心洲特色田园度假区在开发旅游经济的同时，成功地将当地一批绿色农产品作为特色旅游产品销售给了游客，事实证明，旅游业每投入1元，当地农民收入便可增加4.3元。江苏不少地区可以根据旅游业的这个特点，开发相关的旅游产品，既可以增加当地农民与财政收入，还可以缓解农村的劳动力就业压力。旅游资源在空间上也呈现出一种南北不均匀的特点。在苏南地区，成熟的旅游资源比较多，例如，苏州的古典园林建筑、无锡的环太湖影城旅游带和南京的民国建筑等，都是在国内外比较有名的旅游产品，彼此连成了一个饱浸吴越文化和民国文化的旅游圈。在苏北地区，这样成熟的旅游资源由于历史与经济的原因，相对比较匮乏，从而在空间上表现出一种南北差距，但是苏北发展的潜力还是很大的。例如，苏北地区有淮安韩信—宿迁项羽—徐州刘邦这条内涵丰富的汉文化旅游线路，盐城的丹顶鹤自然保护区，连云港的花果山等旅游资源。这些资源都为苏北旅游业在“十五”的腾飞发展提供了后备力量。

新世纪新阶段江苏旅游业的结构调整与发展不但要着眼省内，而且要跳出江苏。江苏、浙江、上海三地地缘相近，历史文化相通，人均可支配收入相对比较富裕，只要加以适度宣传和合作就可以形成一个巨大的旅游市场。三地可以联合开放精品旅游产品，以增加区域内旅游企业的对外竞争力。

(3) 加快旅游行业人力资源开发，提高从业人员素质

江泽民主席2001年5月15日在亚太经合组织人力资源能力

建设高峰会议上指出："物资资源的开发利用是人类社会发展的基础，而人类智慧和能力的发展决定着对物质资源开发的深度与广度。"旅游业要实现可持续发展，在进行合理开发和有效保护的同时，更加要搞好人力资源的开发。

改革开放以来，江苏旅游业发展对于旅游人才的需求越来越多，旅游业人力资源总体情况也在逐步好转，但与旅游业保持高速、稳定、健康的发展要求相比，现有的人力资源仍然不足。首先，全省旅游业直接从业人员中，大专及其以上学历者才接近30%，同其他经济行业相比，旅游业人员学历明显偏低；其次，旅游从业人员的职称结构也不合理，具有初级以上职称的只占全行业的10%左右；最后，旅游业从业人员的专业结构也不合理，非旅游类专业的人员比例占71.11%。这些缺点都有可能成为了江苏旅游业腾飞的"瓶颈"。旅游业的市场竞争虽然表现为市场客源市场的竞争、服务质量的竞争、资源优势的竞争与管理水平的竞争，但是，归根到底还是人才的竞争。因此，大力培养优秀的旅游创新人才，积极构筑旅游人才高地，培养复合型和职业型的旅游人才，是实现江苏旅游业快速发展的关键。为此，必须强化旅游教育，加强学历教育的继续教育，加快岗位培训和院校培训，加大业务技能、信息技术、销售技术、外语水平和管理理论的培训，实现从基层人员到高层人员的全面培训和考核，推行持证上岗、竞争上岗和资格认证制度，努力完成初级人才普及和高级人才提高的双重任务，尽快建立起一支政治素质、业务能力、职业道德过硬的旅游队伍。

四、房地产业发展

1. 房地产业的发展现状及其作用

改革开放二十多年来，江苏房地产业和全国一样，经历了一个从起步、“过热”到平稳的发展过程，总体说来发展很快，现已逐渐成为全省服务业乃至整个经济的重要支柱。

20世纪80年代中期，全省11个地级市相继组建了以房地产开发为主的城市建设综合开发公司，这个阶段，房地产企业数量和投资规模都很小；进入20世纪90年代上半期，受到房地产业高利润的诱惑，出现一哄而上搞房地产的现象，企业数量和投资规模都有了迅速扩大。1993年，全省房地产商共781家，完成开发投资额114.01亿，1994、1995年尽管速度与1993年相比有所减缓，但是供应规模仍然偏大，同时由于市场有效需求萎缩，房屋空置率迅速上升，由1994年的7%上升到1995年的32%。1996年，省内房地产行业进入低潮。从1997年开始，江苏房地产业走出低谷，开始复苏，增幅与早期相比大大降低，进入一个恢复阶段，这时的房地产业进入了一个相对稳定和理性的发展阶段。

经过十多年的发展，江苏房地产业取得了令人瞩目的成就。首先，形成一支房地产业大军。“九五”期末，全省共有房地产企业1929家，仅次于广东和上海，位居全国第三位；从业人员数位居全国第六位，形成了以国有企业、集体企业为主体，三资企业、外商投资企业为辅的结构特征，其中公有制企业的比重是55.3%。其次，房地产企业具有了一定的经济实力与开发实力。“九五”期末，全省房地产企业实收资本210.28亿元，比“八五”期末增长了22.2%，拥有资本总计1201.82亿元，比“八五”期末增长了近80%；2000年，全省房地产开发施工面积为4268万平方米，比1995年增长21.6%，房地产竣工面积2143.2万平方米，比1995年增长31.5%。同时，房地产产业结构也日趋合理，产品品种不局限于商品房的开发，高等别墅公寓、写字楼等占房地产开发施工面积的比重在逐年提高。

根据有关资料，2000年，江苏完成房地产开发投资额达358.72亿，居全国第四位。1991～2000年，江苏房地产投资以49.18%的年均增长速度增长，明显快于本省年均25.01%的固定资产投资额和年均20.31%的GDP增长速度。根据1991～2000年的统计资料预测，房地产投资与GDP的相关系数高达0.9846，两者存在高度相关关系。回归模型如下：

$$Y = 1174.43 + 19.99X$$

$R^2 = 0.9695$　　D.W = 1.91　　F = 254；其中Y表示GDP，X表示房地产投资；此式表明，房地产投资每增加一个单位，可使GDP增加19.99个单位。

表5-12　江苏房地产业投资对GDP的贡献率

单位：%

年份	1991	1992	1993	1994	1995	1996	1997	1998	1999	2000
贡献率	2.09	2.05	2.49	2.45	2.79	3.24	3.51	3.98	4.09	4.10

数据来源：2001年《江苏统计年鉴》。

从表5-12可以看出，房地产业投资对全省GDP的直接贡献率在逐年加大，从1991年的2.09%增加到2000年的4.10%。因此，只要在新世纪新阶段加快其发展，房地产业就完全有可能成为江苏的支柱产业。

2. 制约房地产业发展的因素

江苏作为一个经济大省，经济增长速度及居民收入水平居全国各省前列，这为房地产业的发展提供了坚实的经济基础，但是，实际现实中，仍然存在着一些因素制约着房地产的更快发展。主要有：（1）房地产市场不完善。目前江苏房地产市场仍然以一级市场为主，二级市场和三级市场还没有有效的建立起来，但一级市场的开发成本过高。许多地区将城市基础设施的建设寄托于房地产开发商，因而导致房地产开发商的土地开发成本居高不下；二级市场交易手续繁琐，交易成本过高，这些都在一定程度上制约了房地产市场的进一步完善。随着商业、餐饮、娱乐、商务等需求的不断扩大，房地产租赁活动比较活跃，但目前房地产租赁的不规范以及税费负担繁重，使得不少租赁活动都以灰色交易的方式存在，制约了房地产租赁业的发育。(2) 城市化率偏低。2000 年，江苏城市化率仅为 41.50%，虽高于全国水平 5.41 个百分点，但仍然与江苏经济大省的经济发展水平不相称。明显偏低的城市化率严重制约了江苏房地产一、二级市场的发展规模。(3) 商品房价格相对偏高。根据世界银行研究结果，住宅价格与一般家庭收入之比在 3:1 到 6:1 之间时，居民才有足够的支付能力，若高于收入的 6 倍时，住宅就难以形成消费热点。江苏房价收入比已经从 1991 年的 6.32:1 缩小到了 1998 年的 4.66:1,但是不少大中城市的房价收入比明显偏高，使得居民难以承受。例如，南京地区的房价收入比就高达 10:1，而上海才只有 7:1。过高的房价使得不少居民只能望楼兴叹，潜在的需求无法变成有效需求。(4) 居民收入增长缓慢以及收入差距不断扩大，进一步阻碍了房地产市场有效需求的扩大。近些年来，经济增长趋缓，企业职工下岗分流，不少城镇居民的收入增幅出现下降的趋势，全省城镇居民家庭收入增幅从 1994 年的 37.46% 下降到 2000 年的 4.01%。收入的下降直接降低了人们的收入预期，使得人们对于原本强烈的购房欲望变得冷淡。同时，收入差距扩大，最低收入与最高收入之间的比例从 1989 年的 1.8 扩大到了 2000 年的 5.39，这种收入增长缓慢与收入差距拉大的局面对于房地产的发展是不利的。(5) 开发商盲目建设，商品房大量积压。现在许多开发商不是根据市场需求来开发，而是能拿到什么地就开发什么房屋，很少做市场研究，结果导致开发出来的商品房出现严重的积压现象。根据国外的研究结果，商品房空置率合理的区间是3%～10%。考虑到我国的实际国情以及江苏的实际情况，不少国内专家认为比较合适的商品房空置率是5%～14%。而2000年底，江苏商品房空置率高达41.65%，这个比率明显高于合理的空置区间，也在很大程度上制约了房地产业的进一步发展。

3. 加快房地产业发展的政策建议

从以上分析，不难看出房地产业对于江苏经济增长和产业结构扩展升级确实起到了举足轻重的作用，未来房地产业发展的潜力很大，房地产业的发展必将带动其他相关产业的发展，进一步促进国民经济整体的增长和居民居住条件的改善。江苏在进一步发展房地产业的过程中还有许多工作要做。具体是：

(1) 规范土地出让一级市场，进一步完善和开放二级市场

必须严格规范土地出让中的不规范行为。首先，由于城市土地一级市场的高度垄断性，政府应当以双重身份（既是土地所有者，又是土地管理者）来对土地这种社会经济活动中的稀缺资源进行调节，稳定土地市场，减少土地资源浪费的现象；其次，采用招标和拍卖的方式来代替现在的协议出让方式，通过市场行为来进行土地资源的再次分配，避免土地出让过程中的腐败行为。通过成立专营的国有土地开发公司，具体承担拟出让地块的前期开发工作，主要是三通一平或七通一平。对于二级市场业务，尽管二级市场目前仍然有市场准入、税费确定及中介服务等一些“瓶颈”需要突破，但是二级市场的开放和不断完善是必然的趋势。因此，在明确规定进入制度的前提下，尽快确定合理的税费和土地出让金比例，并对房地产咨询、房地产价格评估、房地产经营等机构的从业资格进行评定，选择合格的中介机构从事房地产中介活动。此外，还需要完善二手房供求的信息网络。

(2) 加快城市化建设的进程

江苏城镇规模普遍较小，农村城市化水平低，吸纳与扩张能力弱，严重滞后于工业化。一般认为，城市人口占总人口的比重达到70%以上，城市化进程才会稳定下来，而江苏的这个比重才30%左右，所以下一步要充分挖掘城市化的潜力，以此带动房地产业持续快速发展。

(3) 降低房屋价格

房屋价格和开发成本、房屋建筑成本以及房屋租赁价格是相关的。目前，房价偏高与各种税费是分不开的。因此，政府应继续削减与房地产有关的税费，为房地产的高速发展营造一个良好的发展环境。

(4) 进一步加快住房分配货币化改革步伐

目前，江苏少数几个城市住房分配货币化补贴到位的情况还不够理想，影响了个人购房的全面启动。因此，应全面落实住房分配货币化的政策措施，特别是要落实企事业单位住房分配货币化改革措施，并进一步推进现有公有住房的出售和出租。

(5) 完善房地产金融体系

首先，完善住房金融制度，通过规范住房公积金运作，将住房公积金管理机构转变为具有融资和贷款职能的政策性非金融机构，促进公积金的保值和增值；其次，建立房地产共同基金，有助于解决房地产开放资金的短缺，稳定房地产投资规模；最后，促进房地产企业上市筹资。房地产企业上市，既可以促使其提高管理水平，又可以促进企业无形资产和信誉度的提高，为企业规模经营打下基础。

五、社区服务业发展

1. 社区服务业的发展意义

社区服务，指在社区内为人们的物质生活和精神生活所提供的各种社会福利和社会服务，社区服务是新世纪新阶段全面小康社会建设的重要内容，是现代化城市发展的一个重要侧面，是城市社会保障体系和社会化服务体系的重要组成部分。社区服务业是以满足社区居民各种需要为目标，以街道、居委会和社区组织为依托，具有社会福利性质的新兴居民服务业。它作为第三产业的新成员在新经济形势下逐渐成为城镇经济的新的增长点，对于促进全省经济发展和居民福利改善具有重要意义。首先，社区服务业蕴藏着巨大的就业机会，有助于缓解当前严峻的就业压力。目前江苏就业形势比较严峻，2000 年一年间失业人数比上年增加了 10 万人，这还不包括一些隐性失业人数。目前第三产业中，最具劳动就业吸纳空间和最少投资需求的就是社区服务业。根据国家统计局发布的资料，我国社区服务业目前正以超过 13% 的速度增长，每年可以吸纳 170 万人。可见，发展社区服务业是当前扩大就业的一条重要途径。其次，发展社区服务业是缓解当前社区服务供求矛盾的需要。国家统计局的调查表明，我国大中城市居民对社区服务普遍有较高的要求，需要各项社区服务的家庭数量占到全部城市家庭的 70% 以上，社区服务市场的潜在需求很大。目前，省内主要城市区、街道、居委会各级社区服务中心已经初步建成，形成多层次、多方位的服务溪流，包括：养老、助残、卫生保健、家政、信息咨询等服务，但是，社区服务发展仍然很缓慢，服务项目较少，远远跟不上日益增长的社会需求。最后，发展社区服务业有助于住宅商品化、市场化，是繁荣住房消费市场的重要环节。近年，政府出台了一系列扩大内需、启动经济的决策，房地产业已经成为江苏经济新的增长点。但是目前城镇住房在建设、流通和消费上还没有真正形成良性循环，大量空置的商品房还没有消化，住房对经济增长的拉动作用还难以完全显现出来。社区服务业发展滞后是形成这种情形的重要原因之一。加快城镇住房商品化改革步伐，推动住房消费市场，必须抓好居民住宅区的配套设施建设，加强小区的物业管理，建立完善的房地产管理体系，改善居民居住环境，努力发展社区文化和各项事业，以满足社区居民不断增长的教育、文化、卫生、安全、服务等方面的需要。

2. 社区服务业发展中的缺陷

1987年国家民政部门在武汉第一次召开城市社区服务工作会议以来，首次提出社区服务问题，把社区服务正式纳入民政工作范围。1993年，中央14个部委颁布《关于加快发展社区服务业的意见》的文件，利用国家大力发展第三产业的有利时机，为社区服务业的兴起和发展提出了明确的目标和要求。1998年7月，国家计委制定的《关于发展第三产业扩大就业的指导意见》中再次把社区服务业列入今后全国重点发展项目的第二位；同时把社区服务业正式纳入国家经济社会发展规划和2010年远景目标。经过15年的发展，江苏的社区服务业取得了显著的成就，但是在成就背后仍然存在着很多不足。具体表现在：(1) 缺乏组织领导力度。目前，江苏主要市、县均没有社区服务业成建制的统一领导体系和机构，行使行业管理职能。各地的民政局仅仅从城市福利和基层政权角度协调街道、街区与政府之间的工作，与社区服务业发展的环境氛围不相适应，使得社区服务业呈现出自然生长，自生自灭、不死不活的状态。(2) 缺乏政策协调。社区服务业发展基本属于福利和半福利性质，属于微利、薄利行业，如果没有工商、税收、城管、规划、房地产等方面的优惠政策，就无法开设，这也是省内社区服务行业发展比较缓慢的主要原因之一。这些部门之间的不协调，给社区服务工作的推进造成了很大的困难。尽管国家和地方先后出台了相关扶持政策，但由于行业管理不明，界定不清，政策实施力度不够，导致效果大大降低。(3) 缺乏长远认识。目前已将安置下岗人员再就业作为大力发展社区服务业的切入点，效果初显，但在对社区服务的整体把握上还缺乏一种全局性的规划和考虑。社区服务以市场需求潜力大，相对容纳人员多等优势及时吸纳了一部分下岗人员，对缓解当前逐渐增加的再就业压力起了积极作用，但从长远来看，还有更大的作用。社区服务业是为社区群众办实事和好事，为地方政府分忧解难，缓和社会矛盾，促进社会稳定，促进精神文明建设的不可或缺的重要手段，所以，没有上下的高度重视和统一的认识，是不可能将社区服务业推向更高层次。(4) 社区服务业组织化、产业化水平低。主要表现在：第一，现有社区服务业大都为个体经营，在没有统筹规划和指导的情况下，个体经营的社区服务项目随意性很大，通常自发性比较强，有的服务项目过多，而有的服务项目过少或者根本就没有。同时，社区中服务项目的设立有很大的盲目性与无序性；第二，由于社区服务业主要是由个体经营者承担，其人力、物力都很有限，并且服务工具、服务手段和服务水准都很难有所提高，故而不得不局限于以传统手段和方式进行传统项目的服务，很难适应社区服务业新的要求；第三，由于社区服务的组织和管理脱节，没有规划和引导功能，缺乏经营的约束监督机制，导致经营无序，标准混乱，服务活动不规范等现象的发生，影响了社区服务的更高层次的发展。

3. 促进社区服务业发展的政策建议

(1) 高度重视社区服务业的战略意义

社区服务业由于受到传统计划经济体制以及人们观念意识的制约，现在尚处于起步阶段。为了促进社区服务业的发展，政府的促进推动是不可缺少的，然而也决不可以大包大揽，角色错位。非福利性质的社区服务业发展从总体来说，应该坚持以民办为主，走产业化、有偿服务的道路。当然，在合理区分社区服务的福利性和经营性的基础上，政府可以采取促进、扶持或鼓励措施，以推动社区服务业的发展。如果说20世纪是经济突飞猛进的世纪，那么21世纪必定是强调经济和社会协调发展的世纪，社区服务业可以说是一个经济增长和社会进步很好的结合点。今后，江苏各级政府都要把发展社区服务业纳入本地区经济与社会发展总体规划，积极推进社区服务业的全面发展。因此，建议各级政府成立相关领导小组，组织相关部门和单位密切协调和配合，采取有力措施加强社区服务业的发展。

(2) 推进社区服务业，搞好再就业服务，增加就业岗位

社区服务业在推进再就业工程中具有不可替代的重要作用。第一是广泛挖掘社区资源，增加服务设施，拓宽服务领域，开阔思路，发现需求，扩大社区服务项目，把下岗职工的特长和社区成员的需要结合起来；同时，多开发劳动密集型的服务项目和生产经营项目，扩大再就业范围；第二是推进社区服务业的产业化进程，选择具有龙头带动作用的实体，增强辐射能力，细化分工，提高服务水平，增加经济效益，引进先进技术和手段，逐步实现社区服务业的现代化，确保实体稳定发展，使从业人员的工作可以稳定长久；第三是与社区企业通力合作，动员社区内单位，将内部福利、后勤保障设施实行有偿转让或者合作经营，向社会开放，这样既为原单位人员提供福利服务，又可以为广大居民群众提供便利服务，既可以招用本企业下岗职工，又可以更多地吸纳其他单位的下岗职工，扩大安置下岗职工的空间。

(3) 加快城市化进程

城市化是未来经济发展的动力之一，从一般意义上讲，城市化不是经济发展的第一推动力，发展经济学认为，是以市场为基础的专业化和交换给予生产增长以第一推动力，由于专业化分工

和交换最容易产生于人口集中的地方，所以市场的发展和深化需要以城市为依托，加之中国目前是一个低城市化国家，因此适当采取积极的城市化措施，将成为当前和今后一个更长时期增长的一个重要推动力量。江苏也不例外。这种制度性的活力释放，可以积极催化城市第三产业特别是社区服务业的发展，为城市提供广阔的社区就业空间。城市化不仅是一个量的指标，而且是一个质的指标，即人民生活质量和城市功能。我们现在遭遇低水平的过剩经济主要是在生产部门，在服务业上，我们还是短缺的。我们只有充分重视城市化的质和量的问题，才能为城市的社区服务业发展和扩大就业创造有利条件。

(4) 切实加大对社区服务业的扶持力度

主要有：第一是要落实各项政策，特别是优惠政策。通过发展社区服务业扩大就业，政府一定要放宽对从事社区服务业领域的经营政策，鼓励人们根据市场需求进行创业。第二是加大资金扶持的力度。对于下岗职工和失业人员参与社区服务业的，可以享受一定的资金扶持，享受一次性开办补助费的支持。此外，各地商业银行也要加大对社区服务中小企业的资金支持。第三是解决社区服务业场地不足的问题。从事社区服务业的个体和机构，由于城市规划等因素苦于没有经营场所，建议各级政府采取行政与市场相结合的方式，解决社区服务业创业个人和机构的场地问题。

(5) 推进社区服务业产业化水平

社区服务业产业化是社区服务业加快发展的必由之路。只有实现了社区服务产业化，才能真正促进社区就业的发展。社区服务产业化包括以下几个方面的内容：首先是推进社区服务多元化。传统的社区服务是政府部门办的，不是针对全部社区居民的。社区服务主体只有多元化，才能促进社区服务业的全面繁荣。其次是推进社区服务市场化。狭义的社区服务往往带有福利性质，广义的社区服务必须引入市场机制，大多数社区服务可以是经营性的。最后是推进社区服务规模化。社区服务规模化可以促进专业分工，进一步拓展社区服务的内容，社区服务规模化可以进一步降低服务成本和服务价格，从而扩大服务的需求。同时，社区服务业者只有置身市场中，才可以准确把握市场的需要，及时调整经营。

(6) 培养高素质的社区服务业从业人员队伍

提高社区服务业从业人员素质的途径主要有：加强对现有社区服务业人员的培训工作，提升社区服务业的发展潜力；鼓励大学生创办各种社区服务业，激励他们的创业意识；引导城市下岗职工和失业人员创办社区服务业，或者去社区服务机构工作。

中　　篇

中　篇

第六章 城市化与城乡结构调整

经济结构除了产业结构，还包括城乡结构与区域结构，实施经济结构的战略性调整，还必须大力推进城乡与区域结构调整，这正是本篇的主要任务。本篇将依次论述江苏的城市化与城乡结构调整、省内三大区域之间的结构调整与共同发展、三大区域各自内部的结构调整与发展。

改革开放以来，江苏城市化发展、城市建设及城乡结构的调整取得了可喜的成绩。江苏现有设区市（直辖市）13个，县级市31个，33个县，1372个乡镇，其中建制镇1176个。全省城镇非农人口1930.7万人（据江苏省统计局统计，人口为非农户人口），占全省总人口的26.9%。另据江苏省统计局抽样调查得出的数据，2000年全省城镇人口占总人口的32.1%。全省初步形成了以苏锡常、南京、徐州为中心，大、中、小城市和城镇组成的城镇等级结构，尤其是近年来苏锡常地区的快速发展，城市化进程加快，已形成城镇连绵区雏形，成为以上海为中心的大都市圈的主要组成部分。在城市发展的同时，乡村社会经济也得到了快速发展，但城乡发展仍存在着不协调现象，城乡结构有待于进一步调整。为便于与以往发展作对比性的分析，本章阐述的城市化涉及苏南、苏中与苏北的问题时，仍沿用原有的划分口径。

第一节 城镇体系的历史演变

一、解放前城镇的历史沿革

江苏城镇发展至今已有四千多年历史。江苏13个省辖市有

7个诞生在先秦时期，其中，徐州市是江苏产生最早的城市，其次是苏州，再次分别为常州、镇江、扬州、南京、无锡五城市，它们皆有两千多年的历史。江苏城镇主要发育于苏北徐淮平原西北部、江苏西南部丘陵地区以及太湖平原地区。徐淮平原西北部，接近古代文化中心黄河流域，为江苏最早开发地区，至春秋战国，这里农业已具较高水平。其次是太湖地区，为民殷国强的吴国活动根据地，苏、锡、常、宁、镇、扬六城市先后得以在此产生。里下河地区因地势低洼，城市发展较弱。

从东汉末年开始，城镇南北差距初见端倪。我国北方黄河流域大乱，徐淮地区由于地近战乱中心，受破坏甚烈。以后五胡入侵，晋室南渡，南北朝对峙攻略，使徐淮等城镇多次遭到破坏。相反，江南地区及大运河沿线地区相对稳定，人口多次向南方迁移（东汉末、西晋、中唐、南宋），由此苏南城乡繁荣。江苏城镇发展南升北降，苏南地区盛产棉花、蚕桑，棉纱丝纺等手工业私营作坊大量出现，城镇因此繁荣，形成了“半里一村，三里一镇，炊烟相望，鸡犬相闻”的城镇密集区。

鸦片战争至解放前，苏南新兴民族工商业城镇兴起，苏北大运河沿线城镇再度衰落。位于沪宁铁路沿线的上海边缘的苏南地区在民族工业的发展中迅速崛起，并促进城市迅猛发展。大运河功能的衰弱，致使沿河城市逐渐衰落。随着沿海和长江航运的兴起，大运河逐渐失修废置，津浦、陇海铁路通车，改变了客货流量流向，加之没有相应发展自己的工业，只能成为上海、苏南的原料供应地和产品销售市场，这就导致大运河沿线的扬州、淮安、淮阴等城市衰落下去。

二、解放后城镇体系的发展

新中国五十多年来，江苏在工业化和城市化进程中，经济发展与城市化相互作用、相互影响，同全国经济发展和城市化进程既有共性又有其独特性。改革开放以前，全省城市人口的增长主要来源于自然增长，改革开放以后，江苏城市化进程加快。城市化的进程同全国基本相似，大致经历了以下几个发展阶段：

1. 1949～1978 年，城市化的起步阶段

这是一个以计划经济为主导、自上而下的城市化阶段。其间，全省城镇人口的增长主要来源于自然增长，人口流动基本处于停滞状态。（1）1949～1957 年为城市化稳步缓慢增长阶段。1949 年，江苏的设市城市有 10 个，即南京、镇江、扬州、苏州、无锡、常州、南通、徐州、泰州、新海连（今连云港）。1950 年增设清江市（今淮阴市）、常熟市。建国初期，我国面临复杂的国际形势和国内环境，经过三年左右的恢复和调整，国家开始实施第一个“五年计划”，全面推行重工业化倾斜战略。此间，江苏内大中型骨干企业主要安排在南京、镇江等地。全省非农业人口从 521 万人增加到 700.94 万人，占总人口的比重从 14.8%上升到 16.5%（同期全国从 10.6%上升到 15.4%）。当时的市镇经济得到了较快的发展，尚未建立起城乡二元分割的户籍制度，城乡之间劳动力可以自由流动，全省城市化得到初步发展。（2）1958～1965 年为城市化大起大落阶段。这一时期，全国经济剧烈波动。1958～1959 年，受大跃进、人民公社化等影响，全省经济过热，非农业人口迅速膨胀，仅此两年就分别增加了 80 万人、60 万人。由于自然灾害等原因，从 1960 年到 1962 年全省经济大滑坡，连续出现经济和人口的负增长。到 1965 年，全省城镇非农业人口减少为 556 万人，城市化水平降为 12%。（3）1966～1978 年为城市化停滞阶段。十年动乱导致国民经济遭到前所未有的破坏，工业化、城市化停滞不前。在人口政策上

仍然采取严格的城乡隔离政策，意识形态和政治因素成为影响人口流动和城市化的最重要因素。全省知识青年“上山下乡”在1968年形成高潮，1967、1969、1970、1974年等年份，全省非农业人口出现负增长，而同期全省人口年均自然增长率为17.9‰。到1978年，全省非农业人口仅为728.11万人，占总人口的12.5%。

2. 1979～1985年，城市化稳步发展阶段

党的十一届三中全会作出以经济建设为中心和改革开放的战略决策，全省经济、社会出现了强劲的发展势头。由于农村推行家庭联产承包责任制，打破了20年之久的“大锅饭”，使生产要素获得了自由流通和重新组合的动力。一方面，在放宽了农村经济政策的背景下，农村经济活跃起来，全省种植业、林牧渔业和社队企业全面高速增长，产值年递增率分别达13.5%、17.6%和20.6%。农村经济结构发生了较大的变化，非农产业比重超过了农业比重，达到51.7%（1983年）。另一方面，1984年中央1号文件和4号文件的贯彻落实，推动了江苏乡镇企业迅猛发展。以苏南乡镇工业为代表的江苏乡镇企业高速发展，年递增速度为43.8%，在全省工业总产值中的比重由“三分天下有其一”，发展到占45%。农村产业结构发生了根本性的变化，由农工商变成了工农商。从此，乡镇企业在江苏的工业化、城市化进程中扮演了重要角色，并左右了江苏20世纪90年代乃至更长时期的城市化格局和转型。

随着城乡经济体制改革的启动和商品经济的发展，全省城镇建设取得较好的进展，而乡镇企业的崛起，大批农村劳动力就近进厂务工，过着“离土不离乡，进厂不进城”的生活，从而拉动了江苏小城镇的发展。1980年，国务院提出“严格控制大城市规模，合理发展中等城市，积极发展小城镇”的战略方针，江苏

省委、省政府制定了优先发展小城镇的政策。1982年5月，省委、省政府召开了全省第二次城市工作会议，形成了《关于加强小城镇建设工作的意见》，确定了“以城市为中心，小城镇为纽带，广大农村为基础，发展城乡经济、科技、文化网络”的方针，由此带来了江苏小城镇发展的“黄金时期”。1983年省政府决定全省实现市管县的体制，旨在改变长期以来城乡分治的局面，从而更加有利于城乡共同发展。这一时期，全省新增11个建制市，378个建制镇。

这一阶段城镇人口来源主要是：落实政策回城的老职工，“上山下乡”知青，恢复高考后招收的大批农村大中专学生等，此类非农人口占了同期非农人口增加量的60%左右。从城镇人口的地理分布看，由于江苏地区经济发展的不平衡，农村剩余劳动力的转移也存在着显著的梯度差异。在乡镇企业和小城镇发达的苏锡常三市，剩余劳力的转移占全省转移量的近一半，而占全省劳动力资源80%左右的宁、镇、扬、徐、淮、盐、连地区由于乡镇企业不发达，无法吸收更多的劳动力，出现较多向外地转移的倾向。从不同规模等级城镇对城市化发展的贡献看，据1980～1985年数据统计，江苏50万以下城市人口增长数占全省城市人口增长数的75%。其中，20万以下城市人口增长所占比重为39%。由此可见，这一阶段江苏城市化发展是一自下而上的过程。

3．1986～1992年，城市化转型发展阶段

由于多年积累的固定资产投资规模过大而引发的通货膨胀压力加大等社会不稳定因素的爆发，国家开始实施宏观经济的治理整顿政策，从全省乃至全国来看，这一阶段是改革开放以来的一个经济回落期。受宏观经济紧缩的影响，全省城市化进程处于放慢并导致转型的酝酿期。从城市化的空间差异看，沿江地区稳步

发展，淮海地区发展减缓。一方面沿江地区因多年发展的积累，在城市国营企业经营困难，大批进城的农民工被清退回乡之时，小城镇建设不断发展，数量增多，规模扩大。据1985～1992年数据统计，江苏20万以下城市人口增长数占全省城市人口增长数的68.2%，江苏正式走上了以小城镇为主的城市化特色道路，其中苏锡常三市在1989～1992年间中心小城镇净增89个，与淮海地区相比，呈现了"优胜劣汰"的态势。另一方面，1990年4月中央批准上海浦东开发开放，苏南几个市抓住全国对外开放重心向以上海为中心的长江三角洲转移的机遇，按照省委、省政府提出的战略部署，积极呼应浦东开发，主动接受浦东辐射，开始兴办开发区，寻找经济发展的突破口。南京、无锡、南通、扬州等市兴办了国家级或省级开发区，特别是昆山自费工业开发区的建立，创出了江苏开发区的"昆山模式"，依托老城区，开发新城区，借用老城区的公共设施、办事机构、人才、技术为新城区服务，促进了江苏城市建设的又一个飞跃。全省呈现出小城市向中等城市、中等城市向大城市发展的积极态势，预示全省工业化、城市化新阶段的即将到来。而淮海地区却因信息、交通、思想、资金等各方面条件再次缓慢了一步，由此，沿江及淮海地区城市化距离再度拉大。

4.1993年至今，城市化稳步加速发展阶段

邓小平同志南方谈话和党的十四大的召开带来了江苏经济又一个高潮期，连续三年全省GDP增长率均在20%以上，这其中，外向型经济功不可没。经济增长强力地促进了城市的发展。前几年人口的无序迁移及大城市的盲目扩张，使人们清醒地认识到：要建设，先规划。各市、县、镇将城镇规划真正摆上了议事日程，城市发展逐步走上了可持续发展的道路。

表 6-1 1982～2000 年江苏城市化发展情况

年份	1982	1983	1984	1986	1988	1990	1992	1994	1997	2000
总人口（万人）	6088.94	6134.99	6171.43	6296.90	6438.27	6766.90	6911.20	7066.02	7147.86	7327.24
非农业人口(万人)	912.97	938.95	968.07	1142.64	1281.43	1412.05	1508.02	1687.51	1890.37	2354.97
城镇非农业人口（万人）	761.40	793.00	895.90	959.10	1127.88	1240.46	1340.41	1544.45	1650.83	1803.23
城市数量(个)	11	13	13	15	22	26	31	39	44	44
建制镇数量(个)	114	117	150	271	374	591	693	907	991	1176
显性城市化水平（%）	12.50	12.93	14.52	15.23	17.52	18.33	19.39	21.86	23.10	24.61

注：本表中总人口采用统计年鉴数，其他采用公安年报数。

这一阶段，江苏城市工业职能和第三产业的服务功能得到加强，外向型经济经历了二十世纪七十年代的起步、二十世纪八十年代的成长发展到现阶段的加速提高。1991～1995年，江苏外资利用取得了突破性的进展，5年内利用外资举办项目26736个，协议利用外资383.8亿美元，实际利用外资140.3亿美元。正由于外向型经济突飞猛进的发展，增强了各市的经济实力，在向外延稳步扩展的同时，强调挖掘内涵，有计划、有规划地进行大规模的老城区改造、基础设施投资，城市面貌焕然一新。特大城市显示出强劲发展势头，据统计，1992～1997年由于特大城市数量的增加，江苏大于100万规模的城市人口增长数占全省城市人口增长总数的33.5%。这一阶段，小城镇仍然是江苏城市化进程中的主力军。据统计，1992～1997年，江苏20万人以下城镇人口增长数占全省城市人口增长总数的64.9%。这一阶段，淮海地区城镇发展有所加快，城市化水平由1980年的9.41%上升到1997年的17.9%。并且，在区域共同发展战略的指导下，根据城镇发展与区域发展的实际情况及组织区域经济的需要，设立了泰州、宿迁两个地级市。

表6-2 江苏历年设市情况一览表

年 份	设市数	城市名称及设市年份
1949	10	南京、镇江、扬州、苏州、无锡、常州、南通、徐州、泰州、新海连（连云港）
1950～1957	2	清江（今淮阴）、常熟（1950，常熟1958年撤市）
1977～1985	2	盐城、常熟（1983）
1986～1998	31	仪征、张家港（1986），江阴、淮安、兴化、宿迁、丹阳、东台（1987），宜兴、昆山（1988），启东（1989），新沂、溧阳（1990），如皋、高邮（1991），吴江、邳州、泰兴（1992），太仓、通州、靖江、金坛（1993），扬中、江都、海门、姜堰（1994），句容、锡山、吴县、武进（1995），大丰（1996）

第二节　城市化及城乡结构的基本特征

一、城市化发展已从以数量型发展为主，转向以内涵型发展为主

以增加城市数量、扩大城市规模为主的外延型发展，重在通过数量增加来推动城市化水平，适用于工业化与城市化起步阶段。为了满足大规模高速度的工业化对城镇空间与数量的需要，吸纳大量的农业产业上分离出来的剩余劳动力，必须通过外延式扩张，迅速增加城镇数量，扩大城镇对密集型劳动力的容量。在江苏城市化发展到一定阶段之后，城市化动力机制发生变化，除了工业化的推动之外，第三产业的发展成为全省城市化的又一强大动力，而且工业化模式由劳动密集型向资金技术密集型转化。城市发展开始重在提高质量、改善结构，并对原有城镇进行优选组合，逐步向内涵发展为主转化。在全省城市化由外延向内涵转化的同时，伴随着城市系统在发展方式上由粗放向集约转变，城市化目标由数量扩张向现代化质量提高转变。

二、城市化滞后于工业化

1980～1997 年，江苏城镇非农人口比重年均增加 0.7 个百分点，快于全国同期年均增长 0.6 个百分点的增长速度。以城镇非农人口统计，2000 年，江苏城市化水平为 24.61%，与全国平均水平相当。但由于江苏城镇非在册常住人口占有相当高比重，若以常住人口统计，城市化水平已达 35%，进入城市化加速发展时期。

2000 年，江苏国内生产总值中第一产业、第二产业和第三

产业增加值分别为1031.2、4435.9和3115.9亿元，一、二、三产业之比为12.0:51.7:36.3，二、三产业合计占88%。全省工业总产值为13504.87亿元，其中农村工业即占70.42%，全省工业中农村工业已是三分天下有其二。目前江苏的城市化水平与其经济大省的地位极不相称，2000年人均国内生产总值为1385美元，城市化水平为24.61%，而1996年世界低收入和中等收入国家人均GDP为1190美元，城市化水平却已达40%。

城市化滞后于工业化给江苏带来了诸多负面影响：(1)由于城镇发展迟缓，工业布局分散，不仅自身缺乏集聚效益，而且拉动经济发展、带动产业升级的乘数效应也不高；城镇建设用地单位面积经济密度较低，使得人口密度高、土地资源紧的江苏，土地使用效率却不高。(2)基础设施建设落后，生活质量提高不快；由于工业和人口分布的分散化，环境污染的控制和治理难度增大，生态问题日益突出。(3)城市化滞后使主要依托城镇的第三产业发展缓慢，城乡产业结构优化升级较慢。第三产业不发达，大大减少了等量工业资本所提供的就业机会。而非农产业就业机会少，不仅影响城市人口的就业，而且影响农业从业人员的顺利转移，从而导致农业产业化和现代化受阻。(4)城市化发展滞后，基础设施建设落后，城镇功能弱小，社会进步缓慢，广大居民不能充分享受现代城市文明。(5)城市化发展滞后使城市经济处于不良的发展环境，社会问题增多，城市难以在发展中解决自身存在的问题，农村剩余劳动力安置得不到有效解决，整个社会的稳定难以从根本上得到保证。

三、城镇数量过多、密度过大而规模偏小

目前全省城镇总数1220个，居全国第四位，全省城镇密度达119个/万平方公里，居全国第一位，远远高于全国19个/万

平方公里的水平；其中建制镇114.65个/万平方公里，城市4.29个/万平方公里，均远远高于全国19.1个/万平方公里、0.7个/万平方公里的水平。由于数量大、空间分布密集，导致城镇规模偏小，布局分散与“割据”。全省的人口城镇密度为1个/6.67万人,其中建制镇为1个/7.01万人，城市为1个/166.7万人，与全国水平相当（分别为1个/6.25万人、1个/6.58万人、1个/166.7万人），这与江苏经济发展水平是不相适应的。在现有的城镇数量与密度已经较高的前提下，适当控制城镇数量扩张与空间密度的提高，优化城市体系结构、完善城镇功能与提高辐射服务能力，将有效提高江苏城市化水平。

四、“自下而上”的城市化模式

改革开放以来，“自下而上”是江苏城市化发展的主导模式。小城镇成为江苏城市化进程中的主力军。在过去二十多年里，江苏各级规模城镇的发展速度快慢有别，按规模增长、城镇人口增长数和占城镇人口的比例来判断，发展最快的是小城市（其中尤以5～10万人和小于3万人的小城镇为甚），其次是特大城市，然后才是大、中城市。

造成上述现象的原因是，在农村改革的推动下，以乡镇企业为支撑，小城镇得到迅速发展。江苏农民“70年代造田，80年代造厂，90年代造城”，强大的乡镇企业实力为小城镇的发展提供了雄厚的建设资金，是加快江苏城市化进程的一个十分有利的条件。2000年和1982年相比，小城镇数量增加了9.1倍，全省建制镇密度达到每万平方公里114.65个，是全国平均水平的5倍。1998年江苏全省县城以下小城镇建成区总面积1816平方公里，比1990年扩大723平方公里，镇区平均规模为0.94平方公里；镇区总人口（在册非农人口）95万人，平均约5000人，占全省农村总人口的17%。

随着农业生产科技水平的提高，农村剩余劳动力数量还将增加。让农民自发地流向城市，显然大大超过现有城市的吸收能力和基础设施的承受能力。此外，城市尤其是大城市，目前普遍缺乏必要的准备和有效的管理，且由于出现下岗待业，对农村剩余劳动力的吸纳能力有限；而农村人口和劳动力在技能素质上的准备尚不充分，未必完全适应城市对劳动力提出的要求。迅速发展的小城镇，成为深化农村改革、解决农村剩余劳动力转移的重要途径，构成江苏城市化的一个显著特点。

五、城市群特征显著

江苏由苏南平原、江淮平原、黄淮平原和东部滨海平原组成，平原面积占全省总面积的69%，全省地势平坦，城镇的发育呈现集聚式发展，没有自然门槛，交通联系度较高，并且随着城市用地规模的不断扩大，城市辐射区相互重叠，城市间联系日益密切，城市职能分工越来越明显，且小城镇星罗棋布，城镇密集。苏南地区已成为以上海为中心的沪宁杭准大都市连绵带的重要组成部分，其中南京是连绵带北翼中心城市，苏锡常地区密集发展，城镇密度达1.83个/百平方公里。此外，省内已具有的南京、徐州二个特大城市，历史悠久，对周围城市有一定辐射作用，是一定地域的中心，有发展成为大都市圈的趋势。所以，江苏已拥有典型的城镇群形式，如密集区、都市圈，并逐步向连绵带等城市群的更高级形式演变。

六、城市化的空间区域差异明显

江苏城市化呈现出严重的区域不平衡，城市化水平呈自南向北梯度递减态势。苏南城镇发展快，城镇空间分布密，苏北则相对较慢，城镇密度稀。(1) 城市化水平不同。苏南地区明显高于苏北地区。以2000年非农业人口占总人口比重为例，苏锡常地区（简称苏南）为43%，宁镇扬通泰地区（简称苏中）为35%，徐淮盐连地区（简称苏北，也称淮海地区）为25%。(2) 城市分布密度不同。按每万平方公里的城市数计，苏南为8.56个，苏中为5.89个，苏北为1.59个。(3) 城市规模结构不同。50万以上的城市中4个集中在沿江地区（苏锡常和苏中），只有一个在苏北。城市平均规模，苏南为32.83万人，苏中为33.22万人，苏北为28.95万人。大中小城市（50万以上、20～50万、20万以下）的比例，苏锡常地区为3:4:5，苏中为1:8:9，苏北为1:4:4。(4) 人口迁移格局不同。苏南是“民工潮”的主要输入区；苏中大中城市外来人口流入多，农村地区人口流向区外多；苏北是“民工潮”的主要输出区。(5) 城市现代化水平不同。2000年市区人均GDP是，苏南为35619元，苏中为28115元，苏北为18505元；百人拥有固定电话普及率，苏锡常地区为64%，苏中为42%，苏北为27%。(6) 城市地域特征的差别。沿江地区形成了两个城市群：一是苏锡常城市群，大、中、小城市都比较发达，苏锡常三市之间已呈城镇连片趋势，形成约70公里长的连续分布的产业、人口密集分布带，整个区域具有城乡一体化的大都市特征。二是宁镇扬城市群，以南京为中心、以镇江和扬州为副中心、以长江为轴线形成了重化工业集中的城镇密集带，南京已形成以主城为核心的都市区，市域内有建制镇63个，其中浦口和板桥是人口超过5万的卫星城镇。镇江和扬州是重要的长江内河港口城市。小城镇分布密度大，但规模较小，分布不均衡，实力相对不如苏锡常地区，城乡二元结构还较为明显。以上两个城市群就是长江三角洲大都市连绵区的重要组成部分。广大的苏北地区城镇分布密度低，中心城市规模小，经济实力弱，还处于城市集聚发展的阶段。(7) 各设市区城市化水平差异明显。苏北、苏中和苏南城市化水平不但有差异，而且各设市区之间也有较大的差别（见表 6-3)，最高的南京城市化水平达到50.3%，最低的宿迁只有7.9%。

表 6-3 江苏各设区市城镇非农业人口和城市化水平

单位：万人

市名	市区非农业人口	县辖镇非农业人口	市辖镇非农业人口	小计	总人口	城市化水平（%）
南京	234.77	31.59		266.36	529.82	50.3
无锡	92.73		79.95	172.68	432.29	39.9
苏州	82.80		103.27	186.07	574.99	32.4
常州	76.14		37.89	114.03	339.23	33.6
南通	45.80	37.58	87.03	170.41	786.30	21.7
扬州	38.89	15.97	43.11	97.97	446.14	22.0
泰州	21.08		58.38	79.46	496.83	16.0
镇江	45.45	3.58	35.81	84.84	265.41	32.0
徐州	102.22	39.20	22.87	164.29	867.16	19.0
连云港	43.91	28.11		72.03	437.25	16.5
淮阴	30.93	30.05	13.53	74.52	495.00	15.1
盐城	31.05	65.26	32.77	129.08	789.11	16.4
宿迁	11.10	27.40		38.49	488.83	7.9
合计	856.87	278.75	514.61	1650.83	6948.56	23.76

上述这些差距是不同地区的地理环境、历史条件、自然资源、人才禀赋、基础设施、市场观念、技术素质、政策取向等因素综合作用的结果。

七、隐性城市化人口比重较大

改革开放以来，随着农村经济的发展，特别是乡镇企业的崛起，农村（特别是苏南地区农村）剩余劳动力非农化速度很快。全省乡村非农业劳动力从1978年的300.21万人增加到1995年的1115.99万人、2000年的1343.3万人，平均每年新增近48万人；同期，乡村非农业劳动力占乡村总劳动力的比重从13.68%上升到42%（全国从9.23%上升到36.38%）及51%，该比重自1980年以来一直高于全国平均水平。实现非农化的乡村人口主要散布于县（县级市）城镇和建制镇，大部分属于隐性城市化人口。

隐性城市化人口的地域分布因各地经济发展水平的差别而显示较大的差异。苏南、苏中地区的县（县级市）隐性城市化人口比重较大。在苏南最发达地区，乡镇级隐性城市化人口较多，而县（县级市）隐性城市化人口中，则以省外、县（市）外劳动力居多。地处苏中地区的泰兴、江都、靖江等县（市）因经济发展尚处于高度集聚阶段，劳动力多流向县城，“八五”期间，部分县城的隐性城市化人口甚至超过了显性城市化人口。苏北地区经济较为落后，县城吸收外来劳动力的能力尚低，隐性城市化人口的比重较低，最多的也仅相当于显性城市人口的10%左右。从1997年全省城市化人口的统计数据来看，全省城镇常住人口达到了2357.1万人，而城镇在册非农业人口仅1726.16万人，生活在城镇的在册农业人口和外来常住人口合计约630万人。隐性城市化人口在全省城镇常住人口中占了四分之一多。

八、城乡结构的失衡性

江苏乡镇企业、乡村经济及社会发展水平虽然都比较高，但城乡结构仍处于失衡状态。这种失衡表现在社会、经济、文化等各个方面：第一，城乡经济差距较大。首先城乡收入差距较大，1996～2000年城乡居民人均可支配性收入相对差距分别是1.71、1.76、1.78、1.87、1.89倍，这种差距还有继续扩大的趋势，并且经济越落后的地区差距越大；其次，城乡居民消费水平差距过大。1996～2000年城乡居民人均消费支出的差距分别为1.68、1.82、2.09、2.18、2.28倍，"九五"期间平均增长速度，城镇为7.1%，而农村只有3.8%，城乡居民消费支出差距越来越大，城乡居民恩格尔系数差异也较大，2000年城镇居民的恩格尔系数30%多，而农村居民44%以上，说明城镇居民已开始步入比较富裕阶段，农村居民刚达到小康水平。第二，城乡间其他方面的不平等。①在就业方面，城市正规部门原则上不接受农民工，农民工在国有、城市集体、机关事业单位找到工作的可能性几乎不存在。他们只能在其他企业干一些城市人不愿意干的脏活、累活，并且在经济不景气时，农民工又首先是被清退的对象。②在受教育方面，城乡之间差别也很明显。由于教育经费的短缺及投资的"城市偏向"，农村教育经常处于供给不足且质量低下的状况，前一情况导致农民子女上学难，后一情况造成了农村较低的教育收益率，影响了农民对教育的需求。据统计，城镇居民比农村居民平均多接受4年的教育。在高校及有些中学大量收费的情况下，收入较低的农民，其子女接受教育的机会则更少。③在社会保障及社会福利方面，城市有着比较完善的社会保障体系，职工退休可以领到退休金，失业职工可以拿到救济金，生活基本可以得到保障。城市职工还可以享受包括医疗、住房、供暖、各类保险等社会福利待遇，而农民无任何社会福利保障。④在社会公共设施及基础设施方面，农村远不如城市。

城乡结构的失衡主要造成经济效率损失和社会公平的牺牲。

城乡结构失衡抑制了农民的积极性，由于大量的农村劳动力剩余（特别是苏北地区），只有少部分转移出去了，大部分还是固守在农业上，而农产品生产过剩，价格下降，因此严重挫伤了农民的积极性。城市企事业单位仍存在平均主义，职工的积极性难以调动起来，最终结果导致经济效率下降。城乡居民收入相对差距存在相当程度的非市场合理性成分，即存在着城市部门对农村部门的强制性剥夺。农产品价格的下降，工业产品价格的大幅度上升，使农民收入相对越来越少。

第三节　城市化发展构想

一、城市发展走土地集约的道路

江苏绝大部分为平原地区，地理区位优越、交通信息便利，是城市化发展的较佳区域。但江苏人均耕地少，是我国农业生产条件优越的地区，因此，江苏必须采用集约利用土地的城市化发展模式。目前，省内大城市人均用地 80 平方米左右，与日本东京等大城市人均用地相当，不存在用地宽裕的情况。但中小城市人均用地 100 平方米以上，一些乡镇达到 300 平方米以上，仍有很大节约潜力。

表 6-4　一些国家和地区的人口密度与人均耕地比较

项目	英国	美国	日本	韩国	澳大利亚	德国	荷兰	中国	江苏
人口密度（人/平方公里）	237	28	329	445	2.28	228	413	123	714
人均占有耕地（公顷）	0.113	0.721	0.033	0.043	2.885	0.141	0.096	0.081	0.062

注：国外为 1993 年资料，国内为 2000 年资料。

二、发展都市连绵区内的城市群

巨大都市连绵区的出现和扩大，已经成为城市化过程中不可抗拒的潮流。大都市连绵区是在地域上集中分布的若干大城市和特大城市聚集而成的庞大的、多层次的城市群体，是一个国家产业、资金、技术、人口等社会经济要素集中分布的区域，在国家政治经济中占有重要地位和作用。一些发达国家出现了向大都市连绵区发展的趋势，如美国、加拿大、日本、荷兰、英国、法国、德国等等，而且这一趋势也逐渐向发展中国家扩展，成为世界城市发展的一个趋势。

大都市连绵区的发展一般经历三个主要阶段：第一阶段是以集聚城市化为主的大城市形成阶段，这一阶段受大城市向心力作用，人口与产业向城市集聚，形成人口、产业、技术高度集中的大城市，所以这一阶段也称为核化阶段。第二阶段是集聚与扩散并行阶段，一方面人口与产业继续向大城市集聚，另一方面大城市人口、工业和商业等行业向周围地区迁移，造成郊区急剧发展，形成“郊区化”现象，这一阶段称为大城市化阶段。第三阶段是一定区域内一系列相互作用很强的大城市相向发展，地域上逐渐相连，形成城市化水平相当高，地域范围相当广的大都市连绵分布区，这一阶段是地带性城市化阶段。

江苏的苏南与沪杭地区所在的长江三角洲地区具备了发展巨型都市连绵区的优越条件，目前城市用地规模不断扩大，产业向高层次转换，城镇体系不断完善，正处于大城市化的阶段。其中江苏的苏锡常、宁镇扬等二级城市群已具备一定规模，特别是苏锡常城市群，由于小城镇发展，使城市化迅速扩展，在某种程度上具备了第三阶段的特征。沿江的通泰地区和沿陇海线的徐连地区都有可能发展为新的城市群，目前仍属于核化阶段。

三、不同地区应采取不同的发展模式

由于江苏省情与全国有很大的不同，而且其内部差异也很大，应重新审视省情、区情与城市化的发展关系，不单纯以城市规模作为其加快发展或抑制发展的惟一判定条件，要根据若干具体条件，构造不同城市的未来发展蓝图。

1. 苏南地区：合理发展大城市，积极发展中小城市，优化和完善小城镇

苏锡常的大中城市具有较强的经济实力、较好的综合效益和较优越的生活环境，随着新区和各类开发区建设，将吸引区内外人口向中心城集中，城市人口和用地规模将不断扩大。2000 年苏州、无锡两市已成为百万人口的特大城市。大城市首尾相连，用地相接，形成巨大范围的城市区域，将大大影响区域城市环境。因此，对大城市规模要有合理控制，三市之间可建设“绿带”相隔离，市区部分工业职能可尽量向周围中小城市转移，以促进中小城市的发展。小城镇发展是“苏南模式”的特色，今后苏南小城镇能否健康发展取决于两个条件：一是基础设施建设是否完善，二是乡镇企业能否在激烈竞争中保持一定的地位，以解决进镇劳动力的就业问题。这两个条件的实现都要求小城镇具有一定的规模效益。为解决用地浪费、环境污染、规模不经济等问题，苏南小城镇今后应重点发展有条件的中心城镇，同时通过农民建房、村办企业的集中布局的引导，对过于分散的集镇和村庄适当合并，以利于集中建设配套设施，提高区域整体现代化水平。

2. 苏中地区：提高特大城市的水平，大力培植大城市，积极发展中小城市（镇）

为确保南京这一特大城市在江苏以及长江三角洲地区的社会经济的中心地位，南京要着力于创造开放、现代化的高质量城市

环境。同时要加快产业结构调整步伐，大力发展有区域特色的高新技术产业和第三产业。这一地区还缺少大城市，镇扬通泰等地级市的规模和实力远逊于苏锡常，应加强这些城市的发展和建设，使之向大城市方向发展。本区小城镇发展东西不平衡，特别是在南京郊县建制镇规模小，比例不高，今后应充分利用与大城市联合配套的优势，发展乡镇企业，填补空缺，因地制宜、积极发展小城镇。

3. 苏北地区：大力发展地方大中城市，合理发展小城市，适度发展小城镇

苏北地区大城市少，对区域经济带动能力弱。苏北的大中城市在经济技术实力、综合效益、投资环境等方面具有较大优势，大力发展地方大中城市，将较容易获得较大的边际生产力和集聚效益，形成较大的区域增长极，从而辐射和带动苏北广大地区。为此可选择有条件的中等城市如连云港、盐城等向大城市发展，培植新沂、宿迁等新的生长点，向中等城市发展。鉴于苏北经济整体实力弱，乡镇企业滞后，小城镇不可能遍地开花。因此，小城镇建设要充分考虑地区的自然和经济条件，因地制宜，重点突破。首先应建设好现有的县城镇，为撤县建市创造条件。其次是发展大中城市周围和已有较好基础的小城镇。小城镇的发展要搞好规划，避免盲目扩张。

四、制定合理的城市化发展方针

在国家方针、政策的指导下，根据加快江苏城市化发展战略的要求，坚持效益优先的原则，注重规模、功能、质量的统一，结合江苏人口密度、经济发展、土地资源、城镇分布、生态环境等省情，确定全省城市化发展方针是：大力推进特大城市和大城市建设，积极合理发展中小城市，择优培育重点中心镇，全面提

高城镇发展质量。

1. 大力推进特大城市和大城市建设

在一定时期、一定程度上优先发展特大城市和大城市是城市发展的必然过程和基本趋势。国际经验证明，在工业化时期，城乡之间，大、中、小城市之间经济效益、社会效益和设施水平的差异，导致生产要素向处于优势的特大城市和大城市集中。特大城市和大城市基础设施完备，城市功能完善，人流、物流、信息流巨大，集聚效应明显，创造了大量的就业机会。特大城市和大城市的发展，往往会使郊区不断扩展和延伸，卫星城镇崛起，形成广阔的经济增长地带，带动一个区域的经济增长与社会繁荣，为区域发展提供强大而持久的动力。在正确处理好人口、资源、环境问题的基础上，大力推进特大城市和大城市建设，可以获得较高的规模效益和集聚效应，发挥中小城市难以起到的区域增长中心的作用，有利于促进经济、文化的高度繁荣，有利于提高国际影响和竞争力。与分布式的城市化模式相比，不仅有利于有效地利用土地资源和能源，而且能较好地控制环境污染。

据统计，就我国城市建设用地每平方公里创造的国内生产总值而言，特大城市和大城市高于中小城市，特大城市人均建设用地比小城市节约近一半。江苏位于对外开放的前沿，正处在工业化的中期，内、外资的投入向条件好的特大城市和大城市倾斜有利于取得良好的效益，有利于中心城市的建设。据测算，江苏大城市的投入产出是中、小城市的3～4倍；人均利用外资是中、小城市的2.8倍；人均GDP比中、小城市高60～70%；地均GDP是中、小城市的5～7倍（参见表6-5、6-6）。江苏人口和经济密度高，城市发展条件好，适宜大城市的发育，而且与发达国家甚至是以中小城市发展为主的荷兰相比，全省50万人口以上的特大城市和大城市数量偏少。这一省情决定了江苏在选择城市发展道路时应当有自己的特色。

表 6-5　江苏各类城市投入产业效益比较（固定资产投资/GDP）

年份	1990	1991	1992	1993	1994	1995	1996
大城市	1.212784	0.539953	0.851038	0.601088	1.696895	1.495351	1.495351
中等城市	−0.58964	0.12994	0.34085	0.206965	1.798433	0.37095	0.37095
小城市	0.102241	0.31244	0.583654	0.486039	1.088142	0.560845	0.560845

表 6-6　江苏地级以上城市平均效益（1997 年）

项目	面积（平方公里）	人口（万人）	GDP（亿元）	人均（元）	地均（万元/平方公里）
大城市	35376.7	2759.99	3820.46	13842.2	1079.94
中等城市	50044.9	3261.54	2171.8	6658.82	433.97
小城市	13543.2	1016.37	462.46	4550.11	341.47

与全国其他地区相比，江苏自然资源有限，土地面积狭小，人口密度大。据1997年中国区域发展研究报告的测算，以矿物资源、农业自然资源、水资源、海洋资源4项条件综合评价，江苏自然资源禀赋条件属于全国最差的5个省份之一，居倒数第3位。素以“水乡”著称的江苏，水资源评价也属于较差。以近几年工业化与城市化加速推进的沿江地区为例，其土地利用充分，开发强度高，后备资源匮乏，各项建设用地与耕地保护之间的矛盾极为突出，沿江地区的土地制约已成为影响其经济、社会可持续发展的重要因素之一。江苏以占全国1%的土地、4.7%的耕地，养活了占全国6%的人口，创造了占全国10%的经济总量。而在这其中，特大城市和大城市以占全省0.32%的面积，容纳了全省4.3%的人口，创造了全省25%的非农产业，完成了全省20.4%的工业产值。据研究，200万人以上的特大城市比20万人口以下的小城市，人均用地节约90%。培育大城市，发展集聚式城市化模式，与分布式的城市化模式相比，有利于有效地利用土地资源和能源，能较好地控制环境污染。

改革开放以来，全国和江苏的城市发展历程表明，特大城市和大城市的发展，决不能人为地限制，决不能因为发达国家曾出现过“大城市病”而因噎废食。城市现有规模不是决定其能否继续发展的充分条件，中小城市也可能因为某种原因而陷入衰落，特大城市、大城市也可能生机盎然。限制还是发展，关键要看城市有没有良好的经济效益和强大的吸纳生产要素的能力，并以此作为确定城市能否进一步发展的主要依据。

2. 积极合理发展中小城市

中等城市在降低管理成本、发挥投资效益、创造具有较高品质的生活环境、吸纳农村剩余劳动力等方面具有较强的优势，在区域城镇体系结构中，中等城市是连接大城市和小城市（镇）的纽带，其地位十分重要。

江苏的中等城市都是经过较长时间累积发展起来的，在出现强有力增长因素时，往往能够发展为大城市。另一方面，江苏现有大城市和特大城市 11 个，小城市（镇）1195 个，而中等城市只有 4 个，分配很不合理。从江苏省情来看，目前中等城市的数量明显不足，作用远未充分发挥。与全国相比，江苏大城市（包括特大城市）人口所占比重远高于全国平均水平，发展水平较高，贡献较大；中等城市则低于全国水平，小城镇与全国水平基本一致，不同的是，全国小城市比重逐年下降，江苏则逐年增长。从纵向发展来看（表6-7），江苏中等城市人口比重呈下降

表 6-7 江苏城镇人口规模等级结构

规模等级		城镇人口占总城镇人口的%			
		1980 年	1985 年	1992 年	1997 年
>100 万人		23.00	19.9	16.7	20.4
50～100 万人		24.77	21.6	23.1	15.2
20～50 万人		18.32	22.3	16.1	15.6
<20 万人		33.91	36.2	44.1	48.8
其中	10～20 万人	5.56	—	1	8.8
	5～10 万人	5.14	—	16.6	15.1
	3～5 万人	7.98	—	7.4	3.4
	<3 万人	15.23	—	19.1	21.5

的趋势。下一步江苏要努力提高现有中小城市的质量与内涵，强化中小城市在一定区域内经济、社会发展的作用和在全省城镇体系结构中的纽带作用。适度加快非农人口向中等城市和部分小城市集聚，在产业布局、基础设施建设以及户籍、用地等政策上向中小城市和部分小城市倾斜，将有条件的小城市发展成为基础设施良好、服务体系健全、具有较强辐射带动力的中等城市；加强县城建设，呼应区域中心城市对县域的辐射；在欠发达地区，更

要调动多种力量集中建设县城，加速改变落后面貌，带动本地区城市化的发展。

3. 择优培育重点中心镇

重点中心镇是建制镇中区位较优、实力较强、对周边农村和乡镇具有较大吸引辐射能力、发展前景广阔并能与省、市、县（市）城镇体系有机融合的镇。江苏小城镇面广量大，有选择地对重点中心镇进行扶持和培育，符合城镇集约发展的要求，能够有效推动全省城市化进程，促进人口和产业的合理集聚。

择优培育重点中心镇要按照统一规划、合理布局、综合开发、配套建设的原则，坚持经济、社会、生态环境效益相统一，物质文明与精神文明同步，走规模化、集约化、现代化、内涵型的发展之路。遵循“循序渐进、科学规划、创新机制、协调发展”的原则，着眼于优化城镇空间布局，有选择地培育一批重点中心镇。采取切实措施，促进生产要素向重点中心镇聚集，引导重点中心镇从本地实际出发，扬长避短，明确定位，形成各自特色，增强对人流、物流、信息流的集聚和牵引功能，对周边乡镇发挥较强的带动作用。应体现小城镇集约发展的思路，集约利用有限的资源，提高综合效益，改善农民进镇的条件，坚决杜绝全面开花、重复建设。为此，重点中心镇建设必须实施以下对策：(1) 对全省乡镇进行进一步的撤并，确保重点中心镇的发展空间和资源供给。要因地制宜，发挥优势，集约利用有限的资金，选准产业发展方向，努力形成一镇一业、一镇一品的特色；(2) 对重点中心镇给予政策倾斜，提高重点中心镇政府的管理权限，保证其对城镇建设的综合协调与引导控制能力。深化土地、户籍、投资体制改革，建立健全社会保障机制；(3) 大力改善重点中心镇的投资环境，完善基础设施和公共服务设施，提高城镇质量和层次，优化人居环境和空间景观，多方面增强重点中心镇对人流、物流、信息流的集聚和牵引功能，吸引生产要素集聚，引导集中发展；（4）强化重点中心镇和中心城市的联系，加强重点中心镇和中心城市的基础设施建设和产业协作，真正发挥重点中心镇作为沟通城乡联系、分流大中城市人口和产业的作用。

4. 全面提高城镇发展质量

江苏要结合经济增长方式的转变，在促进城市化的同时，充分重视城镇的内涵发展，强化城镇功能，加强城镇规划、建设和管理，推进城镇现代化建设。依据城镇体系规划，准确定位，明确分工，提高城镇环境质量和现代化水平。提高城镇发展质量，就是要强调城镇的内涵发展，走集约发展的道路，依靠科技创新、制度创新，有效利用城镇资源，优化配置生产要素，建设良好的生态环境。要进一步强化各级中心城镇的综合功能，充分挖掘和发挥城镇的区位、产业、人文、科技等优势，塑造城市的个性特色，加强其对区域和城镇发展的带动、服务、示范作用，促进城镇在各自区域范围内更好地发挥生产、集散、管理、服务、创新等各方面的中心职能。

第四节　城市化发展与城乡结构调整的政策建议

一、及时调整乡镇企业发展的基本方针，促进其在空间的聚集发展

小城镇出现的用地浪费、环境污染等许多弊端与乡镇企业发展“离土不离乡”式的过于分散的分布有很大关系。目前乡镇企业已发展到一定规模，企业对谋求技术进步、追求外部效益和创建企业现代化制度的愿望越来越强烈，原有的社区乡土环境有可能限制其进一步的发展。同时城市开发区和城镇工业小区的建

设，为乡镇企业集聚提供了有利环境。乡镇企业在空间的转移和集聚，为未来产业结构的更替创造尽可能有利的条件，实现城乡经济最终顺利接轨。

二、建立适应城市空间发展的行政区管理体制

江苏从20世纪80年代起实行了“市带县”体制，对促进城乡合治、城乡一体有积极作用。但是随着城市空间结构变化，现行行政区模式与城市发展之间的矛盾日益突出。大城市区县级政府自主权扩大，对市县之间的隶属关系产生严重冲击，不存在隶属关系的市与市、市与县之间缺乏有效的协调机制。因此，探索适合中国国情的大城市地区行政管理模式已是当务之急。

在大城市区组建大都市政府或协调机构，是国际上普遍采用的协调大都市区问题的一种城市管理体制。美国、加拿大、澳大利亚、日本等国经验证明这一管理体制在解决单个城市难以解决的服务需求、提高公共服务效益方面是十分可行的。

江苏的苏南地区已是高度城市化地区，城市之间和城乡之间差别小，用地犬牙交错，产业结构比较相似，但它们之间矛盾也比较突出。可以考虑在这一地区率先建立大都市行政区政府，通过协商、统一解决城市化区域内城建、交通、环保、卫生等共同存在的问题，缓解市与市、市与县之间的矛盾，以达到共同发展的目标。建立具有协调能力的大都市政府的首要前提是要明确各级政府的职责范围和协作、联合方法。

三、加强政府对城市建设的参与力度和对城市化发展的调控强度

政府应通过制定相关法规和政策，引导城市和产业的空间发展方向；通过城镇体系规划和城市规划等的实施，调控城市和区

域的土地利用结构；通过重大基础设施的配置，改变和影响城市间的相互分工和协作；等等。同时尽可能应用新技术和新的管理手段，提高政府决策部门的管理水平。事实上，许多大城市或特大城市的城市问题或城市病，并不是与生俱来的，而往往来自管理上的失误。因此，强化管理和提高城市管理水平，对于加快和推动未来城市化进程、特别是城市现代化进程至关重要。

四、改革现有城市户籍管理及相关的体制制度

我国改革现有的城市户籍管理制度，将首先从小城镇入手。如果触及到大中城市问题，就必须与城市体制相结合。否则一旦就此放开人口控制的闸门，自我调节能力还较差的城市，势必出现人口大量地无节制流入。大城市发展在制度改革的同时，必须建立有效的反馈体制，即通过价值规律和一些经济杠杆来调节城乡之间的利益、产业和人口的再分配，最终在规范、有序的管理前提下，充分实现公民的自由迁移，以刺激劳动力市场的竞争强度，最大限度地挖掘人力资源的潜能，最合理地配置各生产力要素，在公平竞争的原则下，逐步取消人为制造的城乡公民身份差异。

五、制定切实的城市化发展政策

从南北差距较大的实际情况出发，制定分类指导的城市化发展政策。对苏北城市化不发达的地区，应循着城市化的一般规律，采取不同的目标和措施，推进苏北各级各类城市的发展。主攻重点，逐步推进，多级递进，综合发展。进一步提高现有中心城市的地位和功能。特别是要全面提高其经济功能，重视解决城市经济的结构性矛盾，根据自身的地理位置、资源条件和现有基础，调整和优化产业结构。优先发展区域收益高、增值率高的工业。从充分利用本地的丰富的劳动力资源和自然资源，吸收和消

化农业剩余劳动力，以较低的资金投入增长率支持较高的经济增长率考虑，加快发展劳动密集型产业。还应注意确立新的有竞争能力的主导产业。集中力量加快城市基础设施建设，缩小与发达地区在环境投资方面的差距。对工业和城镇已经比较密集的苏南地区，应加快建设以城市群为主体的区域城镇体系。城镇的发展重点放在内涵提高上。

六、加速城市间及沿江快速信道网的建设

21世纪以高速铁路网、高速公路网、空中走廊、巨大港口和信息高速公路为骨干的快速信道网对城市经济的发展、城市体系内各城市之间的相互联系和相互作用起着越来越重要的作用。未来城镇体系将随着快速信道网的发展，逐步由中心—腹地体系的蛛网系统向联系各个经济中心间的信道网发展转化，形成全省范围内以大中城市为节点的经济网络。沿江地区是江苏经济发达、城市密集的地区，但公路、铁路及信息网络还不发育，严重影响了沿江地区的发展，因此，今后必须加强该区域的高速路网的建设，迎头赶上。

七、加强农业的基础地位，调整农业结构

加强农业的基础地位，就是始终把农业放在国民经济发展的首位，而不是把农业放在承受国民经济其他产业压力的基础地位。大力发展农业不仅是保障人民生活的要求，也是发展工业和第三产业的需要。应通过调整国民收入分配格局，加大对农业的投入，加强农业立法和执法，支持和保护农业的发展。在稳定发展粮食生产，保证我省粮食供给的同时，积极调整农业产业结构，实行农林牧副渔并举，大力发展农村多种经营，确保农产品有效供给和农民收入的稳定增长。

第七章 区域之间的结构调整与共同发展

由于自然地理和经济社会诸因素叠加的影响，江苏省内苏南、苏中、苏北区域之间的经济发展存在明显的梯度特征。新世纪新阶段，实现富民强省、全面建设小康社会、率先基本现代化的奋斗目标，必须采取更加有效的措施，调整省内区域经济结构，促进苏南、苏中、苏北之间的协调发展和共同繁荣。

第一节 区域经济发展的现实状况

江苏区域经济的发展在大体经历了改革开放前基本均衡、1979～1993年差距显著扩大后，为促进区域共同发展，加快苏南、苏中特别是苏北经济建设，江苏省委、省政府于1994年提出了区域共同发展战略，并先后作出了建设苏北星火产业开发带、建设“海上苏东”、发展海洋经济，实施淮北致富工程、建设沿江火炬产业开发带，实施苏南教育现代化工程和苏北教育促小康工程等重大战略决策，使沿江地区产业升级、淮北地区小康进程加速推进，取得了令人瞩目的成就。但总体上看，苏南、苏中和苏北发展的绝对差距仍然较大。

为较为准确反映省内区域间经济发展的差异程度，我们将每个地区抽象为一个个体，采取国际上通用的基尼系数来评价人均国内生产总值差距变动，同时通过离散系数的对比来判断经济标志的变动度（见表7-1）。

表 7-1　1984～2000 年江苏省内区域人均 GDP 基尼系数和离散系数表

年份	基尼系数(G)	离散系数(V)	年份	基尼系数(G)	离散系数(V)
1984	0.169	32.7	1993	0.304	60.3
1985	0.200	38.8	1994	0.307	61.1
1986	0.194	37.2	1995	0.306	52.8
1987	0.198	38.0	1996	0.302	51.7
1988	0.207	39.9	1997	0.298	57.0
1989	0.206	40.0	1998	0.320	58.2
1990	0.213	41.3	1999	0.339	59.2
1991	0.231	44.8	2000	0.339	59.9
1992	0.243	46.3			

表 7-1 数据显示：(1) 区域人均国内生产总值的基尼系数越来越大。1984～2000 年区域人均国内生产总值的基尼系数由 0.169 上升到 0.339，说明这个期间苏南、苏中、苏北地区经济差距拉大了。(2) 区域人均国内生产总值的离散系数越来越高，江苏区域间人均国内生产总值的离散系数由 1984 年的 32.7% 上升为 2000 年的 59.9%，增加 27.2 个百分点，经济发展差距呈显著的扩大趋势。

江苏区域间主要经济指标的变动情况如表 7-2 所示。

从经济发展看，1994 年后特别是"九五"时期苏北经济增长较快，区域经济发展相对差距有所缩小，但绝对差距仍较大。1996～2000 年，苏北国内生产总值年递增 11.8%，比苏南和苏中分别快 0.7 个和 1.4 个百分点，由于基数不同，区域间的绝对差距仍呈扩大之势。变动轨迹上，1978～1994 年，苏南、苏中和苏北实现的国内生产总值分别占全省的比重由 50.9%、19.7% 和 29.4% 变为 57.4%、20.7% 和 21.9%，1994 年后区域

表 7-2 苏南、苏中、苏北主要经济指标变化情况表

指标名称	计量单位	2000 年			占全省比重（%）			“九五”年递增		
		苏南	苏中	苏北	苏南	苏中	苏北	苏南	苏中	苏北
国内生产总值	亿元	4618.73	1621.11	1992.15	57.1	19.2	23.6	11.1	10.4	11.8
人均国内生产总值	元	22244	9341	6323	—	—	—	—	—	—
全社会固定资产投资	亿元	1575.95	503.61	747.05	55.8	17.8	26.4	9.5	6.4	18.4
社会消费品零售总额	亿元	1446.26	535.72	626.06	55.5	20.6	23.9	10.0	8.3	14.4
进出口总额	亿美元	344.41	47.22	14.73	84.8	11.6	3.6	29.4	12.0	17.2
其中：出口	亿美元	181.55	29.70	10.63	81.8	13.4	4.8	29.1	13.2	21.8
财政总收入	亿元	527.49	119.22	130.29	67.9	15.3	16.8	20.1	14.0	13.7
其中：地方财政收入	亿元	284.79	64.03	71.38	67.8	15.2	17.0	23.6	16.2	15.1
农民人均纯收入	元	4693	3577	3132	—	—	—	6.0	7.4	12.7
城镇居民人均可支配收入	元	8406	7278	6611	—	—	—	9.0	6.1	10.3

绝对差距出现波动，大体是1994年后缩小，1997年后扩大。以苏北国内生产总值为1，南中北三大区域经济总量之比为：1994年2.62∶0.92∶1，1996年2.39∶0.85∶1，2000年2.42∶0.81∶1。1978年，苏南国内生产总值比苏中、苏北合计低7.7%，1994年则高36.6%，1996年高29.4%，1997年高32.1%，2000年高33.3%。以人均国内生产总值衡量，2000年三大经济地带为22244元、9341元、6323元，苏南高出苏北、苏中2.52倍和1.38倍。苏中、苏北人均GDP低于全省平均水平，苏北还低于全国平均水平。

从产业结构看，苏南已形成“二三一”格局，而苏北结构层次明显较低。产业结构对区域经济发展差距影响很大，苏北经济发展滞后与产业结构失衡有很大关系，2000年一二三次产业的比值，苏南为5.6∶54.8∶39.6；苏中为16.1∶48.1∶35.8；苏北为26.4∶41.6∶32.0。苏南、苏中第二、第三产业的份额高于苏北，苏北的农业比重则明显偏大，这说明苏南、苏中、苏北经济发展的差距主要体现在非农产业上，2000年全省64个县（市）三次产业结构已形成“二三一”格局的有41个县（市），占全省县（市）总数的64.1%，这些县（市）均分布在苏南和苏中相对发达的地区；“二一三”格局3个，占4.7%；“一二三”和“一三二”格局20个，占31.2%。对照钱纳里标准模型中的工业化阶段划分，苏南地区已进入工业化中期加速度阶段，苏中开始迈入工业化中期阶段，苏北大部分地区还处于工业化初期阶段。

从财力情况来看，苏南实力较为雄厚，而苏北财政比较拮据，部分县乡财政十分困难。由于苏北经济基础薄弱，财源不广，财政收入和苏南相比一直较少。1978年，苏南地区实现财政收入比苏北、苏中多2.69倍和2.87倍。针对这种情况，省政府积极扶持苏北经济的发展，财政上采取分类指导政策，增强了苏北财政的自给能力。1979～1994年，苏北财政收入年增长10.9%，略高于全省平均10.3%和苏南10.3%的水平。1994年起全国实行分税制财政管理体制以后，省对市、县也及时改革财政管理体制，包括苏北在内的全省财政收入保持了较快增长。1995～1998年，苏北财政收入年递增19.8%，比全省平均和苏南高1.2个和2.4个百分点。但1999年以后，苏北财政收入增长缓慢，1999年、2000年仅分别比上年增长8.0%和9.9%，而全省平均增长12.7%和27.2%。2000年，苏南实现财政收入527.5亿元，比苏北高3.05倍；苏南财力占全省的三分之二，而苏中、苏北合计仅占三分之一。

从经济效益看，苏南明显优于其他地区。1999年，苏南、苏中、苏北三大地带按从业人员和国内生产总值计算的劳动生产率为37445元、15725元、12314元，苏南比苏中、苏北分别高1.38倍和2.04倍。限额以上独立核算工业企业每个从业人员创造的增加值，苏南分别高出苏中、苏北32.8%和74.1%。苏北在矿产、土地、农副产品、海洋资源条件方面则具有相对优势，是该地区重要的财富存量。

从生活水平看，全省虽然总体上达到了以县为单位全面实现小康的目标，但苏北部分乡、村和农户尚处于温饱后期阶段。城乡居民收入、消费水平的高低和经济发展水平是同步演进的。2000年，城镇居民人均可支配收入，苏南、苏中、苏北分别为8406元、7278元和6611元，最高的苏州市（9274元）比最低的宿迁市（4617）元高一倍多；农民人均纯收入，苏南、苏中、苏北分别为4693元、3577元、3132元，最高的苏州市（5642元）比最低的宿迁市（2597元）高1.1倍。收入水平的差异必然导致生活水平和生活质量的差异。对全省小康进程的监测结果表明，到2000年底，全省虽然总体上达到以县为单位全面实现小康的目标，但苏北部分乡、村和农户尚处于温饱后期阶段。

从市场化程度看，苏南地区的集体、个体、私营、外资等非国有经济得到较快发展，而苏北非国有经济对地区经济发展的促进作用较差。在市场经济转轨过程中，凡是非国有经济比重较低的地区，经济发展一般都比较缓慢。改革开放以来，苏南地区的集体、个体、私营、外资等非国有经济得到较快发展，尤其是创造了闻名全国的“苏南模式”，大大促进了该地区的经济发展。与此相比，苏中、苏北非国有经济的比重较苏南低，对地区经济发展的促进作用较差。2000年，非国有经济工业总产值占限额以上工业总产值的比重，苏南为71.9%、苏中为72.2%、苏北为57.1%。从市场发育程度看，改革开放以后，苏南地区市场流通规模迅速扩大，商品、生产资料、资本、劳动力、技术、人才、信息、金融、证券、房地产等适应市场经济发展的各种要素市场得到迅速发展，人们的市场经济观念大大增强。而苏北地区则相对逊色。据调查，到2000年底，每百平方公里分布的商品交易市场数量，苏南为9.2个、苏中为7.3个、苏北为4.2个；商品成交额占全省的比重分别为55.3%、18.2%、26.5%，商品交易市场建设投入上，苏南地区大大高于苏北地区。这种情况，不利于地区经济差异的缩小。

从市场竞争力看，苏北地区工业化水平较低，尚不具备较强的竞争优势。目前经济增长已由过去的投资推动型转变为投资和消费双推动型，产业政策也由过去的重工业优先发展型转变为轻工业补偿发展型。轻工业主要生产消费资料，投资少、周期短、需求收入弹性高，对需求特别是消费市场需求的适应程度高，因而轻工业发展快的苏南地区，整体经济发展也比较快，获利也较多。而苏北地区工业结构不尽合理，有的市县轻工业不太发达，支柱产业还比较单薄，尚不具较强的竞争优势；有的地区还缺乏市场导向观念，大量的产品附加值流向苏南及其他沿海地区，从而降低了这些地区经济发展的总体水平。从资金分布来看，2000年，金融机构贷款余额比重，苏南为67.5%、苏中为16.3%、苏北为16.2%；固定资产投资完成额比重，苏南为55.8%、苏中为17.8%、苏北为26.4%。由于苏南的资金比较雄厚，积累率也就呈苏南高于苏中和苏北的态势，而苏北要提高市场竞争力则面临着巨大的压力。

从对外开放程度看，苏北地区对外开放虽然逐步加快，但经济外向度和与国际经济、技术、信息的交流速度和质量仍很低。苏南地区得到改革开放之先利，率先享受开放城市、开放区、开发区等优惠政策，通过不断引进资金、技术，逐步实现产业结构的转换和升级，使其产品在国际市场上的竞争力不断增强，对外贸易有了迅速发展。2000年三个地区的外贸依存度，苏南为59.3%、苏中为24.2%、苏北为6.1%。出口总额占全省的比重，苏南为81.8%、苏中为13.4%、苏北为4.8%。利用外资上，苏南地区凭借优越的地缘、人文、经济因素，在吸引外资上也占据了绝对优势。2000年，实际利用外资金额占全省的比重：苏南为87.6%、苏中为4.9%、苏北为7.5%。开放是经济走向有序、快速发展的必要条件，苏南地区开放的时间早、程度高，与国际经济、技术、信息的交流速度和质量也高于欠发达地区，所以经济发展的整体素质也好于苏中、苏北。

从基础设施情况看，长期制约苏北经济发展的交通邮电等“瓶颈”因素大大缓解，但仍相对落后。20世纪90年代以来特别是“九五”时期，苏北基础设施建设不断得到加强，长期制约经济发展的交通邮电等“瓶颈”因素大大缓解。2000年，苏北五市完成全社会固定资产投资747.1亿元，与1995年相比年递增18.4%，比苏南高8.9个百分点，比全省平均水平高5.1个百分点。气势恢宏的交通建设“淮海战役”成效显著，沂淮、淮江高速公路建成通车，宁连公路淮连段完成高速化完善工程。江苏田湾核电站已累计完成投资40.3亿元。邮电、航空、铁路、港口、城市建设、水利建设等都取得长足发展。但是，苏北经济欠发达地区的基础设施在数量和质量上还有一定差距。2000年底，苏北拥有高速公路里程281公里，分别比苏南、苏中少218公里和29公里。“九五”时期，苏北公路客运量和货运量分别年递增6.5%、0.8%，比同期苏南低6.6个和4.3个百分点，比苏中低0.5个和5.2个百分点。2000年末，苏北五市电话普及率为每百人14.7部，比全省平均水平少9.2部。由此可见，继续加快苏北基础设施建设，仍是发挥该地区“后发效应”的一个关键环节。

从二元经济看，由于城市化和工业化水平的滞后，苏北现代城市经济和传统农业经济的反差强烈。全省经济发展的不平衡性集中体现在现代城市经济和传统农村经济并存。由于苏南地区农村工业发展迅速，城市化步伐较快，二元经济状况大大改观，城乡差异已变得相当模糊。目前苏南三分之二的农村劳力已从农业中分离出来，完全和主要从事农业的只占三分之一；苏中农村劳力中从事农业的占一半多，农村劳力的非农化程度相当于苏南的72%；相反，苏北近七成的农村劳力仍滞留在农业领域，非农化程度只及苏南、苏中的47%、65%。农村人口的非农化是小城镇发育的重要前提。苏南以小城镇密度大、企业和从业人员聚集多、辐射效应强，带动了经济的较快发展，苏中次之，苏北则因小城镇密度小、企业和从业人员聚集少、辐射能力弱而不利于经济发展。

第二节 区域经济差异的几点认识

区域差距的存在有一定的不可避免性，但随着不平衡的发展，将使总体效率的提高渐趋边际，同时也使固有矛盾逐步突出，以至于不平衡过了“度”，对整个经济的发展将极为不利。

(1) 差距过大损害资源配置效率。从江苏资源开发和利用来看，南北两地带各有侧重，苏南制造业较发达，属于加工型地区，苏北资源较丰富，属资源型地区，苏中介乎两者之间。苏南发展很快，快的主要是加工工业；苏北发展较慢，慢的主要是资源开发业。近几年来，苏北加工业虽也有一定的发展，然而结构再造的难度很大，开始形成支柱的大多是农产品的初步加工业。这既是地区发展不平衡的结果，又成为影响地区经济进一步发展的原因。

(2) 差距过大造成生产要素的不合理流动。在区域发展不平衡的条件下，资金、技术、信息、人才和社会文化环境等生产要素的商品化进程也不平衡，不可能合理流动、优化组合，即生产要素不断向边际生产率较高的地区流动。而当这种流动效应发展到一定程度后，经济欠发达地区要改变要素流动中的劣势地位将更加困难。江苏省委、省政府虽然采取了有力措施，在资金、人才等方面向苏北倾斜，而由于存在效益差别，优势产业的成长较慢，因而该地区自然性要素的开发和利用程度仍然不够。

(3) 差距过大阻碍社会进步。地区经济发展的不平衡在很大程度上导致社会发展水平的差异。据监测，苏南地区社会发展水平处于绝对领先地位，苏北地区的社会发展水平相对较落后，1999 年苏南各市社会发展总指数在 132.2～161.0 之间，苏中在 100.6～106.0 之间，苏北则在 56.0～89.3 之间。欠发达地区由于经济社会发展落后，就业压力较大，必然导致人口向发达区域大量流动，从而使发达区域产生人口过密、住房紧张、环境污染等社会问题，同时欠发达区域流失的主要是青壮年以及有一技之长的人员，又使这一地区发展更加滞后，贫困问题等更为突出。世界上不少国家都曾经历过或正在经历着这一社会矛盾过程。

（4）差距过大不利于提高全省经济的综合实力。江苏要全面建设小康社会，率先基本实现现代化，既有赖于沿江经济发达地区的持续较快发展，也必须有苏北欠发达地区的跟进。如果苏北地区在今后一段时间迈不出更大的发展步伐，该地区的资源优势转化不了经济优势，不但难以从根本上改变落后面貌，由于"马太效应"的作用，进一步拉大与先进地区在经济总量上的绝对差距，而且将加剧省内市场的萎缩，拖累全省经济的发展，是全省经济的较快增长难以为继。

综上所述，在现有基础上实施苏北大开发战略，加快苏北经济的腾飞，缩小区域经济发展差异是未来江苏发展和区域结构调整的重要战略目标。目前苏北经济加快发展已经具备了良好的基础，面临着新的机遇。可以说，加快江苏北部地区大发展的又一次高潮已经来到。综合起来，苏北地区经济发展的后发优势有以下几方面：

其一，苏北具备良好的发展潜质。苏北是江苏自然资源比较集中的地区，农副产品、石油、天然气、海洋、非金属矿、旅游和土地资源比较丰富，相对于其他地区有较强的优势。

其二，苏北已具备加速发展的经济基础。近年来这一地区经济增长速度已超过全省平均水平，经济总量初具规模，主要中心城市的经济实力较强。

其三，基础设施薄弱的局面有了明显改观。高速公路、港口、航空、电力、城市建设发展较快，基本形成了以沿江、沿桥、沿运河地带为主轴的总体交通布局。

其四，江苏已进入差距趋于缩小的经济发展新阶段。目前全省人均GDP已超过1400美元，达到倒“U”模型区域差距缩小临界区间的上限，表明缩小区域差距已成为可能，时机已经成熟。

第三节　区域结构调整与共同发展的政策

实施区域结构调整和区域经济联动发展战略，加快缩小南北差距，必须充分依托区域优势，起点要高、方法要新，能够体现社会主义共同富裕的要求，制定切实有效的措施，着力构造新优势，逐步形成新机制，以期待取得新成效。总的思路是：坚持“效率优先、兼顾公平、发挥比较优势、注重协调发展”的原则，做到优势互补、互惠互利，形成各具特色的经济区域，促进苏南、苏中和苏北共同发展。

一、着眼于整体构造，充分发挥合力优势

经过多年的发展，实现全省南北联动发展已具备了相当的基础，但南北联动决不是苏南、苏中、苏北经济简单求和和板块拼凑，而应以提高资源配置和生产力为目的，从自身的实际出发，发挥各自优势，同时要加强联合协助，发挥团队优势，扬长补短，互通有无，形成巨大的经济合力。苏南地区要继续发挥改革开放先导作用和加快现代化建设的示范作用，帮助后发地区发展。苏中地区要加强与苏南地区和上海的联系与合作，积极参与以上海为龙头的长江三角洲的产业分工，加快与苏南经济一体化进程。淮北等欠发达地区要发挥自己的后发优势，按照市场需求的导向，重新定位产业存量优势和资源开发价值，借鉴先进地区

的发展经验，使本地区的资源经济和技术经济联动发展。

二、调整优化区域产业政策，形成各具特色的产业结构

面对日趋激烈的市场竞争和经济国际化趋势，江苏南北产业的发展应当转变思路，从全面振兴转向有限目标，择优扶持，重点突破，上水平、上质量，形成经济规模，提高产业附加值和市场占有率；通过产业发展政策，大幅度提高投入的集中度，对现有企业进行联合、合并、兼并，开放市场，扩大国际合作。根据区位条件、产业分工和比较优势原则，加快南北产业转移，以沿江地区在设备、技术上有较强比较优势的轻工、纺织、家用电器等机械电子及服装加工等行业为重点，向淮北地区进行有序转移。投资主体选择上，鼓励沿江地区国有、集体、民营及有实力的个体私营企业向淮北地区投资。投资方式上，以控股、参股、合伙、购并、分拆和以企业现有设备及成熟技术和原材料等实物投入为主。产业转移方向上，以由南向北转移为主，同时鼓励支持沿江和淮北地区有条件的地方，有步骤地组织一批有实力、有优势的国有企业开展境外带料加工装配业务，或者向中西部地区投资办厂。

三、加快两大经济带和两大工程的建设，充分发挥南北资源的比较优势

依托长江水道、新亚欧大陆桥，建设好沿江经济带和徐连经济带。实施淮北地区致富工程和海上苏东工程。沿江经济带要加强与上海的联系与融合，增强经济的互补性。徐连经济带应充分发挥新亚欧大陆桥和港口优势，进一步提高开放度，按照优势互补、互惠互利的原则，加强与国际经济接轨。积极扩大外引内联，加大招商引资力度，吸引国外大财团、大商社、大企业来苏

北地区合资合作。苏北地区是全省重要的商品粮棉生产基地，应将农业放在突出位置来抓，在稳定粮棉生产的基础上，大力发展多种经营，培育龙头企业，拉长农业产业链，提高农业资源的转化率和高附加值，增加农民收入；在发展工业过程中，应注意高起点，避免低水平重复建设，加大高新技术产业的投入比重，加快产业的升级换代，加快形成主导产业；积极发展以基础设施建设、商贸、旅游为重点的第三产业，建设大市场、搞活大流通，提高经济结构层次。海洋资源是江苏的一大优势资源，具有很大的开发潜力，应加强沿海地区基础设施建设，加快已围滩涂的深度开发，大力发展海水养殖、海产品深加工、海洋医药、海水化工、船舶修造和海滨旅游业，以促进海洋产业的较快增长。

四、加快城市化步伐，充分发挥城市的集聚和辐射效应

江苏南北经济带应形成一个布局合理、层次分明、功能完善、各具特色、大中小相结合的梯度结构城市群体，建立起以特大城市和大城市为核心、中小城市为纽带、小城镇为基础、城乡协调发展的城镇体系，来作为加快区域经济发展的增长极。今后一个时期，要着力把南京、苏州、无锡和徐州等特大城市进一步做强、做大、做优、做美，通过强化南京、苏锡常和徐州三个城市圈的功能，有效地带动全省城市化的快速发展。目前应特别重视苏北地区的城市化发展，该区域城市化发展滞后，集聚和扩散功能较弱，现有经济基础与其负担的城市功能不相适应。因此，该地区应致力于发展中心城市和条件较好的县级市，提高城市的集聚辐射功能，加强重点中心镇建设。以缩小区域经济发展差异为目标，加强全省各中心城市之间的联合与协作，谋求最大限度的均衡和协调发展。

第八章　区域内部的结构调整与发展

调整江苏区域经济结构，促进区域经济共同发展，需要苏南、苏中、苏北自身作出切实的努力。

第一节　苏南经济的结构调整与再提升

一、引　言

1978年以来，苏南乡镇工业异军突起。乡镇工业的繁荣发展，微观主体的成长壮大，不仅使得苏南在经济规模和经济效益上都占到举足轻重的地位，而且使苏南的市场化水平远远领先于省内其他区域。进入20世纪90年代后，特别是90年代中后期，外向型经济的大发展，逐渐趋向成熟完善的市场环境，使苏南经济结构调整的速度、质量均快于苏中、苏北。21世纪初叶，苏南已进入工业化中后期，工业稳定地占据了主导地位，服务业迅速发展，农业占GDP的比重不断下降。2001年，苏州市三次产业结构比重为5.3:56.7:38，无锡这一比重为4:56.9:40.8。

2001年底，中国加入WTO，中国经济发展在国内市场尚未统一的情况下面临跨国公司的挑战，在工业化尚未完成的前提下，不得不提前进入信息化。苏南作为江苏乃至全国经济先发展起来的地区，应率先融入国际大市场中去，要率先发展以信息产业等为主的高新技术产业，不断促进本地产业结构的高级化。江苏省委、省政府对苏南经济发展寄予厚望，要求“牢固确立率先意识，始终走在发展前面”，以保持苏南地区乃至整个江苏经济在全国的竞争力。

经济结构的调整，首推产业结构的调整，这离不开企业这一微观主体的发展，企业的繁荣，必须依靠政府主导形成一个公平、公正的市场环境，必须依靠市场环境中广泛的、低成本的分工协作。以集体经济为主、以乡镇工业为主的苏南已经基本摆脱了产权瓶颈对企业的严重制约，地方政府的调控对发展新兴产业、转移传统产业所起的作用越来越大。

二、产权结构多元化趋势形成，民营企业活力凸现

经过20世纪90年代中后期的两次大规模的改制，苏南原乡镇集体企业产权结构发生了根本性的转变，国有资本基本上从大量的中小企业中退出，股份合作制的企业数量减少，取而代之的是大量的股份制企业、合伙制企业、个人独资企业。2001年，苏州市国有大中型企业累计改制面达到95%，通过多元化、规范化改制，全市已累计组建工业股份有限公司48家，常熟市改制企业职工股和外部股本已占总股本的80%左右，改制企业经营者持股比重逐年上升，市属改制企业股本结构中，外来法人和自然人股本的比重达到41%，全市1.3万家乡镇企业基本完成改制，涉及产权制度改革的企业达98%。

制约经济发展的所有制瓶颈被打破后，企业的活力就直接为经济增长、结构调整提供了内在原动力。20世纪80、90年代，江苏、浙江等省都提出了产业结构调整政策，一些被认为是夕阳产业而加以调整的产业如纺织业、小五金业等生产规模不但没有萎缩，反而壮大成为当地的支柱产业，根本原因是产业政策与企业经营目标相悖。那些在经营中能有效整合内外部资源的企业具

有自觉调整产品结构的能力，从而对整个地区的产业结构发生影响，这种自下而上的产业结构调整，更符合社会主义市场经济规律。而政府所做的主要是营造环境，促进多种所有制经济成分在市场竞争中达到公平、高效的目的。

苏南个体私营经济发展仍是薄弱环节，与浙江、广东相比，个体私营经济总量、在GDP中所占比重、发展领域、经营规模、管理水平，仍然存在不少差距。与苏中、苏北相比，苏南民营企业发展有后来居上之势。2001年，苏州市有工业企业8.9万家，500万元产值规模以上的工业企业仅有3735家，中小型企业数占了全部工业企业数的95.8%，个体工商户达14.5万户，私营企业3.3万家，注册资金238亿元，有46家私营企业获得外贸自营进出口权，当年个体私营经济完成投资141亿元，比上年增长70.9%，占全社会固定资产投资的25%（2002年一季度，这一比重为32.7%）。2001年，无锡市规模以上的工业企业中，非公有制企业实现工业增加值211.48亿元，增长12.8%。个体私营工业完成工业总产值759.45亿元，占全市工业的25.9%。

苏南个体私营经济的发展，主要得益于经营环境的宽松。2001年，苏州市进一步加大了对个体私营经济发展的支持力度，出台了《关于加快发展我市个体私营经济的实施意见》，进一步放宽了个体私营经济的经营范围和经营条件，积极鼓励个体私营企业参与国际竞争，清理取消了一些限制条件，加大了对个体私营经济的财税支持力度，财政安排一定的专项资金用于支持个体私营企业发展，对个体私营企业发展中涉及的审批、收费等事项，实现“窗口”式办公，提供一条龙服务。建立由政府牵头，各有关部门负责人参加的促进个体私营经济发展的联席会议制度，协调解决重大问题。以上措施大大降低了中小企业、民间资本的进入门槛，促进了中小企业的大量开办与成长。

三、产业结构调整的关键是腾出产业空间，发展高新技术产业

苏南产业结构多有变迁，但目前仍以传统制造业为主，近年来新兴产业发展迅速，但在GDP中所占比重仍偏低。苏南地区拥有高新技术企业1361家，占全省高新技术企业总数的72.36%，实现工业增加值355.32亿元，占全省高新技术企业工业增加值的80.02%，其中：苏州市392家，常州市296家，无锡市273家，南京市237家，镇江市163家，增加值比重分别为31.6%、7.3%、14.59%、21.93%和4.6%。在21世纪初叶，苏南区域经济发展要保持国内省内领先的地位，就必须大力发展以高新技术产业为主的先导产业，以提升产业结构。

1. 利用人才和外资优势发展高技术产业、积极扶持新兴产业

从产业上看，苏南高新技术和新兴产业发展的重点是：电子信息产业，生物工程与医药产业、新材料产业、城市交通轨道设备产业、精纺服装面料业，光机电一体化产业和环保产业。这些产业在发展过程中，通过“扩散”、“联合”和“渗透”等方式带动并提升传统产业的劳动手段、劳动对象的发展。各市县应根据自身特点，选择重点发展的产业。

从区域上看，南京、苏州、无锡能够成为高科技工业的3个主要基地。南京有人才优势，要依靠当地高等院校、科研院所集中的条件，优先发展网络技术和电子信息技术，大力发展计算机系列产品和通讯产品，加快发展系统集成业和软件开发服务业。重点建设扶持熊猫集团、同创集团的高科技项目以及南京大学等参与的江苏省软件中心项目、东南大学参与的网络计算机（NC）产品及应用系统；重点发展电力电网系统自动化集成系统、配电

自动化及管理系统、公路交通智能集成系统、空中交通管制系统、工业控制系统集成、企业内部网应用软件、电子商务软件、信息管理及公众服务软件、产品数据管理系统软件以及各种信息应用系统软件；重点发展高清晰高数字式（HDTV）彩色电视机、数字式音频广播接收机、数字视盘机，实现数字式视听产品的大规模产业化。通过资产重组、对外转移等方式，淘汰、压缩过多的电子元器件厂。发展现代农业生物技术产品及农药畜禽用红色品等。淘汰、压缩生产一般性、大众化产品的生产企业。

苏州和无锡发展高新技术产业具有外资优势，引进外资主要是引进先进的技术和管理用于提升当地产业结构水平。“九五”期间，苏南利用外资的规模与水平均有大幅度的提高，仅苏州一市工业累计合同利用外资 214 亿美元，实际到账外资 124 亿美元，比“八五”期间分别增长 3.7%、47.3%。苏南外商投资和港澳台投资企业拥有高新技术企业较多，2000 年，外商投资和港澳台商投资工业高新技术企业共 447 家，实现增加值、销售收入、利润和利税分别为 227.67 亿元、939.24 亿元、57.84 亿和 91.19 亿元，占整个高新技术企业相应指标的比重分别为 51.27%、55.02%、62.21%、55.40%。苏州、无锡及其周边地区，要以新型合成材料与高分子材料、现代无机非金属材料、新金属材料、精细化学品、专用化学品、氧化稀土材料及系列产品、新电子磁性材料、新型复合材料等为重点发展方向，重点发展现代生物生化制品、新型化学合成药物及医药中间体、天然资源药物及保健品、提升新材料产业的整体规模。

“九五”计划以来，苏州市重点培育电子信息、机电一体化、新型家电、精细化工和石油化工、新材料和基础原材料、汽车及汽车配件等六大类新兴主导产业。全市已形成了机械电子、纺织丝绸、化工、轻工、医药、冶金等 8 个行业。1998 年到 2000

年，苏州涌现了28个年销售收入超过2亿元、国内市场占有率名列前3位的名牌产品和84只江苏名牌产品，其中好孩子、春花、波士顿、AB、梦兰和隆力奇等六个商标获“中国驰名”商标称号，初步形成了超微半导体、艾普生水晶振子和液晶显示器等20个较大规模的高新技术产品生产基地。2001年，苏州市的电子信息、生物医药、机电一体化等六大新兴主导产业占工业总产值比重达41%，实现产品销售收入1184亿元，占全市总量的比重达42.3%，其中电子信息产业实现销售收入557亿元，增长21%，占新兴主导产业的比重达47%。

2001年，无锡市已形成了机械及汽车配套业、电子及新型家电、精细化工及生物医药业、特色冶金及金属制品业、高档纺织及服装加工业等5个支柱产业，完成总产值944.35亿元，占全市规模以上工业总产值的46.8%，形成了精密机械、成套设备、汽车及摩托车配件、电子信息、电子原器件、高档家电等一批优势产品、高新技术产业增加值占全部工业增加值的24%，全年开发新产品1800项，实现新产品产值254.16亿元，占全市工业总产值比重达12.6%，产业结构高度化进程加快，以电子信息、机电一体化、精密机械、生物医药等领域为重点的高新技术产业发展壮大。

一批巨人级高新技术企业初露头角。在全省按工业销售收入排名的前十强中，苏南高新技术企业就占了四强；它们分别是南京爱立信熊猫通信有限公司、苏州飞利浦消费电子有限公司、希捷国际科技（无锡）有限公司和旭电（苏州）科技有限公司。在全省按利润排名的前十家企业中，苏南高新技术企业有三家，它们分别是华飞彩色显示系统有限公司、希捷国际科技（无锡）有限公司、南京爱立信熊猫通信有限公司。

2. 加强与苏北、苏中的交流与合作

目前苏南对苏北地区的开发合作主要体现在传统产业的转移上，苏南早期乡镇工业的大发展主要集中在传统产业中，这些传统产业经过二十多年的高速发展，市场日渐饱和，这些低技术含量、低附加值的劳动密集型产业，市场竞争十分激烈，不少企业的生产能力严重过剩。另一方面，苏南企业"两头在外"的生产格局，使得生产成本、运输成本增加，交通运输的压力和生态环境恶化状况加重。所以，传统产业在苏南已无多少比较优势可言，尽管有些传统产业如纺织业仍是当前的支柱产业，但苏南要在21世纪保持全国全省经济发展领先的地位，必须调整产业结构、实现产业转移，外迁过剩的生产能力。苏北、苏中地区与苏南经济的产业互补性很强，将传统工业尤其是加工工业和制造业向苏北、苏中转移，有利于苏南工业的产业结构升级，也有利于利用苏北、苏中的丰富自然资源和廉价的劳动力资源降低产业成本，提高全省传统产业的市场竞争力。传统产业向苏北、苏中转移不是简单的重复再建，更不应该将高污染、高能耗、低效益的生产企业向苏中、苏北地区转移，而是应该在转移的过程中，将高新技术与传统产业的改造相结合，实现边转移、边改造，在转移中实现传统产业的技术升级。在传统产业的转移和改造过程中，应重视苏南的经营管理人才、经营管理思想和苏北、苏中的科技人才在产业转移中的作用。在传统产业向苏北、苏中转移中，轻纺工业和五金机械制造业应该是优先转移的产业。转移的方式可以以存量资产折价、投资入股的方式置地办厂，也可以通过向金融机构融资或采取BOT等方式以及合资的形式投资设厂；可以采取收购兼并方式，接收当地企业，从技术上、管理上、经营上对其加以改造，以使其成为新兴的产业主体；可以以品牌、技术入股的方式，参股苏北、苏中的企业。苏南企业在产业转移过程中，可以以合资、独资、收购兼并、技术及品牌输出为先后次序，实现产业转移在时间上的梯度推进，应该以资源、销售市场、上下游产品的加工与供给为纽带，在苏南企业与苏北、苏中企业之间形成有机的产业链、产品链、销售链。在产业转移主体方面，政府起引导的作用，鼓励企业积极参与。大型企业及企业集团结合自身发展战略，投资于苏北、苏中地区，容易与当地实现产业互补，容易形成上下游产品纵向、横向产业板块之间的分工合作关系。进而形成优势的产业链、产品链和市场销售链。苏南私营经济、民间资本向苏北、苏中地区投资，如投资于房地产、基础设施等产业，可以取得较好的投资回报。

四、加快实施城市化战略，优化城乡经济结构

加快推进城市化发展，是优化城乡经济结构、提高经济增长质量、促进国民经济良性循环和社会协调发展的重大举措。20世纪80年代，苏南乡镇工业的大发展，一定程度上缩小了城乡二元经济结构的矛盾，加快了农村工业化进程，转移了一大批农村剩余劳动力，这一时期，乡镇工业对社区小城镇建设起了积极的推动作用。进入20世纪90年代，苏南乡镇工业受产权问题及市场疲软的困扰，经济发展的速度与质量不尽如人意，小城镇建设存在数量偏多、布局偏密、规模偏小、功能偏弱等的不足，不能发挥城镇对周边的带动与辐射作用。江苏提出城市化战略，苏南将这一战略落到实处，必须在优化调整市域城镇体系和城乡空间结构的基础上，加强对各级各类城镇发展的分类指导，坚持高起点规划、高质量建设、高效能管理、从引导非农产业、生产要素和人口向城镇集聚入手，加快推进城镇基础设施、公益设施建设，进一步完善城镇的生产生活服务功能，增强城镇对企业布局和人口居住的吸引力和吸纳效应。

1. 结合产业布局调整，做好城镇建设的规划

2000年，苏南各地基本完成了撤乡并镇的行政区划调整，当前，各地继续以各级各类开发区为载体，推动企业和新上项目向开发区聚集，构建一个以重点开发区为核心，辐射周边、紧密配套的产业布局新框架。苏南一些地区小城镇建设投入了大量的资金，但是由于没有形成产业聚集效应，对企业及个人没有吸引力。只有做好产业规划，才能吸引更多的民间资本进入。苏州市重点建设张家巷汽车和钢铁生产基地，常熟的氟化工和造纸基地，太仓石化基地，园区、开发区、吴江开发区、昆山开发区的电子工业基地；无锡市区重点发展现代商贸流通服务业和精密制造业，新区重点发展电子信息产业和出口型产业，马山发展汽车、医药工业，锡山开发区重点发展纺织化纤工业和机械产业，城北发展化工产业，城西发展小天鹅、TCL等白色家电。

2. 改革户籍制度，加快人口流动

苏南由于较强的经济实力和宽松的发展环境，对高层次的人才具有一定的吸引力，但要大量的转移当地农村劳动力，必须进行户籍制度改革，城市产业空间的拓展，对农村一部分先富起来的人有很大的吸引力，政府应采取政策，鼓励其进城务工、经商，开办中小企业。

第二节 苏中经济的结构调整与快速崛起

一、苏中在省内的经济地位

江苏区域经济差距由来已久，苏中及苏北由于长江天险阻隔，路途遥远，交通不便，与上海及苏南经济的隔阂较深，长期以来一直得不到充分发展。解放后，苏南不再是国家投资的重点地区，苏南苏中苏北的地区差距逐步缩小，1978年后，苏南农村乡镇企业异军突起，工业潜能迅速释放，加快农村剩余劳动力的转移，推动农村的现代化进程。苏中与此相比，发展滞后，江苏虽已采取区域共同发展的政策，但是由于历史的沉淀，产业结构的低层次，市场的封闭，经济差距依然显著。

表 8-1　2000 年苏南、苏中、苏北经济发展比较

指标	苏南	苏中	苏北
年末人口数（万人）	2165.82	1736.67	3163.13
土地面积（平方公里）	27953	20429	52312
国内生产总值（亿元）	4814.84	1613.81	1975.92
社会消费品零售总额（亿元）	1446.26	535.72	623.06
全社会固定资产投资（亿元）	1583.11	506.49	739.73
外商直接投资（亿美元）	56.27	3.12	4.85
地方财政收入（亿元）	284.86	64.03	71.39
居民储蓄存款（亿元）	2513.87	1084.67	852.97
城镇居民人均可支配收入（元）	8406	7278	6611
农村居民人均纯收入（元）	4693	3577	3132

从表 8-1 可以看出，苏中人口、土地只有苏北的一半，但是创造的国内生产总值却相当于苏北的 80%左右，社会消费品零售总额相当于苏北的 90%左右，地方财政收入相当于苏北的 90%左右，居民储蓄存款高出苏北 230 亿元左右，城镇、农村居民人均收入高出苏北 500 元左右，但与苏南相比却低得多。苏中、苏北的人口虽是苏南的两倍多，但国内生产总值、地方财政收入苏中和苏北的两者之和还不及苏南，外商直接投资只是苏南的零头，固定资产投资苏中、苏北两者之和低于苏南。

重要的是共同发展的机制并未完全形成，省内南中北之间产业存在阻隔，市场联系薄弱，互动性并不强。苏北虽是目前全省发展速度较快的地区，但它的起点低。对苏中、苏北这些欠发达地区而言，生产要素缺乏，而且容易流失（流向发达地区），这就导致这些地区的发展格外缓慢。根据罗斯托的大推进理论，初始投资在少量的情形下是无法带动经济腾飞的，有必要实行大推进战略，即在苏中、苏北地区实行较大范围的大量投资，以带动经济的全面腾飞。问题是这巨额投资从何而来，苏南自身也面临产业的升级换代的紧迫任务，以迎接在进入WTO的情形下国内外日益激烈的市场竞争，而就苏北、苏中的财政而言，苏北一般情况支出大于收入，苏中收支大致相当，略有缺口，可见长江之北经济的非良性循环造成的资金陷阱是长期存在的，然而我们并非全然无能为力，在苏南苏中苏北互利互动发展的前提下，在以上海为龙头的长江三角洲带动下，苏中还是能有一番作为的，其中的一条就是在扩大经济总量的同时狠抓结构调整，实现苏中快速崛起。

二、产业结构调整

苏中包括扬州、泰州、南通3市和苏北的一部分地区，基本上位于江苏中部的北沿江地带，处在沿海、大运河、京沪铁路与长江的交汇部，历史上隋唐时期扬州由于南北大通道大运河的带动，经济一度繁华，曾是全国的商贸中心。鸦片战争后，镇江被辟为通商口岸，民族企业家张謇在南通兴办了以棉纺织业为中心，包括面粉、榨油、酿酒等多种近代轻纺工业，南通、镇江等地的长江贸易也逐渐兴盛。解放后，由于优先发展重工业的产业导向，经济比例严重失调，那时包括南京、镇江在内的苏中地区，工业产值开始超过苏南地区，南京、镇江的重工业得到迅速扩张，而南通、扬州仍以轻工业为主。1978年，苏中地区三大产业的比值为31.6∶50.1∶18.2，第二产业的比重占一半，第三产业发展缓慢，农村十分落后。20世纪80年代，对外开放有力地促进了苏中经济的发展，引进先进设备建设的扬子石化当时的产值居江苏第二，仪征化纤项目投资29亿元，从德国、日本引进生产线，是全国最大的化纤生产基地，产量占全国的1/3。南通华能电厂是江苏第一家中外合资的大型电厂，一期工程就安装了从美国进口的35万千瓦的发电机组，年发电量42亿千瓦小时。苏中沿江的南通、镇江等地动土兴建了一批深水港口，大型港口和工业项目的兴建，苏中沿江经济带已初具轮廓。

20世纪90年代，上海浦东开发后，苏中沿江地带出现了新一轮的大规模的经济建设高潮，相继开发了浦口高新技术开发区、镇江大港开发区等一批经济技术开发区，很多跨国公司前来投资，建立了一批大型中外合资项目。南京的工业优势集中在石油加工、医药、电子、交通设备、仪表、文化用品等行业，镇江的工业食品、造纸、化学、电气器材、有色金属冶炼等行业具有一定的优势，扬州的优势主要集中在纺织、化纤、塑料制造、机械、汽车、船舶制造等行业，泰州的工业优势主要集中在机械、建筑等上面，南通的工业优势主要集中在纺织、电力、通信、建筑、海洋经济等上面。就这几个中心城市而言，产业方面各有千秋，各有侧重，又各有薄弱环节。

苏中地区由于上述工业优势的存在，并且是江苏乃至全国重要的粮棉生产基地，第三产业中商贸、旅游等也较为发达，苏中地区在长江三角洲具有特定的重要地位，而且苏中地区在江苏中部，同上海、苏南相隔一条长江，是联系经济发达地区和苏北、皖北的纽带，能发挥资金、技术由经济发达地区向经济落后地区的传递辐射作用，但是剔除了南京、镇江的苏中地区，更加缺少区域性中心城市的带动，再加上这个地区长期以来一直较为封闭，内在的动力机制不是很健全，现代化进程发展迟缓，同苏锡常、杭嘉湖等地区相比，接受辐射的能力受到制约。扬州、泰州、南通三个省辖城市的各自城市人口大约在50万左右，城市功能并不健全，证券、信息等各项指标明显偏低，实际上城市功能的发育与经济发地区相差甚远。可见，苏中地区在吸纳外面的辐射时自身的功能还有待进一步健全。

江阴长江大桥、南京二桥的建成与高速公路网的建设，大大改变了自北向南的交通情况，润扬大桥、苏通大桥、南京三桥也在建设之中，新的世纪赋予新的机遇，苏中应与长江以南经济发达地区在近距离的前提下在产业合作、产业转移方面多做工作。扬州的仪征化纤、亚星客车、扬州制药、宝胜电缆、高邮禽蛋、三笑牙刷、洗涤用品，泰州的春兰制冷设备、泰兴减速机、靖江的江山制药，南通的天生港发电、南通远洋股份、南亚塑胶、综艺股份、三星绣晶等名优产品具有一定的优势和竞争能力，也带动了所在行业的发展。苏中地区在提供农业原料、轻工产品、海洋产品等方面所起的作用是较大的，但是它的产业低层次亦很明显。不是简单把先进的设备和厂房从长江以南搬到长江以北，而是应该着力推进苏南与苏中的产业一体化合作，有些产业苏中地区可以在产业链条的前端，有些产业苏中地区可以在产业链条的后面。苏南在转移部分设备、技术给苏中的同时，也可考虑将部分市场让给苏中，苏中在苏南产业升级换代后留下的产业空间可以作一些文章，更主要的是在与苏南的产业一体化合作经营中，可以合资、技术入股，也可以营销合作、供需结合，总之要互有往来，做到“貌合神合”，双方成为有机的统一体。

三、所有制结构调整

苏中的所有制改革已取得了很大成效，所有制结构发生了很大变化，但是所有制结构不合理，存在的问题也是很明显的。主要表现在外资所占比重小，外资3亿美元左右，从业人员5.5万人左右。利用外资的比重随着对外开放的深入，苏中地区实行外向型增长发展战略而不断增大，苏中地区的成长对国际资本也产生强大的吸引力，但是利用外资容易受国际环境的制约，引进外资也不能贪大求快，不考虑利用外资的质量，利用外资应有力地促进当地劳动力就业，带动当地经济的发展。

表8-2　2000年苏中地区单位从业人员

单位从业人员（万人）	南通	扬州	泰州
国有经济	63.60	46.24	38.42
城镇集体经济	31.37	27.95	19.51
内资	13.28	5.17	6.37
港澳台投资	1.67	2.21	1.37
其他	18.97	18.97	8.50

苏中地区的投资由改革开放前以国有经济为主体，到改革开放后呈现出多主体共同发展的格局。由表8-2可以看出，2000年苏中地区单位从业人员主要集中于国有经济。内资单位的从业人员约为25万人左右，城镇集体的从业人员约为78.5万人左右，其中很大一部分属于民间资本的部分，民间投资就其内涵界定，即剔除政府扶持和境外投资所剩下的部分，大体包括城镇集体、农村集体、城镇个人、农村个人等的投资，这部分投资就所有制而言，更多地属于个体私营投资，目前正鼓励大力发展，有力地促进了城乡差距的缩小和农村市场的繁荣。但是民间投资与国有投资相比，其发展仍受局限。表现在投资规模小，建设周期短，融资渠道不畅，信息不灵，人才匮乏等诸多影响。苏中民间投资不免也带有民间投资这些固有的缺陷，其更深层次的原因在

于宏观环境的变化和体制障碍。政府的投资政策、金融政策、税收政策，更多的是支持国有大中型企业的快速发展，对中小企业则缺乏有力支持，特别是金融风险体制的建立，中小企业并没有真正被纳入现有金融服务体系，信用、担保、抵押贷款制度不健全，中小企业的贷款仍然十分棘手。

近些年来，苏中地区非公有制的经济发展加快。扬州的三笑牙刷就面向江苏以外市场做出了很好的业绩，现在该企业是全国最大的牙刷企业。南通的综艺股份 1996 年 2200 万 A 股股票在上海证券交易所发行，综艺股份的董事长昝圣达从刺绣厂起家，后与香港、日本、美国合资，多向经营，在纺织、木业等方面卓有成效，还向通信、软件等高科技产业拓展。南通海门的一些个体私营业主，原在国内从事羊毛衫、绣品的生产经营，面对日益饱和的国内轻纺市场，纷纷寻求外向开拓的通道，分别以边境贸易及劳务输出的方式赴俄罗斯等东欧国家，先是设摊叫卖，后来又相继联络一家家跨国公司，据统计，他们中已有 300 多个私营业主到东欧、南非等十多个国家，出口创汇达 2500 多万美元。

个体私营企业虽然取得了一定的发展，但是要长足的发展，不但要苦练内功，还需要宏观环境的改善。苏中地区大多数个体私营企业仍处于粗放经营阶段，组织形式落后，虽然一些佼佼者已经结束了资本原始积累的艰苦创业历程，但是总体上仍然小打小闹，规模太小，抗御市场风险的能力较弱，个体私营经济组织形式上总体上要向集团过渡。同时，苏中的私营业主对企业发展和技术创新应有永不满足的追求。苏中地区的中小企业科研力量薄弱，或与科研院所结合，或接受大企业的技术辐射，小企业与大企业紧密合作，既可以扩大企业的销售能力，中小企业参与大企业的技术的更新消化吸收，也可以形成支撑大企业的中小型优秀企业群体，推动整个产业进步。政府对中小企业的支持同样也是有必要的，正确认识个体私营经济对社会安定、控制失业率的“社会稳定器”的作用，给予中小企业一定的财税支持。此外，在个体私营企业的平等融资地位上要予以承认，总之，要毫不动摇地支持其发展。

四、城乡经济协调发展

苏中地区现有3个省辖市、11个县级市、6个县、257个建制镇。苏中地区总体上已经进入工业化中期，农民人均收入在3000元以上，城镇居民人均收入在6000元以上，但农村人口向中心城市和农村集镇的转移过于缓慢，而城市化进程的缓慢又带来了诸多负面的影响。

推进城市化，增强对人才的吸引力。新世纪我们已走向知识经济的时代，人才的争夺是经济取得腾飞的关键。城市化的进程是吸引人才的重大因素。城市功能的健全和城市环境的质量往往能吸引优秀的人才。人才上“一江春水向东流”，就在于东南沿海地区温暖适宜的优美环境、高速快捷的城市交通、比较完善的基础设施，吸引了西部地区不习惯于恶劣气候、交通不便、信息不灵通而流失的人才。扬州、镇江、南通这些城市也聚集了一部分优秀人才，但是由于城市功能的不健全，城市功能的发展滞后于经济的发展，这些优秀人才的总量不足，现有优秀人才的作用发挥也不充分。国内外的经验表明，城市是资金、技术、人才、信息的最佳载体，中心城市对周边城镇的带动作用很明显。必须加快苏中地区城市化的进程，由此促进苏中地区现代化的进程。扬州自古以来人文荟萃，特别是高等教育在省内仅次于南京，同苏州并驾齐驱，扬州又是历史文化古城，文化古迹、自然风光交相辉映，如何对旅游项目作深度开发，同时发展扬州的商贸文化、消费文化，发挥扬州酱菜、包子、服装等的优势，充分利用扬州大学、扬州中学的品牌，是大有文章可作的。旅游资源、文化传统、现代教育交相辉映，进一步发展，自然会熠熠发光。泰州市20世纪90年代就提出“机械城”的构想，随着春兰集团的崛起，家电、机电行业将呈现更加诱人的前景。南通邻近海洋是风景优美的港口城市，又邻近长江三角洲的龙头城市上海，经济自身又颇具实力，可在旅游设施方面进一步优化，以产生足够的吸引力。这些城市的品牌打出去以后，自然对人才有号召的力量。

加快城市化，搞活大流通。1998年，苏中地区的城市化水平仅为32%，如果要达到40%的预定目标，还应该有100多万农村人口转化为城镇人口。在苏中地区非农化的进程中，剩余劳动力从农村转移出去，不但可以增加农村居民收入，而且可以增大城市规模，促进第三产业的发展。苏中、苏北地区落后的根源在于其内部的封闭。市场的自给自足，市场观念的淡薄，地区产品的区外市场狭小，影响了它与区域外流通渠道的畅通。在非农化的进程中，加强小城镇的建设和城市商贸、信息产业的发展，可以有效促进流通的发展。

苏中地区与区域以外的市场联系不仅仅是通过商品市场的联系和单纯的商品互通有无的关系，还应该促进生产要素的流动，在区域内外的畅通。苏中地区这方面要建立相应的机制和市场。而这一切都与城市化过程及市场建设紧密相关。苏中地区的劳动力市场的建设应与苏南地区配套，苏中地区的剩余劳动力可以安排到苏南地区或全国其他的经济发达地区就业，一方面可以提高农村居民收入，另一方面，也是一种人力资本投资。苏南的乡镇企业家也可以到苏中地区投资，把先进的管理经验、技术带到苏中地区，也可以在苏中地区日益改善的企业家市场去应聘合适的岗位，以促进人才市场的流动和完善。

第三节　苏北经济的结构调整与加快发展

一、经济结构的演变及其特点

苏北地区包括徐州、连云港、淮安、盐城、宿迁5市，土地面积52312平方公里，2000年人口3163.1万人，分别占全省的52.0%和44.8%。

苏北地处江苏北部的淮河流域。历史上，苏北与江苏近代工商业发祥地苏南之间的经济联系，由于受到长江天堑的阻隔，因此，近代工业起步迟缓，地区经济结构长期以传统农业为主。

改革开放后，苏北实行了农业生产承包责任制，调动了农民的积极性，农业生产潜力得到迅速释放，主要农产品产量大幅度增长。全省农业生产重心在20世纪80年代初就转移到苏北，但由于现代工业发展长期滞后，苏北与苏南、苏中的梯度差距迅速扩大，1993年达到改革开放后的峰值。

为改变省内地区差距扩大和区域发展失衡局面，1994年以来江苏实施区域共同发展战略，相继出台了南北挂钩、对口支援、扶贫攻坚、开发“海上苏东”、推动“淮北致富”、建立“苏北星火带”、促进农业产业化、加快建设徐连经济带、推进江苏南北交通联网等一系列重大举措。在保持苏南和苏中经济稳定增长的同时，加快了苏北的发展。

“九五”时期，苏北区域经济跨上新的台阶，城乡面貌发生了深刻的变化。2000年，苏北实现国内生产总值1992.2亿元，占全省23.2%。“九五”期间苏北GDP年均增长11.8%，快于全省0.6个百分点，快于全国3.5个百分点，也超过苏南0.7个百分点，超过苏中1.4个百分点。工业化进程明显加快，三次产业比值为26.4∶41.6∶32.0，一产下降7.9个百分点，二产和三产分别上升2.6个和5.7个百分点。三大产业排序由1995年的“二、一、三”调整为2000年的“二、三、一”，现代工业和服务业取代传统农业成为地区经济的主导产业。2000年苏北人均GDP为6323元，以现行汇率计算，超过760美元，按世界银行的划分标准，已处在由低收入水平上升到下中等收入水平的临界区间。1997年苏北以县为单位实现了脱贫，2000年基本达到以县为单位全面实现小康的目标。苏北与苏南、苏中的发展差距也出现了趋于缩小的态势。

苏北在“九五”时期经济发展较快，主要有以下几个特点：

（1）在产业结构调整中，重点调整农业和农村经济结构，以多种经营和农产品深加工为突破口，开创农业产业化经营和地区工业化新路。苏北农业生产条件不断改善，主要农产品产量和农业总产值已占据江苏“半壁江山”。但由于农产品比价和需求结构等变化，单一发展粮食等大宗农产品种植业并不能显著提高农民收入。“九五”期间，苏北及时调整了农业生产结构，在稳定大宗粮棉油农产品生产的基础上，以多种经营和农产品深度加工为突破，大力发展肉、奶、蛋、水产、蔬菜、水果等高附加值农产品生产，大力推进农业产业化经营。目前，在苏北农业总产值中，林、牧、渔业产值已占40%以上，在种植业产值中，蔬菜、水果等高附加值经济作物比重也不断上升。丰富的农产品为发展加工业提供了充足的原料，促进了农产品加工业的蓬勃发展，涌现出像“维维”、“森达”等一大批在省内外拥有较高知名度和市场占有率的农产品深加工龙头企业。农产品加工业是不发达地区工业化起飞的主导主业。“九五”时期，在农产品加工业带动下，苏北乡镇工业持续增长，发展速度超过了苏南和苏中，开创了不同于苏南模式的地区工业化新路，苏北工业产值持续增长，占全省比重上升约2个百分点。

（2）在地区结构调整中，重点推进徐连经济带的建设和"海上苏东"的开发，沿桥沿海地带成为苏北经济发展的重要增长点。"九五"时期，苏北与苏南相比，主要差距不在农业，甚至也不在乡镇工业，而是缺少像沿沪宁铁路地带那样拥有众多大中城市、发达交通走廊和强大经济辐射力的区域经济增长轴。目前在苏北，较具实力的是沿东陇海铁路的徐连经济带。新亚欧大陆桥的开通营运，为地处陆桥东端的徐连经济带建设提供了重大机遇。1997年，江苏决定加快建设徐连经济带，争取用15年时间建成经济繁荣、人民富裕、社会进步、具有较强内聚力和辐射力的发达带状经济区。近年来，徐连高速公路、连云港核电站等重大基础设施相继开工建设，徐州、连云港经济发展明显加快。徐州经济实力在我国沿大陆桥地带名列前茅，市区国内生产总值在省内排名由10年前的第5位上升到现在的第4位，成为带动苏北经济的主要增长极。苏北沿海港口岸线、滩涂土地、海洋生物等资源丰富，是江苏经济发展与资源开发除陆地外的第二空间。"九五"时期，江苏制定"海上苏东"战略，主要目标是：开发百万亩滩涂，发展海洋生物产业，加快港口和电力建设，发展临海工业，到2010年，使海洋产值相当于沿海地区当时的农业产值。到1999年，沿海滩涂开发已超过100万亩，海洋产值超300亿元，均提前实现"九五"目标，"海上苏东"初现轮廓。

（3）在投资结构调整中，以基础设施建设为重点，拉动区域经济增长，优化地区发展环境。国内外区域经济的研究成果表明，落后地区同发达地区相比，基础设施的差距要大于经济收入的差距。苏北交通、通信、电力等基础设施薄弱，是造成区域经济长期封闭、落后的主要原因。1998年，江苏制定"奋战5年，决战苏北，建成8条总长近千公里高速公路和两座长江大桥，确保全省高速公路联网畅通”的决策，连接全国、全省的连徐、淮江、沂淮、宁宿徐、宁靖盐、汾灌等6条高速公路全面开工，并在苏北腹地交汇，基本形成了苏北公路交通主骨架。此外，新长铁路、淮河入海水道、连云港核电站等大型项目也开工建设，迎来了苏北历史上规模空前的基础设施建设高潮。苏北基础设施的跨世纪大投入、大建设，拉动了经济增长。“九五”苏北全社会固定资产投资达747.05亿元，年递增18.4%，远超过苏南和苏中。同时，基础设施建设也优化了投资环境，为苏北今后的持续发展打下了良好的基础。

二、经济发展与结构调整的目标

江苏“十五”计划对苏北经济发展和结构调整提出的目标是：苏北要巩固小康成果，打基础、扩总量、增后劲。加快水利、交通等基础设施建设，努力改善投资环境。全方位扩大对内对外开放，广泛吸引各方人才、资金，借助外力，激发内力，增强动力。进一步解放思想，大力发展个体私营经济，使个体私营经济成为经济增长的主导力量和地方财政的主要来源。紧紧抓住一批重大基础设施项目陆续建成的契机，加快农业、食品、旅游、新型建材、化工、机械、生物、医药等产业发展，加强优势资源的合理开发和深度加工，加速工业化进程。切实加强苏北星火产业带建设，以科技为先导，培育区域特色产业。扎实推进“淮北地区致富”工程，推动南北产业转移，促进优势互补。壮大区域中心城市和重点中心镇的经济实力。强化基础教育和职业教育，全面提高劳动者素质。

2001年4月召开的苏北区域发展座谈会，提出了苏北大发展战略，今后一个时期苏北经济发展的奋斗目标是：到2005年，苏北人均GDP达到全国平均水平，人均财政收入接近全省“九五”期间的平均水平，城乡居民收入增幅高于“九五”时期。到2010年，使苏北成为经济繁荣、社会进步、生活宽裕、环境优美的地区，为向现代化迈进打下坚实基础。

根据苏北各市制定的发展目标，苏北“十五”经济增长速度大体上要快于全省，其中淮阴14%～15%，徐州11%～12%，盐城、连云港11%，宿迁10%。到2005年，苏北经济总量要超过3500亿元，相当于苏南“九五”中期的经济规模。人均GDP超过1万元，达到全国同期人均水平。其中，徐州、盐城、连云港人均GDP超过1.2万元，高于2000年全省人均水平。

苏北各市一、二、三次产业产值结构到2005年调整的目标，徐州为13:47:40，连云港为18:48:34，淮安为20:44:36，盐城为22.5:41.5:36，宿迁为32.05:35.60:32.35。苏北各市包括宿迁在内，三次产业全部调整为“二、三、一”排序，进一步向工业化中期阶段迈进。

苏北要实现“十五”经济发展和结构调整目标，全面建设小康社会，还存在着许多制约因素，难度较大。一是经济基础薄弱。目前苏北地区的人均GDP是全省平均水平的54%，人均财政收入是全省平均水平的35%，人均储蓄额是全省平均水平的45%，农民年人均纯收入是全省平均水平的87%。苏北的自我发展能力有限。二是工业化水平偏低。目前苏北还有一半以上的劳动力在从事农业，第一产业从业人员和增加值比重都比全省平均水平高出10多个百分点。苏北各县的经济结构多以传统农业为主，仍未实现农村工业化。三是与省内发达地区差距十分明显。2000年，苏北与苏南经济总量的绝对差距已由1995年的1 729亿元扩大到2 825亿元，人均GDP差距由1993年的9 752元扩大到15 921元，南北最高与最低县（市）GDP总量的差距由1995年的201亿元扩大到310亿元，人均GDP差距由2.1万元扩大到3.2万元。过大的差距造成经济、社会等方面许多负面影响，制约苏北的发展。

苏北经济发展的不利条件，是由各种因素长期累积造成的。但总体来看，经过改革开放尤其是“九五”期间的较快发展，苏北的落后面貌已有很大改变，苏北发展的不利因素正在逐步弱化，苏北的区域比较优势和发展潜力已日趋凸显。苏北地势平坦、土地肥沃，沿海滩涂和海洋面积广阔，矿产资源、农业资源、旅游资源丰富，国土开发条件优越。苏北地处我国环渤海和长江三角洲两大经济核心区之间，易于接受发达地区的经济技术辐射。苏北是我国沿亚欧大陆桥地带最便捷的出海口，有广阔的后方腹地，在我国西部开发和沿桥开发中能发挥重要作用。苏北与日本、韩国隔海相望，参与东北亚国际分工合作和接受国际资金、技术、产业转移的潜力巨大。随着我国沿海和沿大陆桥现代化综合交通体系的逐步完善，苏北在全省、全国经济发展格局中的地位将日益重要，能够进一步发挥其区域比较优势和后发优势，加快经济发展。

三、推动结构调整和加快发展的对策

1. 开发大农业，建设苏北现代化、国际化商品农业基地

江苏农业发展的潜力和后劲在苏北。苏北的农业总产值已占全省“半壁江山”，而且还高于国内约20个省、市、自治区，无论在省内、国内都具有明显的比较优势。苏北发展农业的潜力，首先是总量增长潜力。据测算，全省现有粮食（棉花、油料折粮）综合亩产400公斤以下的低产耕地968万亩，宜农荒地156万亩，荒山69万亩，荒滩259万亩，这些土地资源主要分布在苏北。仅开发1000万亩沿海滩涂，就可新增粮食综合生产能力10亿斤。更重要的是苏北农业结构调整潜力。苏北有丰富的农

业劳动力，根据比较优势原理，应发展肉、奶、蛋、水果、水产、蔬菜等占用耕地较少、附加价值较高的劳动密集型农产品。从需求角度看，苏北南面是长江三角洲城市群，北面为环渤海城市群，拥有我国最大的农产品市场。国际市场也十分广阔，与苏北隔海相望的日本，是世界最大的农产品进口国，年进口额超过500亿美元，韩国也超过100亿美元。苏北是距日、韩最近的低成本农业区，虽近年对日、韩农产品出口增长较快，但在其市场的占有率远不足百分之一，在我国加入WTO后，发展潜力很大。苏北农业要大力开拓国内外市场，以市场为导向进一步调整农业生产结构，推进农业产业化、商品化、国际化，争取在“十五”期间，经济作物占种植业比重、畜牧水产业占农业比重、商品农业和出口农业占农业总产值比重明显提高，把苏北建成我国重要的现代化、国际化商品农业基地。

2. 发展大工业，建设资源加工业、劳动密集型出口加工业基地

苏北发展现代工业，要从实际出发，寻找具有自身特色的工业化道路。首先，要充分利用苏北丰富的农产品资源，以一批贸工农、产加销一体化的农产品企业为龙头，以国内外市场为导向，以食品、饲料、纺织、皮革等农产品加工业为重点，进行农副产品的深度开发、深度加工，把资源优势转化为产品优势，形成一大批像维维豆奶、森达皮鞋那样的拳头产品，打入国内外市场。近年来，苏南和东南沿海劳动力、土地成本不断上升，在区域经济结构调整升级中，劳动密集型产业有逐步外移趋势。苏北劳动力和土地成本在沿海地带是最低廉的，与苏北一海之隔的日本、韩国已成为我国劳动密集型产品的主要市场，苏北有条件大力发展外向型的劳动密集型产业。苏北东陇海铁路沿线有丰富的矿产资源，我国西部开发后，有大量能源、矿产通过陇海铁路东

输，可以充分利用，发展资源加工业。进一步改造现有工业，重点支持工程机械，电子仪表、能源电力、化工化肥、冶金建材等工业，带动相关产业发展。苏北沿海地带，要大力开发海洋资源，发展海洋生物、海洋化工、海洋医药等加工业。要抓住连云港核电站建设机遇和日本、韩国重化工业转移机遇，积极发展电力、石化、钢铁、造船、修船等临海工业，建设沿海重化工业基地。争取在“十五”或更长一段时期，苏北工业化得到加速推进，逐步形成现代工业的基本框架。

3. 建设大交通，构筑覆盖苏北、连通内外的现代化交通体系

苏北地处沿海和沿大陆桥两大国土开发轴的交汇部，区位优势明显。今后一段时间，按照构筑苏北地区交通主骨架要求，加快建设汾灌、连徐、徐宿、宿靳、宁靖盐等高速公路和新长铁路苏北段、通榆运河苏北段、淮河入海水道等工程，开工兴建沿海、宿淮高速公路等，苏北将形成沿海和沿大陆桥两大现代化综合交通体系。其中沿海交通走廊北接环渤海地区，南连长江三角洲，从而更好地接受苏南、上海、胶东等发达地区的经济辐射。沿桥交通走廊通向中西部腹地，苏北可以强化桥头堡功能，更好地参与西部大开发。苏北的区位优势因交通设施的完善而能得到进一步发挥，以促进经济发展。与陆上交通相比，苏北海洋交通还很薄弱。苏北之所以成为东部沿海的“经济低谷”，一个重要原因是沿海港口建设滞后。广东、山东等沿海发达省份平均几十公里长的海岸线就有 1 个港口，而苏北千里海岸长期只有连云港 1 个海港，因此经济封闭，对外开放和经济发展远远落后于别人。苏北与日本、韩国等发达国家隔海相望，正如长江大桥是江苏南北交通联网的关键工程一样，沿海港口也是苏北扩大对日、韩等发达国家交流的“跨海桥梁”，亟需加快开发。建设苏北海

港，首先要扩大连云港的港口运输能力，推进深水码头建设和深水航道改造，开辟外海深水港区。积极开发建设大丰港、灌河口港、中山港、射阳港等，形成沟通日本、韩国和亚太地区的“跨海桥梁”，促进区域经济对外开放。

4. 实行大开放，全方位扩大对外经济联系与合作

苏北的全方位开放可分为几个层次：一是对“县外”、“市外”的开放。要确定“县外就是外”、“市外就是外”的观念，面向县外、市外广泛开展多渠道、多形式的招商引资，尤其注重吸引个体私营投资者来苏北投资经营，形成多种所有制经济相互竞争、共同发展的新格局。二是要加强与省内苏南、苏中地区的区域合作，实现共同发展。南北合作是推进苏北发展的重要条件，要强化苏北5市与苏南5市的市一级挂钩合作关系，完善省级机关、科研院所、企事业单位、苏南和苏北各县“五位一体”的挂钩帮扶体制，在区域合作中寻找发展机遇。三是主动接受长江三角洲、环渤海等发达地区的经济辐射。苏北邻近上海、浙江、胶东、辽东等沿海经济发达地区，近年来相互间经济交流逐步发展。在沿海高速公路、新长铁路等南北通道建成后，要进一步扩大对这些发达地区的开放，主动接受这些发达地区的经济辐射。四是抓住西部大开发机遇，依托亚欧大陆桥通道与西部地区加强交流合作，把苏北建成西部对外开放的桥头堡和出海口，促进苏北和西部共同发展。五是以日本和韩国为主要对象，积极参与东北亚国际合作。日本、韩国是最接近苏北的发达国家和新兴工业化国家，苏北与之隔海相望，在历史上有传统的联系，在经济上互补性很强，因此要发挥接近日、韩的地缘优势，以日、韩为对外开放的主攻方向，积极参与东北亚国际合作，逐步扩大对亚太地区的开放。

5. 搞活大流通，增强中心城市的集聚辐射功能

苏北处在东进西出、南下北上的有利区位，搞活大流通、发展对内对外经济交流的条件十分优越。徐州号称“五省通衢”，是重要的商品、物资和人员集散枢纽和苏鲁豫皖交界地区最大的中心城市。连云港不仅是新亚欧大陆桥的东桥头堡，而且是我国沿海铁路、高速公路与新亚欧大陆桥交汇的重要枢纽。要发挥徐州发展大交通、大流通的比较优势，扩大对外商品、资金、技术、信息、人才等对外交流，增强徐州作为苏鲁豫皖接壤地区中心城市的集聚辐射功能，大力构筑徐州都市圈。连云港要积极呼应国家“西部大开发战略，加强与中西部沿桥腹地的联系与合作，促进新亚欧大陆桥东桥头堡的建设。进一步提升淮安、盐城、宿迁的城市功能，使之尽快成为地区经济中心和商贸中心。要打破城乡分割体制，发展各种形式的城市经济联合与分工协作，改变二元经济结构，推动城乡经济共同发展，加快苏北的城市化进程。

6. 加快民营经济发展步伐

加快发展个体私营等民营经济以及股份制、合作制等混合经济，加紧国有经济的战略性调整和国有企业的改组改造改制，进一步促进本地区所有制结构的调整、优化，努力形成与全面建设小康社会相呼应的、民营经济作用显著增强的经济发展格局。

下　篇

第九章　结构调整的技术创新基础

经济结构战略性调整作为新世纪初叶江苏经济发展的主线，它的实施及其成果的形成、巩固与扩张，离不开相关政策、条件的配合、支持。因此，实施经济结构战略性调整，不仅需要大力推进产业结构、城乡结构、区域结构以及社会所有制结构的深化调整，而且还需要一系列相关政策与条件的进一步配合与支持。本篇的中心任务就是致力于结构调整的相关配套政策与条件的分析研究，包括促进结构调整的技术创新基础、投融资策略、地方财政政策、收入分配调节以及社会保障制度等。

第一节　技术创新：结构调整的技术基础

一、技术创新的基本内涵

技术创新是1912年美籍奥地利经济学家熊彼特在《经济发展理论》一书中首次提出的。它的基本含义是指与新技术（包括新产品和新工艺）的研究、开发、生产及其商业化应用有关的经济技术活动。任何在工艺上和产品上的改进，并使其成功地引入生产使之商业化，都叫技术创新。技术创新是使信息或知识转化为新产品、新工艺、新服务的过程。技术创新又是一种能力，技术创新从本质上讲是一种理念。开展技术创新项目的基本原则是“从后向前做起”。技术创新属于经济范畴的问题。知识经济的本质特性就是创新，知识经济时代企业竞争是创新速度的竞争。

二、技术进步是实现结构调整的重要途径

进入20世纪90年代以来，国际经济结构和国内外市场发生很大变化。我国告别短缺经济，出现了阶段性、结构性的相对过剩，经济结构和企业内部长期积累下来的深层次问题逐步显现出来。加入WTO以后，国外大企业全面进军我国市场，企业所面临的压力和挑战使得实施技术创新、推动产业升级非常紧迫。新世纪新阶段正是经济结构战略性调整的重要时期，面对结构性、阶段性过剩和人口、资源、环境等因素的制约，“十五”及其以后一段时期调整经济结构的任务十分艰巨。结构调整将主要依托技术进步，发展高新技术和新兴产业，改造传统产业；淘汰落后生产能力，推进经济增长方式向集约化方向转变，实现产业结构的优化和升级，全面提高国民经济整体素质；开拓新的发展领域、扩大就业；节约资源，保护环境，实现可持续发展。

科学技术将主导未来经济的发展。以信息、网络、生物、新材料和新能源等高新技术产业迅猛发展为标志的新经济，将在21世纪逐步成为世界经济的主导。新技术革命的突飞猛进，导致世界经济发展对技术进步的依存度日益增强，目前，世界500强公司拥有全世界每年产生70%以上的新技术，高新技术产业将成为世界经济竞争的制高点，技术创新是世界各国走向现代化的必由之路。顺应当今科技经济发展潮流，牢牢把握科学技术是第一生产力，才能为经济发展不断提供巨大推动力量，使江苏在未来激烈的竞争中获得新的发展空间。国内买方市场已经形成，宏观环境发生了根本性变化，短缺经济和依赖数量扩张为主的发展阶段已经结束，阶段性、结构性生产过剩局面的出现，标志着工业经济正进入以需求约束为主、依靠整体素质提高拉动经济增

长的新阶段，技术进步成为经济发展和结构调整的主要动力，经济增长更加依赖科学技术发展，对知识或智力资源的占有、配置和运用已经成为经济发展的重要依托，综合国力竞争将更加依重科技进步和技术创新。一方面科技成果的产业化速度日益加快；信息技术、数字技术、生物技术以及新材料等高新技术的广泛应用带来了新兴产业蓬勃发展，高技术对世界经济增长的贡献，由1995年的51.9%，提高到1999年的74.8%；另一方面高新技术在传统产业中广泛应用和渗透，加快了传统产业的结构调整和技术升级。这就迫切要求我们围绕经济结构战略性调整这条主线，紧紧依靠技术进步，推进经济增长方式由粗放型向集约型方向转变，实现产业结构的优化升级，全面提高经济的整体素质。

三、技术创新必须以推动产业结构优化升级为宗旨

技术创新为产业技术升级和结构调整提供技术支撑。国家"十五"及技术创新规划强调，要开发和掌握一批对国家经济发展和经济安全具有长期影响的国家战略技术，开发一批对重点产业、重点区域具有重要影响的产品和技术，形成一批具有自主知识产权的关键技术，使企业技术创新能力和竞争力显著增强。在重点行业、重点企业、重点产品和重点工艺、重大技术装备上有重大技术突破，部分接近或达到同期国际先进水平，技术进步对工业经济增长的贡献率达到45%以上，高新技术产业产值年平均增长率由目前的28%提高到35%以上，增加值占GDP比重由目前的1.7%提高到3%以上；传统产业技术水平有较大提高，基本淘汰高耗能、高污染的落后生产工艺。开发产业关键和共性技术，促进传统产业的技术升级和高技术产业发展。紧紧围绕国内外市场需求，调整产业结构，淘汰高能耗、高污染的落后生产工艺和装备，组织力量重点攻关，在一些重要行业形成一批重大

的关键的平台技术，开发一批市场前景好、产业关联度大，对国民经济发展能起到显著推动作用的关键技术、共性技术，使我国支柱产业的主要技术和重大装备技术达到发达国家20世纪90年代中、后期水平，其中部分技术具有自主知识产权，并进入世界先进行列。围绕增加品种、改善质量、节能降耗、防治污染和提高劳动生产率，鼓励采用高新技术和先进适用技术改造传统产业，带动产业结构优化升级，加快工业增长方式的转变。提高工业产品开发和深加工能力，优化产品结构。大力振兴装备制造业，提高先进技术装备的设计、制造和成套水平，增强能力。综合利用经济、法律和必要的行政手段，淘汰落后工艺和技术，压缩过剩的生产能力，优化产业结构，提高产业技术水平。大力支持高技术产业的发展。根据国家的产业政策和产业技术政策，重点支持软件、数字化技术、新材料、中医药、生物工程、先进制造技术、环保技术，以及企业信息化等领域的研究开发和技术创新，原国家经贸委将组织安排一批示范工程和重大专项。

依靠技术创新进行结构调整必须处理好采用先进适用的技术和高新技术改造传统产业的关系。结合国情、省情，应当对用高新技术和先进适用技术改造传统产业给予更多关注。以结构优化和产业升级为目标，以企业为主体，以信息化带动工业化为主要途径，以提高技术创新能力为核心，以我国加入世贸组织为契机，政府引导与市场导向相结合；充分利用两个市场、两种资源，按照有所为、有所不为的原则，有选择地发展一批高新技术产业，力争在关系国家经济命脉和安全的重点领域提高自主创新能力，拥有自主知识产权；加快利用高新技术和先进适用技术改造传统产业步伐，实现产业技术水平和创新能力的跨越式发展，为培育新的经济增长点和产业结构优化升级提供技术保证。

第二节　技术创新的成功实践与经验

改革开放二十多年，特别是“九五”计划以来，江苏大力实施“科教兴省”战略，突出加快高新技术产业化步伐，大力推进技术创新和制度创新，积极探索新形势下企业技术创新的新路子，企业技术创新取得了新进展，为拉动经济增长、优化结构、增强发展后劲、提高竞争能力发挥了重要作用。

一、以企业为主体的技术创新四大体系得以建立和完善

一是企业创新主导体系逐步形成。全省大力构建以“一站两中心”（企业技术中心、博士后工作站、博士后技术创新中心）为核心的企业技术创新体系。“九五”末，全省建成省级以上“一站两中心”总数达147家。现已成为全省企业技术创新体系的核心和主导载体。二是产学研联合创新支撑体系得到深化。江苏产学研联合方式逐步由以成果转让的松散型方式，向联合开发和科技经济一体化的紧密型方式转变，真诚合作、优势互补、互惠互利、风险共担、利益共享的产学研合作新机制正逐步形成。无锡市、泰州市积极开展技术创新试点，国家技术创新试点企业春兰集团公司和小天鹅公司，以及本省确定的首批10家技术创新示范企业，对全省企业技术创新发挥了良好示范和带动作用。三是以城市为依托的技术创新服务体系建设获得新进展。坚持政府宏观指导，坚持面向中小企业，坚持运用市场经济的手段，逐步建立面向全社会、开放式的网络化技术创新服务体系。按照社会化经营、市场化运作、企业化管理，充分发挥投资担保、技术市场、招标投标、咨询评估、工程监理、信息服务等社会中介服务机构的作用。开展高新技术风险投资，省财政出资建立了6.5

亿元的科技发展风险投资基金，南京、苏州、南通等市也都出台了高新技术风险投资基金的管理办法，目前全省专业性风险投资公司已经发展到5家，各类风险投资总规模已达到15亿元，风险投资的运行机制和环境得到完善，并且积极探索面向中小企业的投融资担保机制。在原国家经贸委领导下，江苏镇江市在国内率先建立了与国际接轨、规范操作的中小企业信用担保中心，服务于企业技术创新、创业、人才开发和资金融通。许多市（县）通过财政投入和社会融资、合伙投股等多种方式建立了投资担保机构，为企业技术创新项目融资打通渠道，一定程度上缓解了中小企业特别是科技型企业融资难的问题。目前南京市已有各类担保公司10家，该市还采取由财政出资，民营企业入股的方式，建立了民营科技企业贷款担保基金，并已为36个项目提供了贷款担保。建立以城市为依托的创新服务体系。南京、南通、无锡、苏州等市通过建立中小企业促进中心、科技创业服务中心、大学科技园以及留学人员创业园，逐步形成以城市为依托的创新服务体系，为企业技术创新提供服务，并取得了一定成效。江苏正积极筹备省技术创新促进会，以促进企业（尤其是中小企业）增强技术创新能力，促进产学研联合，尽快发挥政府联系企业、高校、科研院所的桥梁和纽带作用。四是技术创新的政策法规体系得到强化。这一系列措施有效地推动了全省高新技术产业的发展。

二、技术创新对结构调整的支持作用越来越明显

“九五”期间，全省围绕推动电子信息、生物制药、新材料三大领域的高新技术产业化，以及推动传统产业的高新技术化，确定了12类战略性龙头产品，组织实施了50个重点企业技术创新项目，全省企业技术创新工作登上了一个新的台阶。高新技术产业化步伐加快，运用高新技术改造提升传统产业也取得新的成

效，企业技术创新为结构调整和经济发展提供了强大动力。

（1）产品技术水平得到显著提高。“九五”期间，全省每年组织实施省级以上重点技术创新项目300多项，开发市级以上新产品8000多项，2000年全省高新技术产业增加值占全部工业增加值的17%，新产品销售率达到24.2%，高新技术产品出口量占全省对外贸易总量的20.8%。开发市级以上新产品8000多项，新产品销售率达到24.2%，结构调整力度加大，产业升级步伐加快。为今后进一步推进全省企业技术创新工作奠定了良好基础。

（2）高新技术产业化步伐明显加快。电子信息、生物制药、新材料等重点高新技术产业化步伐加快。2002年，全年高新技术产业增加值占全部工业增加值的比重较上年提高2个百分点。电子信息、生物制药、新材料等重点高新技术产业获得长足发展，全省科技进步对工业经济增长的贡献率达40%以上。全省开发市级以上新产品中国家级新产品160项，继续保持全国前列。特别是电子信息产业中的移动通信、程控交换机、光纤通信、计算机和外部设备、数字化视听产品得到较快发展，电子信息产业占全省工业增加值比重由“八五”末的2.42%上升到2000年的8.4%。

（3）高新技术改造传统产业取得新进展。全省大力推广应用新技术、新工艺、新装备和新材料，全省70%以上的主要产品通过技术改造实现了升级换代，2000年全省新产品产值率达到24%。目前全省工业企业主要装备的新度系数为70%左右。企业主要生产装备中20%以上达到了国际20世纪90年代先进水平。机械行业大量采用数控机床和加工中心，CAD、CAM、CAPP得到推广应用，骨干企业CAD普及率已达90%，CIMS开始起步。电子信息产业中SMT技术及装备得到普遍应用。医药行业九十多条生产线通过国家GMP认证。丝绸行业自动缫拥有率为29.5%，比“八五”末提高了2.3个百分点；无梭比达到26.5%，比“八五”末提高了10.2个百分点。纺织行业无梭比达到10.6%，无结头纱比重35%，无梭布比重20%，分别比“八五”末提高了5.5、15和12个百分点。建材行业新型干法水泥产量比重为18.5%，浮法玻璃产量比重为95%，分别比“八五”末提高了11.5和25个百分点。冶金行业广泛采用精料、精炼、连铸连轧为代表的短流程工艺技术和环保节能技术，连铸比已经由“八五”末的73%上升到88%，比全国平均值高12个百分点，合金钢比由“八五”的5.8%上升到9.1%，优质钢比由22.7%上升到25.8%，型材连轧比超过50%。

总结近些年来技术创新工作的主要经验，主要有：(1) 坚持以企业为主体建立技术创新体系；(2) 坚持引导企业走开放创新之路；(3) 坚持示范引导以点带面；(4) 坚持不断提升产学研联合度；(5) 坚持面上营造优良技术创新环境；等等。

第三节 技术创新面临的形势、任务及对策

未来一个时期是我国经济和社会发展的重要时期，江苏技术创新工作的内外部环境发生根本性变化，面临新的形势和任务，迎来新的机遇和挑战。

一、技术创新面临的新形势

经济全球化步伐明显加快，技术创新已成为国际竞争的关键因素。20世纪90年代以来，国际经济格局发生了深刻的变化，经济全球化的趋势明显增强，由技术进步引发的产业革命正深刻地改变着人类社会经济和生活面貌，技术创新对经济增长的贡献日益突出，科学技术成为国际竞争的关键因素。发达国家在国际

经济新秩序形成过程中，仍处于有利地位，出于市场扩张的要求，在控制核心技术保持领先优势的同时，也以多种方式向发展中国家转移成熟技术和过剩生产能力。发展中国家既面临前所未有的巨大压力，也存在通过参与国际分工加快产业技术升级、发挥后发优势、实现跨越式发展的机遇。世界各国为取得更有利的国际分工地位，竞相调整产业结构与技术结构，对高新技术领域加大投入力度、扩大应用领域，加快科技成果转化为现实生产力的步伐，提升产业技术水平，以增强国际竞争力，占据二十一世纪经济竞争的制高点。经济全球化步伐明显加快，世界范围内经济结构调整加速。加入WTO后，我国经济进一步融入全球经济发展的大环境，经济国际化程度必将进一步提高，国内外两个市场逐步渗透与融合，使江苏企业面临新的发展机遇和严峻挑战，一方面，可以在经济全球化中获得更大的发展空间，实现资源的优化配置。对加快产业升级，发挥后发优势，实现跨越式发展带来有利机遇；另一方面，也使我们处于范围更大、对手更强的竞争环境，面临严峻挑战和巨大压力。加入世贸组织，产业发展置身于激烈的国际竞争当中。以加入世贸组织为标志，我国的对外开放进入一个新的历史阶段，国内经济与国际经济将进一步融合。这一方面为我们充分利用两个市场、两种资源，引进先进技术，参与较高层次的国际合作与分工创造了条件，另一方面也使得国内产业不得不直接承受来自国际的竞争压力。提高技术创新能力、加快高新技术产业化进程、加大对传统产业的技术改造力度、着力发展有竞争优势的产业技术，增强技术创新能力，是我国提高国际分工地位、全方位参与国际竞争的迫切要求。加入世贸组织也使江苏经济置于更为激烈的竞争环境之中。市场化进程的加快将对技术进步方式产生深远影响。二十一世纪前十年，是我国社会主义市场经济体制逐步完善的重要时期。市场化进程加快，市场在资源配置中的基础性作用将日益增强。技术创新主体、技术进步方式，都将发生根本性的改变。技术进步方式与经济运行方式的变革，将成为新时代的重要特征。制定和实施产业技术政策，必须适应这种深刻变化，处理好市场导向与政府引导的关系，使之相互补充、相互促进，营造出良好的市场环境。

二、面对新挑战技术创新存在的制约因素

从面对加入WTO后的新形势和新挑战来看，进一步提升企业技术创新能力还存在不少困难和问题。全省上下都在认真分析江苏经济增长乏力的原因，加大生产调度力度，也取得了一些成效。但应该看到，目前江苏工业经济增长缓慢，是竞争力不强的表现，是长期经济结构不合理、宏观经济增长环境欠佳、特别是企业技术创新能力以及产品市场竞争力不强的综合因素作用的结果。单纯从经济运行、生产调度、技术改造等浅表性问题入手，难以从根本上扭转江苏工业经济增长乏力的状况，也难以保证江苏工业经济持续增长，必须把支持企业技术创新的有效措施落到实处，必须分析和解决影响全省工业经济增长的带有根本性和深层次的问题。

就企业技术创新能力层面看，主要表现为“四个不到位”。一是对企业对技术创新主体的认识不到位，企业在技术创新中的主体地位尚未真正确立起来，围绕企业优化配置技术创新资源也还有待加强。二是超前性研究开发和技术储备不到位，已建立“一站两中心”的企业大多只有2～3年的超前开发能力，普遍缺少拥有自主知识产权的核心技术，对引进技术的消化、吸收和“二次创新”也很不够。三是技术创新资金投入不到位。目前江苏企业研发经费投入占销售额的比重平均只有1%左右，少数好的企业也只有3%～5%，与上海、广东及深圳等省市相比差距

较大。四是技术创新服务体系不到位。信息、技术、投融资等方面服务体系建设还不适应技术创新的需要，产学研“两张皮”问题尚未根本解决。

就更深层进行分析，主要存在如下问题：一是组织力度不够。省市有关部门职能分割交叉，难以形成合力；各级财政对企业技术创新的支持力度明显不足，与江苏在全国经济总量的位置极不相称。二是创新创业宏观环境仍然存在缺陷。人才外流现象依然存在；政策法规体系支撑力度不够，风险投资机制与上海、北京等省市相比存在明显差距；产学研结合的机制尚未真正建立起来，特别是高校亟待转变观念，需要机制创新，政府有效引导手段也不够。三是产品“技术门槛”相对较低。优势不明显，从根本上讲缺乏高新技术品牌产品，大部分企业的产品“技术门槛”相对较低，缺乏自己的核心技术，相关企业易于跟进，产品市场难以得到保障。四是缺乏适应现代市场经济、市场国际化经营能力的企业家。企业法人难以担当发挥“科学技术是第一生产力”、“技术创新是第一推动力、人才是第一资源”的组织、使用的角色与职能作用。五是企业缺乏整合全社会生产、技术等资源的意识和能力。企业普遍习惯于原有计划经济条件，整合和运用企业内部资源的思路不适应当前市场化进程加快、经济国际化进程加快的新形势和新要求。许多企业仍然习惯于以我为主、为我所有，宁做鸡头，勿当牛尾，未能从根本上实现经营观念的大转变。不善于利用虚拟制造的方式组织生产，难以规避市场变化快的风险，产品、产业结构一旦形成也难以更替。计划经济条件下形成的“小而全、大而全”的思想根深蒂固，许多企业每谈生产，就是生产能力、生产装备、生产线。企业过多地依赖设备，忽视对技术、人才的消化吸收。六是企业投融资体系不够顺畅。特别是风险投资事业的发展大大落后于企业技术创新与科技成果转化的需求。当前北京、上海以及浙江等省市这方面发展大大超前于江苏，政府组织作用不力，政策法规滞后是一个重要因素。七是政策环境支撑杠杆作用不强。现在基层和企业普遍反映，江苏目前在政策上、环境上与浙江、上海等省市难以对比，就企业技术创新财政扶持力度来讲，江苏只有上海1/20，不及黑龙江、辽宁，甚至西北省份，令人不可思议。

三、加速推进技术创新的基本思路和政策措施

1. 基本思路

适应加入WTO的新形势，以市场为导向，以结构调整为主线，以企业为主体，坚持有所为和有所不为，坚持以信息化带动工业化，坚持技术创新与制度创新有机结合，加快推进高新技术产业化，加速运用高新技术和先进适用技术改造提升传统产业，逐步建立具有江苏特色的技术创新体系和技术创新运行机制，从根本上提高江苏工业经济综合实力和竞争能力。

坚持“四个结合”，加快建立“四个体系”。坚持四个结合，即坚持面上营造环境与点上整合资源相结合；坚持高新技术产业化和传统产业高新技术化相结合；坚持依靠企业自身技术力量与产学研联合相结合；坚持自主创新与引进消化吸收相结合。建立四个体系，即以企业为主体的技术创新主导体系；以产学研为纽带的技术创新支撑体系；以城市为依托面向中小企业的技术创新社会服务体系；以营造优良环境为特征的技术创新政策法规体系。

2. 重点和方向

“十五”期间及以后，全省企业技术创新工作围绕“两个重点”、主攻“四方面技术”、实现“四个标志性目标”。围绕“两个重点”：即推进高新技术产业化和运用先进适用技术改造传统

产业。主攻“四方面技术”：即培植形成新的经济增长点的高新技术；攻克关联性强、制约产业总体技术水平提高的关键技术；解决通用性强、应用领域广泛，在经济发展中发挥基础作用的共性技术；推广有利于改造传统产业，提高产品水平和档次的先进适用技术。实现“四个标志性目标”：即部分高新技术在国内外市场占居领先地位；现有主要产业中的关键技术基本达到国内先进或国际同期水平；主要行业具有一定的产品技术自主开发和自主创新能力；形成一批重点产品开发和生产基地。

一是大力推进高新技术产业化。抓住世界科技革命迅猛发展的机遇，有重点地发展高新技术与高新技术产业，实现局部领域的突破和跨越式发展，逐步形成江苏高技术产业群体优势。要重点发展信息技术、生物工程技术、先进制造技术、新材料技术、新能源技术、海洋技术等。坚持有所为，有所不为，重点发展数字通信、微电子、计算机及网络、生物工程、纳米等新材料、先进制造、环保、新能源等技术，形成电子信息制造业、软件、生物工程及新药、新材料等4个高新技术产业群。

二是加快高新技术改造提升传统产业。在机械、冶金、石油、化工、轻工、纺织、建材、交通运输等8个传统产业中，广泛应用信息技术、先进制造技术、先进管理技术。重点推广计算机辅助设计（CAD）、计算机辅助制造（CAM）、计算机辅助工艺设计（CAPP）、计算机集成制造系统（CIMS）、企业资源计划（ERP）等技术，提高产品的设计开发能力和生产过程管理水平。推广应用生物工程、新能源和高效节能降耗、新材料、机电一体化、清洁生产等行业共性和关键技术，促进节能降耗、减少污染排放，提高劳动生产率，使传统产业向深加工、精加工、高技术和低消耗、低污染方向发展，提高产品的技术含量和附加值，从根本上提升竞争力。

3. 政策与措施

（1）实施核心竞争力创新战略。随着我国市场经济的发展和国际竞争的日益激烈，在技术上的投入越来越大，靠买技术取得竞争优势就成为不可能，占领技术制高点，换取较少的资源投入和获得较大的效益成为企业经营的关键。因此，公司高层领导把技术创新摆在公司经营的战略位置已经成为当代的发展趋势，这是现代经营的一个明显特征。在经济全球化的条件下，企业经营理念已经把生产、营销重点转向企业的技术创新战略，企业必须增强自身的竞争优势，必须在企业内部储备不断进行技术创新的潜力，并不失时机地将这些潜力转化为竞争力的畅销产品与成果。企业要实现从生产经营型向研究开发型转变，根本提高企业的竞争力，必须确定企业技术创新战略，优化市场定位目标和不断积累企业特有的知识，要根据企业自身实际和不同需要，从不同角度研究制定技术领先战略。海尔集团围绕企业的发展制定了国际化、标新立异、用户满意、市场集聚4大发展战略，围绕做大做强主业、扩展企业规模、增强技术创新能力、完善技术创新机制、开发人才资源、树立技术品牌等作出了战略规划，一步一个脚印成长壮大，海尔的成功经验值得江苏学习借鉴。

核心能力的形成是企业资源积累的发展过程，通过资源长期开发、积累，最终建立起企业特有的能力。其特征一是独特性，是企业特有的，是别人难以模仿的；二是增值性，能够为公司或用户提供更多的价值，是动态的，是企业的资源长期积累的结果；三是延伸性，是多种能力的综合，能够为企业衍生出一系列的产品或服务。技术创新能力是企业产生新思想（新概念）并运用研究与发展、营销和工程化实现新思想以促进、支持技术创新战略的综合能力。其特征，一是独创性；二是商品化，能够赋予其一定的市场价值，符合消费者需求；三是系统性，需要研究开发、生产、营销等多种功能的配合。企业竞争的关键在于不断创造出新的技术，并培植、提高运用技术的能力，使研究与开发的成果尽快转化为市场需求的商品，不断提高企业的竞争力，产生和积累企业特有的技术，包括发展技术创造的能力，是一个成功企业的本质特征。因此，技术创新能力是企业核心竞争力的重要组成部分。

虽然核心能力的选择与建立是一项十分复杂的系统工作，但核心能力是企业的安身立命之本，一个企业没有核心能力就难以在激烈的市场竞争中有立足之地。当前企业要抓紧研究如何树立正确的创新理念、制定符合市场需求的技术创新战略。在此基础上，一是要建立健全企业的技术开发体系与运行机制，加大研究开发投入，建立技术开发投入机制。二是要广泛利用科技资源，广泛开展产学研联合，充分发挥我国科技资源的优势，建立以企业为主体的技术创新机制，增强企业竞争力。三要多与国外企业进行交流，与国外企业开展多种形式的技术合作，包括共同建立技术开发中心。四要建立吸引人才、稳住人才的机制，要把分配搞活，充分引入竞争机制，使科技人员的报酬逐步与他的贡献和市场价位靠近，使大企业能够稳住人才、吸引人才。五要围绕市场，加强成果转化，既要会把钱变成技术，又要会把技术变成钱。

(2) 实施企业主导战略。坚持“高起点、高层次、高水平”的原则，加速形成面向市场、有利于自主创新、有利于充分调动和广泛利用各种资源的企业技术创新的组织体系和运行机制。鼓励企业加大技术中心投入力度，加快研究开发基础设施建设和关键技术的超前研究，占领技术制高点。抓好技术创新试点及示范企业工作，总结交流企业试点工作的经验，引导和支持企业加强技术创新战略研究，积极探索技术创新与体制、机制创新相结合的有效途径。促进大中型企业（集团）成为技术创新的骨干力量；对具有自主知识产权、产品附加值高、发展潜力大的成长型企业给予重点扶持。支持民营科技企业的发展，鼓励它们通过公平竞争，争取承担国家和省技术创新项目，培育一批民营科技企业中的技术创新的示范和典型。构建技术创新的环境，引导和扶持以企业为主体的技术创新体系建设，建立为企业服务的技术创新中介服务体系，建立产业技术创新基地和促进产学研联合，促使企业成为技术创新的主体。

（3）实施整合社会资源战略。大力推进产学研联合，建立技术创新支撑体系。形成以产学研联合为纽带的科技成果转化体系；以产业技术升级为重点，继续推动产学研结合，加速科技成果向现实生产力转化。推动企业与高等院校、科研院所以各种形式共建研发机构和产业化联合体，充分发挥和利用产学研结合的整体优势，集中力量对产业结构调整急需的共性、关键性技术进行联合攻关，实现技术的突破和跨越。推动产学研合作向深度和广度发展，在继续支持一批重点产学研合作开发和技术转移项目的同时，探索多种合作与联合的模式，鼓励产学研各方在共同开发关键平台技术、联合研究制定新技术标准、联合培养科技和管理人才、互相兼职等方面进行大胆的探索。以企业为主体，以资产为纽带，加速建立起参与广泛、利益共享、风险共担的产学研联合新机制。大力支持技术创新社会服务体系的发展，建立为企业服务的技术创新中介服务体系，推进技术创新中介服务机构的改革和发展，积极整合和支持现有技术开发、推广机构，使其成为技术创新服务的中坚力量；进一步发挥和拓展中介机构的职能，逐步建立面向市场、主要为中小企业服务的技术创新服务中心，逐步形成符合市场经济规律的运行机制、社会化、网络化的技术中介服务体系。当前，特别需要加快建立面向中小企业、开放式、网络化的技术创新社会服务体系，如建立省技术创新促进会和省技术创新服务中心，发挥好技术创新中介服务作用，拓宽服务领域，提高服务水平，成为政府联系企业、高校、科研院所的桥梁和纽带，促进企业尤其是中小企业增强技术创新能力，促进产学研联合，提高企业的市场竞争力；建立和完善各类投资中介机构，推动投资担保、技术市场、招标投标、咨询评估、信息中心、会计审计等中介机构按照国际惯例实行社会化经营、市场化运作、企业化管理；大力推进担保业的发展，探索政府与企业、银行和民间合作投资，试行信用联保、会员制新的运作方式；大力发展风险投资。引入市场竞争机制，吸引鼓励企业、金融机构、个人、外资推动和参与风险投资。扩大各类产业投资基金和风险投资基金，提高风险投资基金对高新技术项目的投资比重。选择一批技术含量高、附加值高、市场潜力大的高新技术项目向国外风险投资基金开放；探索开展无形资产保险业务。积极拓展技术创新投入的保险业务，拓宽向高科技项目或产业的投资提供保险服务的品种和范围，提高技术创新成果的成交率，调动企业采用技术成果的积极性。

(4) 实施制度创新与技术创新并举战略。推动“两个创新”紧密结合，激发企业技术创新的内在动力。深化科技体制改革，形成符合市场经济要求和技术创新规律的新机制，优化科技资源配置，推动科技资源参与产业结构调整，促进科技与经济密切结合。引导企业加大产权制度改革力度，深化分配制度改革，鼓励资本、技术等生产要素按贡献参与分配，大胆探索技术资本化、资本人格化的实现途径和方式，通过经营者和科技人员入股，具有自主知识产权的技术作价等办法，采取年薪制，股权奖励，风险抵押等办法，对企业技术骨干形成有效的激励和约束机制。鼓励和吸引民间资本进入竞争性产业领域，引导和鼓励国有经济与其他经济成分的联合，实现投资主体多元化。建立适合社会资本参与的技术创新项目库。构筑风险投资结构平台，调动民间资本参与风险投资。以部分政府资金作为引导，有机地整合上市公司、社会法人资本、高科技中小企业、风险投资机构、金融证券机构、境外投资等社会资源，构筑投资平台，探索投资新模式，培育引导，逐步推广，发挥示范作用。

(5) 实施信息化带动工业化战略。在全省企业技术创新中高度重视推进信息化，充分发挥信息技术对各行业的渗透作用，以信息化带动工业化。大力运用信息控制技术和电子信息产品改造提升加工工业的过程控制水平，用嵌入式软件技术提升产品智能化水平，用信息化手段提高企业技术开发流程的效率和水平，用信息网络技术改造提升企业资源管理系统和管理信息系统。大力推进企业充分利用网络资源，逐步推动企业实施网络化制造、虚拟生产，提高企业适应快速多变市场的能力，开展企业上网工程，实施信息化示范工程，树立行业企业信息化示范典型。加大信息化带动工业化的资金投入，在新产品开发、产学研联合、企业技术创新机构建设、财税优惠政策落实、技术创新项目安排等多方面向企业信息化倾斜。

(6) 实施构筑人才新高地战略。大力引进和培养人才，围绕技术创新能力和核心能力培育，着力提高技术人员素质，培养高层次技术带头人。鼓励企业开拓引智渠道，充分利用好海内外人才资源，吸引他们为江苏的技术创新和高新技术发展提供知识、技术和信息。强化利益分配的激励约束机制，建立符合技术创新需要、收益与风险相匹配、形式多样、自主灵活的分配激励机制。建立健全对企业技术人员的考核办法，促进竞争机制的形成。积极创造工作与生活条件，倡导容得下人、留得住人、容忍失败，大力营造有利于鼓励各类人才技术创新的良好氛围。

第十章　结构调整的投融资策略

第一节　结构调整对投融资发展的要求

经济结构的战略性调整是江苏经济在新世纪面临的一项重大任务，而这整个过程的实施则离不开各种投资的行为以及大量资金的融通与支持，这就要求江苏的投融资政策必须发挥配套作用，在结构调整的整个过程中给予有力的支持，以帮助完成新世纪这一艰巨的任务。

改革开放二十多年来，江苏的投融资为促进其经济增长作出了巨大贡献。这里采取经济计量的方法对 1979～2000 年期间投融资对江苏经济增长的贡献进行宏观测度，采用的是 Cobb-Douglas（柯布-道格拉斯）生产函数模型。

C-D 函数模型的一般形式是：$Y = cK^{\alpha}L^{\beta}e^{\delta \cdot t}$

其中，Y 为国内生产总值，K 为投融资的形成额（这里以资本形成总额代替），L 为劳动力的投入，t 为时间变量，δ 为科技进步率。

模型中投入产出要素的具体取值：（1）国内生产总值（Y）与资本形成总额（K），直接采用现有的统计数据（1979～2000 年），见历年《江苏统计年鉴》，并按商品零售价格指数进行缩减，从而转换为按 1978 年不变价格计算的数值，以剔除物价因素对测算结果的影响。（2）劳动力（L），直接采用《江苏统计年鉴》1979～2000年的统计数据。(3) 时间变量 t 的取值对应1979～2000年为1～22。

根据上述样本数据，利用经济计量模型 Eviews 3.0 软件对模型进行估算，结果如下：

$$LOG(Y)=12.3836+0.5298LOG(K)-1.1514LOG(L)+0.0482t$$

(13.5988)　(10.4895)　(−9.0996)　(8.8657)

$R^2=0.9989$　DW=0.89

资本形成总额对国内生产总值的贡献为：EK＝(0.5298×12.76%)/10.24%＝66.02%(12.76%和10.24%分别为资本形成总额与国内生产总值的年均增长率)。

由回归的结果可以看出，1979年以来的二十多年间，投融资对促进江苏的经济增长作出了巨大的贡献，其贡献率高达66.02%，远远超过了劳动力和科技进步对经济增长的贡献。由此可见，新世纪江苏经济的发展和经济结构的调整仍是离不开投融资的鼎立支持的。

虽然投融资为江苏经济的发展作出了巨大贡献，但其本身仍然存在一些亟需改进的问题。通过对江苏经济文献的研究和对徐州、连云港、扬州、南通、苏州、无锡六市的实地考察，我们发现目前江苏的投融资方面主要存在以下的问题：在投资方面，主要是政府行政干预过多，投资的结构不优，存在盲目建设和重复建设，投资效率不高，投资形式单一的问题；在利用外资方面，苏北的民间资本、外资投入比重小，尚未形成社会化的投资运行机制，苏南利用外资的比重较高，但利用外资的水平还有待于进一步提升。在融资方面，苏北普遍存在融资难的问题，苏南则缺乏为配合个私经济发展而建立的机制更为灵活的中小金融机构；企业融资仍主要依靠银行贷款（即间接融资），而利用资本市场进行直接融资的较少，另外，阻碍投融资发展的国有企业改制、国有银行商业化、资本市场规范化等一些机制方面的问题还有待于进一步改善。苏南投融资的环境和发展形势总的来说要好于苏北和苏中，投融资的区域差别较为明显。

鉴于投融资对江苏经济增长所作的巨大贡献，新世纪在江苏经济结构调整的过程中投融资仍将发挥重大作用，而目前投融资存在的这些问题将会阻碍其顺利发展，进而阻碍江苏经济结构的调整。因此，要使投融资在江苏经济结构调整中真正发挥其应有的作用，就必须要正视这些问题，并找出解决的措施，使投融资的发展趋利避害、扬长避短，更好地支持和促进江苏经济结构的调整。

第二节　促进结构调整的投资策略

一、建立健全投资项目的法人责任制及注册资本金制度

在市场经济条件下，企业只有成为真正的投资主体，才能适应市场竞争的客观环境。而企业要成为真正的投资主体，除了须具有自主投资的权力和能力外，还须具有规范其行为的投资责任约束机制，以避免其对项目的盲目投资和重复投资，这些投资责任约束机制包括项目法人责任制和项目资本金制度。

按照中央提出的要“全面推行建设项目法人责任制”的要求，国家计委研究制定了《关于实行建设项目法人责任制的暂行规定》，对项目法人的组织形式、职责、干部的任命、奖惩措施及对项目法人的考核办法等做了新的规定，并明确要求今后新上基本建设大中型项目，在项目建议书批准后，应及时组建项目法人筹备组；在申报项目可行性研究报告时，须提出项目法人的组

建方案；在可行性研究报告批准后，正式成立项目法人；凡不按规定成立项目法人组织的项目，投资计划主管部门不予批准开工，也不会安排年度投资计划；建设项目法人对项目的策划、资金筹措、建设实施、生产经营、债务偿还和资产的保值增值实行全过程负责。通过实行项目法人责任制，使投资项目从建设一开始就按现代企业制度的原则组建起规范的项目法人，对投资建设及投产后的生产经营进行全面负责，从而能够改变项目建设与企业经营脱节的弊端，建立起一种比较好的投资风险责任约束机制，加强对项目的规范管理。投资项目资本金制度，是指一项投资的发起人各方须按照投资总额的一定比例先认缴自己的应出份额，并以此作为注册资本金向工商主管机关申请登记注册，成立投资法人，该投资项目所需资金其余部分则以注册资本金担保，由投资法人向社会融资获得。同传统的投资体制相比，投资项目资本金制度形成了硬性的投资预算约束机制，即投资项目发起人只承担投资总额的一部分，且一次性缴清后不再承担出资责任；由于介入了社会融资，因而它能促使每项投资都注重经济效益，只有项目的未来收益折现后大于现在的投入，才能唤起人们的投资欲望，也才能募集到企业运行所需要的全部资金；投资项目资本金制度有利于增强企业稳定性并保障债权人的利益，因为注册资本金是企业存在的基础，资不抵债是企业破产的最低界限，而一旦企业资不抵债，即注册资本金被亏损侵蚀为零，就意味着企业经营者运营的全部是债权人的资产，债权人就有权利要求企业破产清算，从而达到保护债权人利益的目的。

二、调整和优化投资结构

1. 调整和优化投资的产业结构

我国在科技的开发和应用上都要落后于西方发达国家，江苏也不例外。据有关资料统计，江苏产业技术整体水平比发达国家至少落后15～20年。在以高科技为依托的新知识经济时代，谁能在技术竞赛中处于领先地位，谁就能稳操胜券。因此，加大对高新技术领域的投资和开发，对全国、对江苏都显得尤为迫切。

剖析江苏产业技术水平低的原因，并非科技开发力量薄弱，相反，江苏拥有众多知名院校和科研实体，可谓智囊如云、人才济济，科技力量相对来说是比较雄厚的。江苏产业技术水平低关键在于科技产业化的步伐较慢，科技和产业之间脱节。要解决这个问题，仍然是要进行一贯所倡导的“产、学、研”相结合，在明确了产业的发展方向后，加强科研开发，将科研机构与企业紧密相连，做到科技为产业而生、为产业所用，将科技渗透到产业的成果中去。在此过程中，政府部门的政策支持、金融机构的资金支持、中介机构的配合支持及金融市场的运作支持也是必不可少的。因此，在一定程度上，“产、学、研”相结合，实际上意味着官（政府）、产、学、研、金（融）、（中）介、市（场）七个方面的协调配合，意味着整个社会的参与与协调统一。

随着知识经济的来临，在21世纪江苏产业发展的必然趋势是向高科技领域倾斜，除继续发展壮大机械、电子、化工、汽车四大支柱产业外，主要是加速发展电子信息、生物医药、机电一体化和新材料等高科技产业；在农村则是要加快推进农业的产业化和现代化，积极发展如基因农业、太空农业、都市农业、网上农业和因地制宜的精细农业等的高科技农业。对此，首先是要加大投资力度，其次就是要动员全社会的力量，做到官、产、学、研、金、介、市配套结合，从根本上解决科技与产业相脱节的问题，使科技顺利产业化，从而提高江苏产业技术的整体水平。

江苏的传统工业普遍存在着设备陈旧、工艺落后、技术老化的现象。优化产业结构，除了加快发展高新技术外，还应注重运用高新技术和先进适用技术改造传统产业，提高传统产业的技术结构。毕竟，与开发新产业相比，对旧产业实施技术改造和升级所费成本比较低，而效果却是比较明显的，因此加强对传统产业及支柱产业改造升级的投资力度是完全必要的。

2. 调整和优化投资的区域结构

江苏区域经济发展的差异由来已久，虽然近年来差距有所缩小，但不平衡的现象依然十分显著。结构调整面临的一个极其重要的任务就是要促进区域经济共同发展。苏南的进一步提升，外商投资已有显著增加，今后重点是扩展民营经济投资。而苏中地区快速崛起，则要加快融入长江三角洲及苏南板块，引导长江三角及苏南等地资金过江投资。发展苏北经济，需要实施苏北大开发战略。苏北大开发需要巨大的投资，而苏北自身经济总量小，购买力大部分外流，其自身的积累不足，政府的投入亦是极为有限的，为此，苏北地区应积极创造环境，广泛开展招商引资活动，一方面继续吸引民间资本的参与，近年来，民营经济已成为苏北经济的新增长点和重要财源，在许多地方的工商税收中，民营经济贡献额已占到1/3以上，有的地方甚至占到2/3以上，实践表明，苏北经济发展的源泉在民力，活力在民营，希望在民间；另一方面要吸引外地生产要素向本地流动和富集，尤其是要注重国外资金和生产技术的流入。

三、鼓励民间投资，促成投资主体多元化

与传统体制下的国有企业投资相比，市场经济体制下的民间投资具有自我约束的内在机制，其以投资回报利益最大化为原则，因而注重投资收益与投资风险之间的权衡比较，这对于改善

投资结构，提高投资高级化进程具有一定的积极作用。

江苏的民营经济自“九五”以来一直呈现出良好的发展态势，已成为江苏经济中不可缺少的重要组成部分，为推动经济加快发展、拓宽就业渠道、增加财政收入、繁荣城乡市场和提高人民生活水平作出了积极的贡献，但与广东、上海、浙江、山东等省市相比，江苏民营经济发展还有很大的差距：一是在国民经济中的比重偏低；二是层次不高。私营企业大多分布于传统行业和劳动密集型行业，而新兴行业、科技和资金密集型行业甚少涉足。随着经济开放化程度的提高和政府职能的转变，民营经济将会发挥越来越大的作用。能否充分释放民间投资能量、发展好民营经济，将会对新世纪的经济发展和结构调整产生重要的影响。为此，政府应首先在政策上给予有力的支持，鼓励民间资本的参与，并对民营经济、国有经济和外资经济一视同仁，为民营经济的发展创造一个高效公平的投资环境和更加宽松的营运环境。其次，在民间资本的投向指导上，应鼓励民间资本投入高新技术产业、资金密集型行业，引导民间资本进入第三产业；在对民间资本的规范管理上，应突出求质，尝试建立民营企业之间的联合，组建大的集团公司，提升民营企业在国内外的竞争力。

四、提高利用外资的水平

2000 年江苏实际利用外资总额 65.95 亿美元，其中外商直接投资 64.2 亿美元，继续保持全国第二位，利用外资的质量、档次有所提高，资金和技术密集项目、基础设施和基础产业项目及跨国公司投资的项目都有所增加，涉外税收增长近 40%。外商投资的结构也逐步改善，实现了从第二产业向第一、二、三产业全方位投资的转变。2000 年来江苏兴办外商投资企业的有 70 多个国家和地区（含香港、台湾），22 个世界著名跨国公司来江苏投资的项目达24个，协议外资额4.5亿美元。

虽然江苏利用外资无论是在规模上还是在水平上都位居全国前列，但仍存在不足：首先，从总量上看，2000年江苏外商直接投资额虽较上年增长了0.3%，但实际利用外资总额却下降了0.7%；其次，从结构上看，江苏外商投资结构虽有所改善，但第三产业所占比重仍然很小，2000年外商在江苏直接投资仍以制造业为主，实际利用外资额54.39亿美元，占全部利用外资总额的82%，而第三产业实际利用外资额为8.78亿美元，仅占全部利用外资总额的13%。因此，江苏必须在继续加大吸引外资力度的同时，注意提升利用外资的水平。在加大吸引外资力度上，要善于把握世界产业转移热潮的时机，创造有利的招商引资环境，吸引更多、更高水平外资的流入，在引进外资上，各地应根据自身的产业基础和产业优势，找准本地的优势地位和引资的产业定位，有所引有所不引，避免盲目竞争和过度竞争。在提升利用外资的水平上，要继续优化外商投资的结构和领域。鼓励参与国有企业改革、向高新技术产业投资和向服务业投资。在地域上，采取优惠政策，积极引导、鼓励向苏中、苏北地区投资，利用其先进的技术水平、管理经验和营销理念带动苏中、苏北地区经济的发展。

第三节 促进结构调整的融资策略

一、发挥投资银行在企业改制中的作用

投资银行是资本证券市场上通过资本运作经营企业的金融企业，其业务领域涉及证券承销与交易、并购、基金管理、风险资本、信托业务、咨询服务等创造收入的业务，以及帮助企业内部

筹资、研究分析、信息服务等辅助性业务。由此可见，在企业的资产重组、兼并收购活动中，投资银行具有不可替代的作用。

目前，我国资产重组已经发展到一个新阶段，并初步形成三种模式：一是以实现资产并购为目标的资产重组；二是以实现合理的资产负债比率为目标的资产重组；三是以股权转换为目标的资产重组。基于投资银行在人才、信息、专业化技术和技巧等方面具有无可比拟的优势，新一轮的资产重组只有以投资银行为主角，才能取得圆满成效。

江苏目前共有华泰、南京、恒远、苏州、无锡、常州、金信等七家证券公司，平均注册资本为1.78亿元，远远低于北京(16.16亿元)、上海（15.71亿元)、深圳（10.09亿元)；除华泰属于综合类证券公司，有些连经纪类都未确定。而华泰虽属综合类券商，但其在江苏以外并没有主承销业务，仍是地方性券商。规模小、业务范围狭窄，使得江苏证券公司在投资银行业务、证券经纪业务的开展等方面处于不利地位，导致业务资源外流严重。据统计，江苏证券开户数居全国第一，但上市公司主承销业务由外地券商瓜分，本省的经纪业务大半也由外地券商承担，由此可见，江苏券商的重组和规模扩大势在必行。目前江苏信托投资公司的清理整顿工作也在紧锣密鼓地进行中，江苏现有19家信托投资公司，除已先行处置的扬州、连云港、南通信托外，还有16家亟待处置，涉及到38家证券营业部。因此，江苏的证券业应抓住这次信证分业的机会，通过兼并重组扩大现有证券公司规模，增强券商的实力和整体竞争力；通过与外省证券公司重组、合并向外扩展业务；通过调整业务重点，由证券业务为主向购并重组业务为主转化，完善投资银行职能；通过提高自身素质，全面培育投资银行业务专才，学习国外经验，创新投融资工具，增强竞争实力，发挥好投资银行在企业改制、资本经营和结构调整中的作用。

二、积极构建新型银企关系

我国的银企关系经历了一个复杂的过程。目前银企关系表现出来的特点是银行偏向扶持国有企业和大型企业，而对非国有企业和中小企业较少问津。非国有经济 GDP 贡献已达 63%，对工业增加值的贡献已达 74%，而在全部银行信贷资产中，非国有经济使用的比率不到 30%；而国有部门对工业增加值的贡献率还不到 30%，却拥有 70%以上的银行信贷资金和绝大部分证券直接融资资金。由此可见，构建新型银企关系实际上主要是针对建立银行金融体系与非国有、中小企业之间往来关系而言的。一般而言，决定金融服务业发展的根本因素是信息以及建立在信息基础上的信用。大银行虽然有其规模经济效益高的优势，但也有交易成本高、管理成本高的一面。因而，大银行也许更适合于为大企业提供金融服务，而中小银行则因最能较充分地利用地方乃至社区内的信息存量，最易以较低成本了解中小企业的经营状况、项目前景和信用水平，最易克服信息不对称和不完全而导致的信贷风险，而更适合于为中小企业提供金融服务。因此，构建良好健康的新型银企关系，就要支持和发展中小银行，为中小企业打开融资渠道。新型银企关系是建立在信用基础之上的往来关系，因此必须彻底转变传统的资金供给制，确立真正的资金市场交易制度。为此就要继续推进银行商业化改革和现代企业制度建设，使银行、企业都成为市场经济主体，建立成本核算、利润激励机制，真正做到“自主经营、自担风险、自负盈亏、自我约束”，使银行和企业在市场基础上，“平等互利、相互依存、恪守信用、真诚合作”。

三、利用资本市场推动结构调整

资本市场具有筹集社会资金、优化资源配置、调整经济结构、转换经营机制等功能。充分利用好资本市场的资源配置功能，可以促进产业结构的调整。在这方面，上海、天津、山东、四川等省市已开始作了有益的探索，为江苏利用资本市场促进经济发展和结构调整提供了宝贵的经验。

江苏的资本市场经过近10年的发展，为江苏经济的发展筹集了大量资金。截至2000年底，全省共有上市公司60家，发行股票66只，其中A股58只、B股5只、H股3只，发行可转换债券1只，累计募集资金273.50亿元。通过配股和增发新股募集资金85.77亿元，发行新股和配股累计募集资金共计338.11亿元。而2000年，全省发行新股和配股累计募集资金达85.77亿元，是江苏上市公司筹集资金最多的一年，也是全国发行新股最多的省份之一。

资本市场的长足发展为江苏经济发展和结构调整提供了有利条件。江苏经济结构的调整速度远远低于其经济发展的速度，产业经济结构、区域经济结构存在较多的问题。而通过资本市场的资金筹集和资源配置功能，能够较好的改善和解决这些问题。例如，机械工业是江苏支柱产业之一，市场占有率居全国第一，但还没有形成能参与国际竞争的大型企业集团，企业自主科研开发能力较差，研发费用不足，典型产品技术主要来源于国外，技术改造、技术引进与国内研究开发相脱节，因此可利用资本市场筹集和重组功能，培育能参与国际竞争大型企业集团，紧跟国际先进水平，重点发展机电一体化产品、智能化元件、新能源发动机、精密模具、环保产品等，实现江苏由机械工业大省向机械工业强省的过渡。江苏客车行业在国内市场具有较强的竞争力，而汽车工业产业关联效应极强，可以有效带动机械、电子、冶金、化工、石油、交通等行业的发展，因此可利用资本市场进行资产重组，组建汽车控股集团，运用各种金融工具，短时间内大规模地筹集资金，引进和发展先进技术，迅速提高汽车工业的技术水平和生产规模，从而保持其在全国市场的优势地位。江苏是我国电子信息工业的重要基地之一，目前已形成基础坚实、实力雄厚、产品门类齐全、服务广泛的电子工业体系，但与国内外先进企业相比，江苏在计算机、通信设备方面，重点产品仍不突出，一批高新技术产品和新的经济增长点缺乏统筹规划，投资分散、项目重复，因此要运用资本市场工具，开展资本经营，冲破行业和地区壁垒，对现有电子信息产业实施大手笔、高层次优化重组，集中有限经济资源，重点发展主导产品，从而形成江苏信息产业新的经济增长点。目前江苏农业产业化经营水平很低，发展农业产业化经营主要着力点在于利用资本市场培育巨型龙头企业，形成一批实力强、影响大、辐射面广、带动力强的巨型龙头。江苏经济发展的区域差异较为突出，表现在资本市场上，上市公司的地区分布极不平衡，目前苏南5市共有上市公司7家，苏中3市共有7家，而苏北5市仅有6家，比例分别为78%、11%、10%。从筹资看，苏南累计筹资为246.04亿元，苏中地区为57.41亿元，苏北仅为34.66亿元，比例分别为72.77%、16.98%、10.25%。这种状况的形成，虽有地区经济发展历史的客观原因，但也与苏北利用资本市场发展本地经济的认识滞后有关。因此要加强对苏北地区上市公司发展战略的指导，加快苏北地区企业上市步伐，把苏北地区证券工作摆在更加重要的位置上，抓紧抓好苏北5市利用资本市场促进地区经济发展，从而促进苏南、苏中、苏北地区共同发展。

四、引进国际先进的项目融资方式

资金短缺长期以来都是发展中国家经济发展的“瓶颈”，国内资金积累有限，利用外资也就成为一条重要的途径。我国自1993年以来一直是仅次于美国的世界第二大资本输入国，江苏利用外资规模则是连续六年名列全国第二位。

江苏利用外资规模巨大，但形式单一。江苏利用外资主要是外商直接投资和贷款这两种方式。1999年，江苏实际利用外资66.4亿美元，其中外商直接投资63.99亿美元，对外借款2.17亿美元，占到99.6%；2000年实际利用外资65.95亿美元，其中外商直接投资64.24亿美元，对外借款1.66亿美元，占到99.9%。而目前国际间较为流行的BOT、TOT、ABS、有限追索贷款等先进的项目融资却几乎没有，并且外商投资的重点仍是制造加工业，对于耗资巨大、投资回收期长、风险较大的基础设施较少问津，这些项目主要依赖于政府国债资金的投入。

事实上，项目融资方式在基础设施和基础产业项目建设上具有独到的优势。如BOT方式，一方面可以减轻政府财政负担，将项目风险大部分转移到私营团体身上，使政府处于“有利可图、无险可担”的优越地位；另一方面由于政府的参与，使项目安全性提高，从而减少外商的顾虑，能够较为迅速地筹集巨额资金，并带来先进的设备、技术、经营管理理念。利用TOT方式用于交通基础建设，可为缓解交通基础设施资金供需矛盾找到一条现实出路。TOT融资方式只涉及经营权转让，因而不存在产权、股权之争；此外，TOT融资方式与我国现行经济体制改革相适应，符合国有企业改革大方向，有利于盘活国有资产存量，为新建交通基础设施筹集资金，也有利于提高交通基础设施的技术管理水平，加快交通现代化的步伐，提高国际竞争力。有限追索贷款是一种对风险的追索，但仅限于项目本身所形成的资产和权益以及在项目建设和营运中的所有环节的融资风险。同 BOT 相比，这种融资方式不需要国家政府机构或金融机构提供还款担保，不构成国家债务，也没有对法制环境和经济环境那样严格的要求。近十年来，我国利用有限追索贷款融资建设基础设施项目已取得了一定的成就，随着基础设施建设力度加大，这种融资方式也必然会被越来越受重视。ABS（Asset - Backed Securitization）是以目标项目所拥有的资产为基础，以该项目资产的未来收益为保证，通过在国际资本市场发行高档债券来筹集资金的一种项目证券融资方式，一般包括住宅按揭、信用卡、汽车贷款贸易以及其他商品应收账款，也适用于航空、港口、铁路、公路及其他收费公用设施项目建设融资，其最大优势是筹资成本低、筹资渠道多样化，且同传统的股权融资相比，可避免“超国民待遇”的优惠政策所带来的不公平竞争的投资环境。

鉴于这些融资项目所具有的优点，江苏可考虑在今后的一些大手笔的基础设施项目和基础工业项目上适当引进。当然要成功引进这些先进的项目融资方式，使各方受益，还需改善省内的投资环境和经济法制环境，营造一个公平竞争、客观民主、活泼开放的氛围，同时要不断开发一些新的素质优良、收入稳定及回报率高的投资项目，增强项目融资市场的吸引力。

第四节 进一步深化投融资体制改革

实施以上结构调整的投融资策略，还必须进一步深化投融资体制改革。现代市场经济条件下，企业要适应市场竞争的客观环境，必须具有自主投资的权力和能力，也就是企业必须成为真正的投资主体。改革开放之初，企业绝大部分属于国有独资企业，企业的投资决策由国家来做，企业本身并无多大自主权。随着社会主义市场经济体制的逐步确立，随着国民经济市场化程度的提高，企业要成为真正投资主体的呼声也越来越高，而政府职能的“越位”和“缺位”现象也就显得越来越突出了。因此，政府应适时地转变其职能，从直接控制的领域转入间接调控的领域。首先，政府投资的范围应大大缩小。一般由市场机制可以解决的问题，其投资都应该由个人出资者、非国有独资公司进行，政府出资者及国有独资企业的投资领域应该集中在一般投资主体无法进行投资或不适宜进行投资的领域，如部分公共产品的提供、市场化暂时还无法满足需要的大型基础实施和基础产业、少数战略领域等。其次，要确立企业投融资主体地位，政府宏观投资管理部门有必要改变现行的一套企业投资审批的管理体制。对于企业用自己积累的资金进行的一般竞争性投资项目，由过于严格的审批制度，逐步过渡到注册登记制度，只有对国家限制的投资领域才实行严格的项目审批制度。今后，政府应更多地通过法制手段进行投融资管理，切实减少政府对微观活动的行政手段，让企业真正根据市场情况开展投融资决策运作，实行“谁投资，谁决策，谁承担风险”的原则，建立真正符合市场经济要求的企业自主决策，银行独立审贷，投资项目有效监督的高效投融资体制。

在政策待遇上，我国一直存在着外资企业优于中资企业，国有企业优于民营企业的现象，从而形成不公平竞争的局面，虽然引进了大量的外资，却也遏制了大量的民间资本，而引进外资往往要承担一定的债务压力，民间资本却是国内自有资本，且充满活力和竞争力。因此，在政策上政府不能一味厚此薄彼，而应公平对待。引进外资仍是必要的，但不能一味地通过优惠政策，某些优惠政策是不可少的，但政府应更加注重通过别的途径来增强投资吸引力，如加强基础设施建设、美化城市环境、增强地域文化特色，多开发一些新好项目等。例如南京市利用召开第六届世界华商大会的有利商机，大力兴建基础设施，给南京创造了一个优美的环境，而浓浓的古都气氛也深深吸引了来自世界各地的华商,从而为南京带来了许多的投资机会。对于民间资本,政府应改变以往不重视的态度,给予一定的政策支持,为其创造一个公平竞争、民主开放的氛围,改善其投资环境,争取做到投资机会面前人人平等。有竞争,资本才会更有活力,经济才会更有生机。

资本市场的发展速度是惊人的，但其存在的问题也不少。针对这些问题，我们要做到以下几点：要切实改善上市公司的法人治理结构，实行国有股减持和流通；真正实行政企分开，国有控股母公司应逐渐消亡或改造为金融管理公司，明确利润最大化目标；上市公司管理层要完全由市场招聘，脱离公务员系统；要加快民营企业上市步伐，增加绩优蓝筹大盘股上市。此外要加强董事会对执行层的监督；要彻底清理和完备信息披露制度，加强对股市交易的长期监督；要加强对投资者监管方式和手段的改革，对上市公司要确立完备的公司治理结构和内控制度，对证券公司要设立风险控制指标和控制制度；要发挥“中介组织”如会计师、审计师、律师事务所、信用咨询机构的服务、沟通、监督和公证作用；要重视加强上市公司对股东的回报机制，解决这一问题的关键在于改变上市公司的经营理念，使上市公司真正树立股东利益至上的观念。

国有银行的改革经历了多元化、专业化、商业化等几个阶段，最终目标是将国有银行建成真正的商业银行。这要求国有银行打破原有的业务界线，充分展开竞争，成为在“安全性、流动性”基础上追求利润最大化的金融企业。目前国有银行的业务开始互有交叉，专业分工也有所打破，但与真正含义上的商业银行还存在相当的距离，存在许多亟待解决的问题，主要体现在资本充足率低，资产质量差，资产经营结构单一，经营风险大，上述问题的存在使得国有银行迟迟未能真正走上商业化之路。国有银行商业化，实际上就是将国有银行按市场准则建成现代金融企业。为此，要做好国有企业的配套改革，使其建立现代企业制度；完善金融立法，规范国有银行行为，建立有效的利润激励机制和风险防范机制，按国际通行做法，对信贷资产质量实行分级分类管理，并按相应比率提取呆账准备金。同时要改革商业银行的信息披露制度，制定金融业统一的会计制度；国有银行在追求利润最大化的前提下，应不断改进自身的经营管理，调整资产经营结构，注重资产质量，增强内部控制力度；引进非国有成分，扩大国有银行资本总量，解决国有银行资本充足率低的问题，也减轻政府的负担。

以农村信用社为中心的农村金融体制的改革问题长期以来一直是争论不休的话题。从全国的大环境来看，农村金融体制改革势在必行，否则农村这一大块的投融资必将成为瓶颈，但改革具体怎么走，则要视阶段、视各地实际情况而定。江苏作为组建县农村信用联社的试点省份及组建首家农村商业银行的省份，农村金融改革无疑走在全国的前列。但就江苏本身而言，其区域经济的发展存在较大的差距，因而对应不同经济发展水平地区的改革措施也应是不同的。目前，苏南农村生产力水平较高，农民收入水平较高，生活较为富裕，而苏北地区农村生产力水平低下，农民收入微薄，部分地区仍处于贫困状态。针对这两种迥异的农村经济环境，实施金融改革显然不能一刀切。全国农村在国有商业银行收缩网点后形成的农行、农发行、农村信用社三足鼎立的金融格局，目的是为了避免更多的农村资金的流失，而将有限的资金全部用于农业生产和经济发展。虽然目前这种格局已名不符实，但苏北地区属欠发达地区，急需资金发展本地区农村经济，因此保持这种格局仍是必要的。在此格局中，应突出农村信用社的地位，并辅以政策性机构如农业发展银行和国家开发银行。农村信用社必须按真正的合作制原则建立，实行社员民主管理，不以盈利为主要目的，深入农村基层，为广大社员提供金融服务。除了依靠社员自身的互组合作，国家一定的政策扶持也是必要的，为此农业发展银行和国家开发银行可为苏北农村提供相应的金融扶持业务，并要确保扶持资金的到位。在金融服务上，农村信用社主要提供小数额的金融服务，大数额的则交由农业银行提供。由此，由互组合作到政策扶持，由小额服务到大额服务，全方位提供苏北农村急需发展的资金，以推动苏北农村迅速发展。苏南农村金融体系仅限于农行、农发行和农村信用社这三家显然是不够的，可考虑采取“百花齐放、百家争鸣”的方针，在农村建立包括政策性银行、商业银行、信用社、商业保险公司和证券机构在内的多层次机构网络，提供包括存贷款、证券融资、证券交易、财产、人寿及再保险和支付结算等中间业务在内的多样化金融工具。其中，政策性银行、信用社主要为农村提供扶持性和低技术水平的基础金融服务，技术水平和专业化水平较高的金融服务交由各商业银行提供，而对投资工具多样化的要求则由保险公司和证券公司来满足。条件成熟时可考虑将农村信用社改组为股份制的农村合作银行或农村商业银行，参与到商业银行的竞争中去，为农民提供更多可供选择的优质服务，但要引起注意的是，农村信用社在改制成为农村商业银行之后，其支农功能将会弱化，届时可考虑建立类似农村发展基金的机构来弥补空缺。此外，还应放宽农村金融市场的准入限制，让更多的民间资本参与进来，建立民营金融机构，以促进农村金融机构之间的相互竞争，提高融资效率，使农民虽在农村，却能享受到如同城市的金融服务便利。

第十一章　结构调整的财政政策

经济结构战略性调整是新世纪江苏经济发展的主线。在这一过程中，政府的引导和监督是必要的，政府可以通过制定相应的政策对之进行调控，其中，财政政策对经济结构调整具有举足轻重的作用。江苏作为我国传统产业和新兴产业均较发达的省份，其经济结构具有典型意义，如何运用财政政策促进经济结构战略性调整，是本章要着重探讨的问题。

一个完整的财政政策的政策体系主要由支出政策、税收政策和公债政策等构成。运用财政政策促进结构调整，就要在财政政策的这些方面作出努力。

第一节　支出政策

一、加大基础设施建设支出力度

基础设施建设属于一般公共产品的范畴，加强财政投入是符合国际惯例的，因此需要充分合理地利用财政政策手段，多渠道地增加投入，这在农业方面体现得比较具体：一是要支持发展节水农业，努力扩大农田有效灌溉面积；在资金投向上，重点支持现有水利工程的维护、配套、更新、改造，逐步解决泵站设施老化问题，并加快大中型灌区水利设施的修复和完善，鼓励农村集体、农户以多种方式建设和经营小型水利设施。二是要加大对农业生态环境的投入力度，包括水土保持、土地改良、“退耕还林、退耕还湖”、种草植树等生态建设，尽快启动天然林保护工程，促进江苏农业可持续发展。三是要支持发展避灾农业，要因地制宜地支持有条件的农业水利建设项目、优质农产品基地等，并将其纳入农业保障体系，通过保险获得灾害损失补偿，增加灾后重建的资金来源，尽量避免或减轻农业投资项目的灾害损失。四是要加强公共基础设施建设的投入，包括道路、电网建设和改造、供水和通信等基础设施建设，改善农村生产、生活以及市场环境条件，加快农村发展，推动农村的城镇化。

工业方面要注重生产环境条件的改善，即设备更新换代、厂房的建造维修等。同时，增加基础设施投入也能为发展第三产业提供一个良好的环境。应重点投资于第三产业的航空、高速公路、铁路运输、邮电通信等基础设施建设。还要特别注意运用高新信息技术改造和提升传统的第三产业，加快建设信息高速公路、基础信息技术、信息数据库等，这些信息技术基础设施是实现信息化最基本的保证。

在政府加大对基础建设项目投入力度的同时，可以考虑鼓励民间资本以逆向BOT方式进入基础设施建设领域，即先由省政府出资完成特定基础设施项目建设，并经营一定时期，再有偿转让给民营投资者。这种逆向BOT方式相当于一种“现货购买”，政府在一开始的支出将可以从转让项目中获得的一笔可观的置换资金的回报，这是从长远的角度来考虑，对全省经济的发展是有利的。当然，此种方式的运行应有相应的约束机制，可以考虑先在苏南、苏中选择一两个经济发展较为良好的地区进行试点，收到较好效果后再往苏北地区推广。

二、加大科技投入

首先，政府财政应加大对第一产业科技，特别是农业的科技投入，促进农业产业化，支持农业结构优化调整，要加速农业新技术的研究与开发投入，逐渐提高农业科技推广费用的比重，支持科技成果的推广。目前可着力支持良种培育、栽培技术、科学施肥、节水灌溉等农业先进实用技术的推广应用，力争在研究开发农业重大技术、推广应用良种良法、实施种子产业化工程、推行优质低耗高效种养模式等方面取得新的突破。财政还可以通过继续扶持农产品基地建设，根据市场需求变化和技术进步的要求，加强优质专用农产品基地、绿色食品基地等的建设，培育一批农业高科技企业，并注重对农产品加工的配套建设投入，综合地发挥基地在农业结构调整中的作用。其次，要大力发展高新技术产业，积极推进传统产业的技术改造。江苏经济结构调整必须要提高调整的质量，提高调整的起点，大力发展高新技术并推进其产业化，争取打破传统的产业演化模式，争取跨越式发展，使高新技术成果向第一产业渗透。同时，第二产业中的石油、化工、机械、钢铁、汽车、食品、纺织等行业，在获得高新技术改造后，提高加工水平，开发新产品，扩大高附加值产品的比重，为各部门各行业提供高性能高效率的设备和新的原材料，从而提高整个社会生产水平；利用高新技术武装第三产业，为生产和生活提供更多更好的优质服务，并为高新技术的商品化、产业化拓宽路子。江苏企业整体上还属于低技术企业，在今后相当长的一段时期内，应将中低技术产业的发展和升级作为全省产业发展的重点。同时，对电子信息产业的发展也应给予重视。高新技术产业具有高投入、高风险、高利润的特点，在加大政府财政投入力度的同时还要在此基础上建立科技推广应用的风险基金。这类基金一是来自财政支出中此类专项基金，此类来源的基金应用于符合政府规定的投入规范的行业；二是可在证券市场向社会发行公开上市的风险投资基金，实行“共同投资、专家经营、分散风险、共同受益”的运营方式，由此解决资金投入不足的问题。

三、其他方面的支出

(1) 用于教育的支出。首先是教育基础设施建设力度要加大，要落实学校危房改造工程；针对一些地方出现的教师工资发放困难等实际问题，要建立教师工资专户，确保教师工资发放的资金来源，对一些财力不足、难以落实的县，省财政要实行专项转移支付办法予以保证。其次，要建立教育发展基金，加大教育投入，通过优惠政策引进优秀人才，建立科学的人才使用、鼓励和流动机制，鼓励各类人才根据结构调整的需要流动组合，实现人才资源的优化配置。

(2) 用于国企改革的支出。在市场经济体制下，国有企业完成向真正经济实体的过渡，需要一个转轨时期，而在这一转轨过程中会遇到各种难点和问题，财政有责任提供政策咨询和建议，帮助企业建立现代企业制度，并加强资产财务管理。探索通过减持国有股形式将国有资产变现，加强组织的收缴国有股红利，为建立国有资本金预算打好基础。

(3) 用于社会保障的支出。在经济结构调整和国有企业改革中，财政要着力社会保障制度的健全和完善，要建立起可靠稳定的资金筹措机制。一方面继续依法扩大社保基金的征缴覆盖面和提高基金征缴率；另一方面财政要主动调整支出结构，提高社会保障支出比重，采取政策措施补充社保资金，包括发行社保长期债券、变现部分国有资产及其他一些可行办法。财政部门必须从社会安定的角度出发，保证退休人员的生活稳定，保证病人所需的医疗费用，保证城镇低收入群的基本生活，解决企业的后顾之忧。

第二节 税收政策

江苏经济的市场化程度和外向度在逐步提高，税收制度和税收政策对经济结构的影响力越来越大。而现行税制下，税收管理权限高度集中，省一级政府和税务机关没有税制调整的弹性空间，减弱了地方政府开辟税源、组织收入和调节经济的积极性。因此，深化税制改革，调整完善现行税收政策，对于充分发挥税收杠杆的调节作用，加快经济结构调整是尤为必要的。

一、逐步调整税制结构，建立以流转税、所得税为主体的税制结构和功能完善的地方税体系

2000年和2001年江苏流转税占税收总量的比重都比同期江苏所得税占税收总量的比重大得多。流转税组织收入虽具有刚性，但调控经济不如所得税直接。江苏企业所得税收入比重偏低，有经济运行质量的问题，更主要的原因还是税制。因此，深化税制改革的重点应是在巩固流转税主体地位、提高税收两个比重的同时，逐步提高所得税的比重，并加快地方税制改革，建立并完善以所得税和行为税为主体的地方税体系。

二、逐步稳妥地推进增值税转型的改革

在现行生产型增值税制度下，由于外购资本性的固定资产进项税额不能抵扣，企业的资本有机构成不同，税负高低也就不同，从而导致资本密集型企业税负重于传统企业，从事自然资源开采和利用的企业税负重于加工企业，这不利于此类税负相对较重的产业发展。把生产型增值税改革为消费型增值税，可以使税负趋于平等，有利于贯彻国家产业政策和地区协调发展政策，促

进高新技术产业和基础产业的发展，促进现代化大生产专业化、协作化发展，促进苏南、苏北地区协调发展。但是，要配合以适当的抵扣范围：把增值税的抵扣税限定为增值税一般纳税人当年新增的外购固定资产中的动产部分（包括机器、机械设备以及工具、器具等）的进项税额，把固定资产的存量部分、新增固定资产中的不动产部分、不征增值税的产业部门新增的固定资产、小规模纳税人新增的固定资产以及增值税一般纳税人用于非生产经营的新增的固定资产这些部分的进项税额排除在外。

实施消费型增值税，消除对固定资产的重复征税，缩小计税增值额的基数，实质上是降低征税水平，减轻税收负担。从长远看，引致税基缩小的减收因素，将会被转型所启动的投资、消费、扩大出口以及推动的经济发展带来的新增税源因素所抵补，从而最终增加税源，扩大税收收入。建议可在苏北率先实行增值税转型改革，从高新技术产业入手，然后逐步向原材料工业、能源工业等行业推进。

三、适当的减税措施

突出重点进行产业结构减税。按产业结构进行减税，是调整产业结构、扩大内需和应对加入世贸组织的需要。从全省来看，要进一步突出高新技术产业的优惠政策。高新技术产业以及一般产业运用高新技术都应实行减税的优惠政策。为了刺激汽车、房地产消费，也应给予减税优惠。在加入世贸组织后，为了保护民族工业，对于重点支持的产业，都应适当减税。通过产业结构减税，一方面可以改善供给，促进供求平衡；另一方面，可以促进高新技术产业的发展和一般产业实现现代化。同时，也应增加对依据产业政策需要限制和压缩产业的税收抑制力度，以充分体现奖惩分明。特别是对一些夕阳产业、长线产业建设项目和不利于优化产业结构的项目，彻底清理并停止其财政补贴、贴息或银行贷款等扶持政策，并实施税收附加，情况严重的还应实行严厉的税收制裁，促其转产或减产。具体措施包括：采用加成征收、实施税收附加、征收消费税，并设计较高的税率等。从而节约有限的资源，集中发展有希望的企业，把存量调整跟优质的增量发展和淘汰落后生产有机结合起来，真正做到优胜劣汰，实现供求平衡。

梯级推进区域性减税。按照地理条件和经济发展水平，江苏分为苏南、苏中、苏北。我们不能将在苏南减税的方式硬套在苏北的减税方式上。因为苏北的硬环境和软环境不如苏南，苏北减税幅度应比苏南更大，这样才能产生吸引力。与此同时，苏中减税也应与苏南、苏北相接，不可能在苏北苏南减税的同时苏中不减税，如果这样会阻碍资本的流动。应该是苏北减税幅度大于苏中，苏中减税幅度大于苏南，形成梯形台阶，使资本从苏南出发，进入苏中，再进入苏北，逐步实现区域经济的共同发展。

四、设置新的税种

针对环境污染和生态退化的问题，要加紧研究开征环境税；为了完善地方税体系，加大税收调节收入分配的力度，可择机开征遗产税。为了解决当前企业承担社会职能负担过重的问题，同时也使前面提到的国家社会保障支出有所收入，建议尽早开征社会保障税，遵循低水平保障的原则，根据经济发展状况，循序渐进，使政府、企业、个人三者都能合理分担社会保障。

五、用好现有的涉外税收政策，完善出口退税政策

江苏经济的国际化关键在于开放型经济的发展，要贯彻落实好国家税务总局对外商投资企业技术开发费加成抵扣、采购国产

设备投资抵免所得税的政策，做好各项减免税的审批工作。由于国家退税指标不足，江苏的出口退税形势较为严峻。为此，我们要积极争取退税指标，严格审核审批，及时办理退库手续，帮助企业解决实际困难。

六、重视二元经济条件下的税收政策

由于长期实行向城市倾斜的政策，造成了现实经济生活中的城乡“二元结构”。除了实施小城镇战略，加强对农村剩余劳动力转移的支持以及前面所提到的支出方面的政策，还应当将能量释放到有利于城乡经济协调发展的方向上来。

在税收政策方面，如果加大对农村的支持，税收优惠政策适当地向农业倾斜，必然提高农民的收入和购买力，从而大大缓解工业产品的滞销状况，增加一些城市停产、半停产企业的收入，于是政府支持农村的政策也就间接地增加了城市贫困阶层的收入和购买力。城市贫困阶层购买力的增加，又进一步推动更高层次产业的增长，由低到高地引起一系列的连锁的反应。所以要高度重视对农村的税收政策的运用，要重点疏通和拓宽农民向非农产业转移和农村城市化的渠道。

第三节 公债政策

在财政政策中，发行公债可以作为弥补财政赤字的方式，同时也是政府提供公共产品的重要途径。

这几年来，中央每年都会发行大量政府公债，吸收社会游资，以借贷方式纳入国库供政府所用，这样，将社会余资移于政府作政府急需时所用，如用于基础设施项目，支援贫困地区建设等，这样不但利用了闲散的资金，增加了公共产品的生产和供

应，而且也提高了整个社会资金的使用效率。但在“国债发行额＝财政赤字额＋还本付息额”的发债模式下，国债实质上就是推迟的税收。从长远的角度考虑，这必定会削弱经济发展的后劲，但考虑到国债总量政策的惯性作用，未来几年要压缩国债发行规模是不现实的，也不符合当前实施积极财政政策的要求。现实的选择只能是在增长中进行“微调”，要在提高“两个比重”（财政收入占GDP的比例、中央财政收入占国家财政收入的比例）或国家可支配财力水平的基础上适度扩大国债规模，同时要继续调整国债政策，规范国债市场，努力降低国债筹资成本，提高国债资金的使用效益。

在提出上述建议的同时，我们不妨尝试思考这样一个问题，与其让中央政府发行国债转贷给地方，可否突破地方（省）政府不能发行地方公债的禁忌，允许省级地方政府发行公债，以此用于本地区的基础设施建设呢？

随着社会经济的发展，许多与地方居民直接相关的社会公益事业也在不断发展，地方政府在提供公共服务方面扮演着越来越重要的角色，于是地方财政支出的规模也随之扩大。城市政府面临着艰巨的基础设施建设任务，但却缺乏筹集资金的权力。在此情况下，举债就成了地方政府缓和地方资金供需矛盾的一种有效方式。到目前为止，我国仍没有正式允许地方政府发行公债，但事实上，有些地方政府用变通的方法，为了筹措建设资金，不规范地以政府的身份发行了债券。与其如此，不如用规范的方法，中央政府相应地下放事权和财权，逐步建立地方公债制度，允许城市财政发行公债，这不仅可使地方政府增强责任感，调动地方政府兴办事业的积极性，有效解决城市公用事业建设的资金来源，让财政“把该管的事管起来”，又可以缓解中央财政债务负担压力，真正实现城市政府“自己的事自己做”。

当然不是每一个省都有经济实力来争取到发行公债的资格，但总的来看，江苏的经济实力在全国还是较为靠前的。2002年全省GDP增速将达到11.5%甚至以上，2003年经济形势将继续趋好，预计将保持2002年发展势头。2002年1～9月份，全省实现国内生产总值7362.6亿元，同比增长11.6%，增幅比上年同期提高1.3个百分点；第一、二、三产业分别增长了3.5%、13.8%、10.6%。经济增长由第二、三产业共同推动的格局得到进一步加强，前三季度第二、三产业分别拉动经济增长7.2和4.0个百分点。在产出情况良好的情况下，省内的需求也全面上升。2002年1～10月，全省完成全社会固定资产投资2917.9亿元，比上年同期增长20.1%，投资增长为近年最好水平。同时，城乡居民收入增长加快，消费品市场繁荣活跃；外贸出口出现明显反弹，开放型经济继续强劲发展。三大需求的共同拉动，为江苏经济快速增长提供了强有力的保证。在这样持续增长的宏观经济形势下，江苏如能取得发行城市公债的资格，是有能力控制债务的。

根据省内经济发展建设状况，针对相关行业、项目来发行城市公债，势必对经济结构的调整起到强大的支持作用。我们可以借鉴外国的经验，设计地方公用事业建设债券和地方经济建设债券两大类债券。公用事业建设债券主要用于省、市政府建设、教育、环境治理、城镇道路等公益事业支出，因这类债务收入的投资效果主要是形成一定的社会效益，而不会带来直接的经济效益，通常要用地方税收和其他财政收入的增量减除经常性财政支出的增量后的余额作为最高限额。而地方经济建设债券是特定用于一些能够产生经济效益的基本建设工程的债券，有特定的基本建设工程收益作担保，靠其收益偿还本金和支付利息。此类债券可用于能创造盈利的基本建设工程如道路、隧道、机场、桥梁等项目设施。省政府为了扶持某些区域重点产业或企业的发展，还可以以省、市政府的资信作担保，动员吸收部分社会闲置资金，发行重点企业债券，这有利于合理配置地方资源，促进地区产业结构的合理化。地方经济建设债券的规模，在债务总量不超过认购能力的前提下，应着重考虑投资项目的盈利水平，只要利税率不低于债息率，一般是不会给省财政增加压力的。

省政府发行公债还应实行计划管理，防止债务失控，要协调好地方公债与国债的关系，实行中央政府在发行时间和发行条件上的发债优先制，以保证国债的顺利发行，在不影响国家宏观政策目标实现的前提下，地方的经济也得到了发展。

以上三大政策中各环节之间也有诸多交叉作用的方面，政府应坚持市场取向，努力使社会生产适应国际、国内市场的需要，在发挥规划、引导、协调、服务作用的同时配合运用好这三方面的政策，促进全省经济结构的战略性调整。

第十二章　结构调整中的收入分配关系调节

就经济结构战略性调整而言，收入分配关系调节既是广义结构调整的重要组成部分，同时又对促进结构调整产生积极的促进作用。本章就此作分析研究。

第一节　收入分配在结构调整中的作用与意义

江苏经济结构调整不是暂时的、局部的调整，而是战略性调整，它涉及面广、系统性强，要求体制条件、外部环境都应作出积极的反映和配合。其中收入分配关系的调节就是其中必须启动的一环。

收入分配常被主流经济学视为经济发展的结果，作为提高个人收入、实现社会公平的福利目标，然而事实表明，收入分配是整个经济体系中最敏感的环节，与经济发展有着密切的互动关系，收入分配关系的调节对经济发展和经济结构的升级及演进有着不容忽视的客观贡献。

一、收入分配通过对既得利益和预期利益的划分，对国民经济中的各利益主体起着激励作用，以调动各方的积极性，引导生产要素的流动和配置

计划经济时期，平均主义的分配方式在生产力低、人口压力

大、又不得不迅速积累大量发展资金的条件下，具有一定的合理性，但是它抹杀了个人天赋和劳动贡献的差别，削弱了经济发展的动力机制。改革开放后，平均主义的分配方式被打破，收入差距开始出现，这种物质利益的落差具有较强的激励效应，充分调动了劳动者的积极性和创造力。合理的收入差距有效地引导着生产要素在地区、部门、产业和企业之间不断流动，以达到最优配置的效果。同时，经济结构的升级换代也需要那些承担重要增长任务的生产部门具有更高收入的吸引力，以诱发和推动产业结构转换的顺利进行。

二、在市场经济中，收入分配通过价格体系影响社会需求结构和社会供给结构，从而发挥对经济结构演进的拉动功能

改革开放以来，个人收入水平大幅度提高，居民消费需求结构随之升级，从以基本生活必需品为主、以耐用消费品为主，向多样化需求演进，恩格尔系数逐步下调，拉动国民经济中的资源存量和增量向生产消费品与提供服务的第三产业以及其他新兴产业汇聚，引导产业结构的演进。由于生产要素的供给受收入分配显示的利益支配，所以，收入分配关系的调节也引起生产要素供给结构的变化。例如，收入分配倾向于高素质人才，则会有更多的人选择继续接受教育，进行人力投资，以便为市场供应高素质人才。同时，企业和个人的自主支配收入的增加，也为适应需求结构变化而进行的供给结构的转换提供了必要条件。

三、收入分配格局影响一国资本市场的形成和运转

改革开放前，我国资本积累的资金主要来自于政府储蓄和企业储蓄，改革后，随着国民收入向个人“倾斜”，居民储蓄逐渐

成为资本积累的主要资金来源。这促进了投资主体的多元化，有利于实现从“财政主导型”向“金融主导型”的转化。

四、收入分配关系调节有助于减少经济结构升级换代带来的风险，保持稳定的局面

经济结构战略性调整必然会引发一些企业的破产、重组以及大量职工的下岗分流，对社会产生一些冲击，出现改革的“阵痛”。通过税收制度、社会保障体系等收入再分配的调节措施，可以维持一个相对安定的局面，帮助经济结构调整有序地进行下去。

第二节 收入分配关系的现状评析

在20世纪80年代中期以前，收入分配领域的主要矛盾是计划经济造成的平均主义。改革进展到了今天，虽然在国有部门内部收入分配的平均主义依然存在，但已经不是分配领域的主要矛盾。目前，在我国收入分配领域中，突出而显著的问题是：“大”(收入差距过大)、“乱”（分配的无序与不公)、“斜”（收入分配向个人倾斜)，其中“大”和“乱”的负面效应已经被大家所公认，而“斜”的问题在学术界还莫衷一是。作为国家经济发达的省份之一的江苏省，这三类收入分配领域问题也在一定范围和程度上存在。

一、收入分配格局向个人倾斜

收入分配格局是指国民收入在国家、企业和个人三大收入主体之间的分配状况。

表 12-1　收入分配格局测算结果（一）

单位：%

年份	1978	1984	1985	1988	1989	1990	1991
国家	31.6	20.9	20.9	14.5	14.4	14.5	13.7
企业	17.9	18.2	17.7	20.9	21.5	21.5	21.9
个人	50.5	60.9	61.4	64.6	64.1	64.0	64.4

资料来源：王春正：《我国居民收入分配问题》第 59 页。

表 12-2　收入分配格局测算结果（二）

单位：%

年份	1992	1993	1994	1995	1996	1997	1998
国家	21.0	20.7	20.2	19.1	20.8	20.8	21.9
企业	12.7	15.6	14.7	14.9	12.6	12.2	11.4
个人	66.3	63.6	65.1	65.9	66.6	67.0	66.7

资料来源：国家计委综合司课题组报告，《经济研究》1999 年第 11 期。

通过以上两个收入分配格局测算结果的分析，可以看出改革开发以来，在收入总量增加的前提下，国家所得份额呈下降趋势，企业所得份额起伏不定，个人所得份额明显提高。从国际比较看，国民收入分配的个人份额美国是 61%，英国是 59%，日本是 51%。国家份额发达国家平均为 45%，发展中国家为 25%。显然，我国的收入分配格局中个人收入偏高。形成这样的收入分配格局的原因：一方面是出于提高人民收入水平，实现共同富裕的宗旨，另一方面则与我国财政宏观调控能力不强、财经秩序比较混乱有关。一些国有企业在改组时流失国有资产，一些企业领导搞收入分配行为短期化，使得企业的收入份额不能稳步提高。

收入分配向个人倾斜是“藏富于民”，理所应当给予肯定。但是，由于个人收入内部差距较大，呈现两极分化的状态：富有家庭的国内消费趋于饱和，贫困群体无法消费，而最能拉动消费的小康家庭所占有的财富规模偏小，并面临越来越大的支出压力，这就使得向个人“倾斜”的收入并没有能够启动足量而有效的消费需求。同时这种格局也表明国家重新分配社会成果的余地减少，企业自我积累减少，削弱了政府通过财政转移支付调控收入再分配的力度以及企业发展后劲，所以，这种“倾斜”是过度还是适中还很难定论。

二、城乡居民收入在普遍提高的同时差距扩大

从图 12-1，我们可以直观地感受到江苏城乡、地区、群体、行业之间的收入差距，这些差距主要是由城乡分割的二元经济结构、地方保护主义、部分行业的垄断所致，此外一些非市场的因素又参与分配，使收入分配领域的矛盾更加复杂化。与其他省份不同，江苏省内苏南、苏中、苏北板块由于经济发展不平衡，地区之间的收入差距也很大，形成三个明显的收入梯度。

衡量收入分配均等与否的国际通用指标是基尼系数，一般认为基尼系数在 0.1～0.2 表示绝对平均；0.2～0.3 表示较为合理；0.3～0.5 表示差距较大；0.5 以上表示差距悬殊，其中 0.4 是国际公认的警戒线。江苏收入分配的基尼系数情况见表 12-3。

表 12-3　1997～2001 年江苏居民收入分配基尼系数

年份	1997	1998	1999	2000	2001
城市	0.2459	0.2571	0.2760	0.2896	
农村				0.3181	0.3185
全国城市			0.30	0.32	

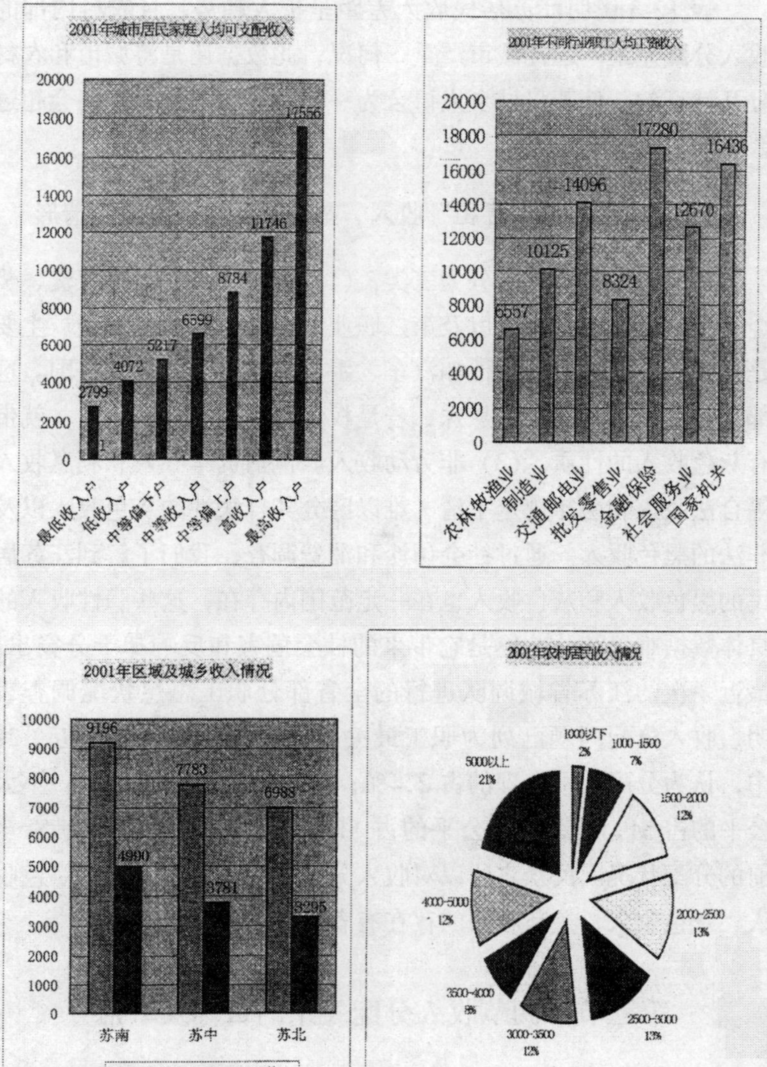

图 12-1　2001 年江苏居民收入分配结构状况（单位：元）

资料来源：根据 2002 年《江苏统计年鉴》有关资料整理绘制。

表 12-3 说明江苏居民收入差距呈扩大趋势，且农村内部的收入分配差距问题比城市严重。何况，此数据还是将城市和农村分开计算的，倘若将城乡人口合为一体计算，基尼系数将会超过警戒线。

三、灰色收入、“寻租”收入、垄断收入和不法收入情形

目前居民收入可以分为三类：(1) 劳动收入。包括工资、奖金、个体生产经营收入以及第二职业所得。(2) 单位福利。主要是住房和公费医疗，其他如汽车、手机、电脑、旅游、出国。这部分各个单位相差较为悬殊，若是权利单位用权利得到的，就带有灰色收入的性质。(3) 非劳动收入。包括资本收入、利息收入等合法收入和法律规定不清、难以区分其合法性的灰色收入以及非法的黑色收入。通过社会访谈和消费调查，我们了解到江苏居民的黑色收入和灰色收入也在一定范围内存在，这些隐性收入的具体数据难以统计，但是它带来的社会危害和反响却十分突出。最近一次的江苏省城调队进行的全省部分职工思想状况调查表明，收入分配问题已列为职工最关心的社会十大问题之五，其中，认为分配公平合理的占 2.4%；基本合理的占 34.4%；不太公平的占 51.4%；很不公平的占 11.9%，说明多数人不满意当前的分配状况。民众之所以对收入分配的怨言较多，这与黑色收入、灰色收入、垄断收入的存在有着直接的关系。

第三节　调节收入分配关系的目标及举措

适当的收入差距是调节各种经济要素合理、有效配置的基础力量，但是收入水平悬殊，分配不公则会带来很大的负作用，轻则引起消费需求的断层与疲软，地区间经济联系的弱化，经济结

构的畸形化以及公众心理失衡、价值取向扭曲；重则会导致社会动荡，甚至事业的颠覆。蛋糕如果分配的太不合理，蛋糕就无法继续做大。因此，不论是从经济结构调整和扩大国内需求的利益出发，还是从改革发展的全局出发，都绝不能放任这些矛盾升级。

根据党的十六大的精神，收入分配关系的调节目标应是正确处理整体和局部、短期和长远的利益关系，实行"效率优先、兼顾公平"的分配原则，初次分配讲求效率，再分配讲求公平。效率是指对各种资源的有效利用，公平是指收入与投入的对称性和一致性。通过收入分配的市场化满足效率的要求，把企业和劳动者的注意力吸引到提高自身素质、重视科技进步、讲究成本核算等有利于提高劳动效率、增加经济效益的轨道上。同时，通过政府建立健全相应的收入分配调控体系，弥补市场的自发性、盲目性、滞后性等缺陷，实现公平的目标。只有将政府调控和市场配置相结合，才能取得良好的调控效果。

当前收入分配关系调节的要旨是要采取积极的态度和切实有效的措施消除不合理的收入差距，以使收入差距被控制在各方面都可以接受的范围内。切忌硬性消灭收入差距，这将导致平均主义的回潮，有违于改革的初衷。同时，我们是社会主义国家，所以在多种分配方式并存的情况下，依然要宣扬和维护"按劳分配"在收入分配中的主体地位，鼓励劳动致富，抑制非劳致富，消除非法致富。

研究收入分配关系的调整和未来变化趋势，我们无法回避库茨涅兹假说。根据库茨涅兹的倒"U"字模型，收入分配的差距在经济增长的初期呈上升势头，随着经济增长达到一定高度后自然下降，收入差距扩大是一个阶段性问题。假说描述的景象是让人乐观的，许多学者对其在中国的适用性进行了验证，但是，验证结果没有对中国收入分配会沿着倒“U”字曲线的轨迹变化这一命题提供强有力的支持。这就说明，我们目前还不能将缩小收入分配差距的希望寄托在经济增长自发的力量上，而是必须从市场和政府两方面对收入分配关系进行全方位、有计划、有步骤的调节，以便建立更加合理的收入分配关系，保证经济结构战略性调整的顺利进行。

一、加强法制建设，严厉打击非法收入者

在多种分配方式并存的情况下，居民的收入来源颇为复杂，其中最为消极的一面就是腐败。有些人利欲熏心，不择手段，谋取暴利，导致黑色收入和“寻租”行为的不断出现，这一点从每年暴露的“硕鼠”可见一斑。不合法的高收入势必会带来反面的示范作用，扰乱社会经济秩序，因此，必须建立健全公平、透明的法制环境，加强对个人收入的监督（监督的重点可放在收入的使用上，这样容易操作），严厉打击非法获利者，以保证收入分配的公正性。

二、缩小城乡差别，加快城乡一体化的进程

农业部门劳动和投资的边际效率较低，农产品需求的价格弹性和收入弹性较低，使得从事农业的人员收入低于其他部门。事实证明，将过剩的农业劳动力束缚在有限的土地上是无益于提高其收入水平的，何况江苏又地少人多。所以，为了缩小城市与农村的收入差距，长期规划应该是从户籍政策、小城镇发展、农业产业化以及城市的内涵型和外延型发展入手，积极为促进农村剩余劳动力的转移创造有利条件。这方面江苏一直走在全国前列，积累了许多有益的经验，今后要利用工业化、信息化的动力机制继续加快城市化的进程。短期规划的重点仍应放在减轻农民负担

的工作上，并对农业这一基础产业给予适当的保护，加大对农村居民的转移支付力度。在价格体制上，缩小农产品价格上的“剪刀差”，以建立新型平等交换的工农业关系。

三、消除流动阻隔，打破行业垄断，完善和规范生产要素市场

要进一步规范生产要素市场，打破地方保护壁垒和行业垄断，统一市场规则，构造竞争机制，健全市场秩序，使各种生产要素在企业、地区、行业之间自由流动，实现优化配置。建立平等、统一的城乡劳动力市场，消除城乡间的就业歧视和择业差别，调节劳动力资源收益。从长远出发，要加大对农村人口的教育投入，提高人力资源的质量，缩小收入分配的长期性差距。

四、改革工资制度，促进分配秩序和分配行为合理化、有序化，最大限度地体现收入与贡献的对等

在江苏的一些大城市，劳动和社会保障部门已制定和实施了较为详尽的《劳动力市场部分职位工资指导价位》，并每年公布年度企业工资指导线，这些举措对调节和影响劳动力市场的供求状况，引导企业自主客观地决定职工工资水平，不断完善企业工资宏观调控体系起到了积极作用。今后，还要继续强化对企事业单位收入分配的宏观调控，改进工资管理办法，特别是要抑制工资外收入的膨胀，使收入来源明晰化。同时，积极在企事业单位推进工资集体协商制度，帮助职工争取自己的在收入分配上的民主权益。从中长期看，必须努力扩大中等收入者比例。

五、建立对低收入群体保护机制

城市的低收入群体多为下岗和待业人员，解决这些弱势群体的福利问题，提供就业机会是首要也是最根本的途径，因此，要动员社会各界力量开展多样化的再就业协助活动。社会保障体系是弱势群体的安全网，今后要继续拓宽社会保障的覆盖面，并根据地区经济发展实际能力逐步提高社会保障水平。目前实施的是城、乡两套保障制度，在城市社会保障进一步完善的同时，在有条件的地区还要实施农村居民最低生活保障制度等，使农村扶贫制度化和规范化，并从救济性扶贫向开发性扶贫演进。全面小康社会的整个建设阶段，必须始终重视经常提升城乡居民最低生活保障水平，增加低收入者的收入。

六、理顺企业的分配关系，增强国有企业实力

在国有企业改革时要理顺产权关系，加强对国有资源、资产租借和使用的管理，严禁国有资产流入个人的腰包。在国家和企业的分配上，要着力解决国有企业承载的历史包袱、资金注入、收费与摊派以及不同所有制企业税费不均的问题，让企业轻装上阵。在企业内部也要建立合理的分配格局，防止个人收入份额盲目扩大以至“吃利润”、“吃资本”等情况的发生，保证用于积累和更新改造的资金的稳定与充足。此外，还要加强对分散在行政事业单位的预算外资金的管理，防止单位的“小金库”被随意支配。

七、促进省内区域经济协调发展，缩小地区落差

按照比较利益原则，使苏南、苏中、苏北在经济发展上做到优势互补。苏南要有计划地将在本区已不具备比较优势的劳动密集型产业和资源密集型产业向苏中、苏北有序转移，实现“产业区位的下层渗透”。苏中、苏北凭借地租低、工资低、原材料价格低等优势和加入世贸组织的机遇吸引对口产业前来布局，同

时，政府也要通过税收、信贷、价格等经济杠杆和行之有效的产业政策、法规，鼓励省内外、国内外资金投向苏北、苏中的交通、通信、能源等基础设施和基础产业，增强造血机制。只有通过加强区域经济的合作分工，形成互相配套、联合协作、布局合理的区域经济新格局，才能为缩小地区之间的收入差距奠定良好的物质基础。

八、充分发挥税收在收入再分配中的杠杆作用

加强税收征管，不仅可以增加政府的税收收入，提高政府财政收入占 GNP 的比重，加大政府调节收入再分配的力度，而且可以引导高收入阶层向社会转移财富。发挥税收在收入再分配中的杠杆作用，首先，要加强对高收入群体的监控能力，对其收入来源、数量有充分的把握；其次，要将税收征收的重点放在个人所得税、财产税、高消费税上；再次，要减免农民的不合理税费；最后，实施纳税申报、税务中介代理和税务机关稽查三位一体，防止偷税、漏税行为。

第十三章　结构调整的社会保障支持

在实施经济结构战略性调整的过程中，健全、完善社会保障制度有着双重的意义，一方面，它构成完整的社会主义市场经济体制体系的重要组成部分；另一方面，它又是深入推进结构调整的必备条件，形成结构调整的社会保障安全网，有利于缓解与结构深度调整相伴而生的种种社会矛盾。

第一节　实行积极的就业政策，加快形成市场导向的就业机制

经济结构调整是新世纪江苏经济进一步发展、提升的必由之路，但是结构调整也会引致劳动资源的重新配置，加剧结构性的失业矛盾，造成劳动力供求矛盾和就业结构性矛盾同时并存。一方面，劳动力增量仍在源源不断地产生和扩大，城镇就业压力加大和农村富余劳动力向非农领域转移速度加快同时出现，新成长劳动力就业和失业人员再就业问题相互交织；另一方面，失业职工的比例越来越大，失业周期越来越长，长期失业者越来越多，呈现出失业者数量与再就业难度双重增加的趋势。

目前，国有企业改革的任务还没有完成，行政机构和事业单位的改革起步不久，改革初期要求国有单位在内部消化冗员的政策已经转变为下岗分流，尽快将隐形失业转化为社会失业，国有企业和机关事业单位的改革将进一步向社会释放大量冗员。

随着经济结构的调整，产业结构逐步从劳动密集型转向资金密集型和技术密集型，这种产业结构的调整虽然是产业结构升级和经济发展水平提升的标志和要求，但它同时也带来劳动力的结构调整，造成就业机会相对减少。新兴产业劳动力不足，老产业劳动力过剩，而这部分失业人员又难以很快适应新兴产业的需要，这样就出现岗位空缺和失业并存，三资、私营企业和个体经济组织逐渐成为吸收就业的主渠道，但却在发展中缺乏政策支持，影响了对劳动力的进一步吸纳。同时随着城市化的进程，向城市转移的农村富裕劳力不断增加，城镇就业压力迅速增加。

针对上述这些情况，政府需要采取积极的扩大就业的政策措施：

(1) 继续实行有利于扩大就业的宏观经济政策，加快形成市场导向的就业机制，健全劳动力市场，完善劳动合同制度，理顺下岗职工劳动关系。正确处理发展经济和扩大就业的关系，将经济结构调整和扩大就业结合起来，通过经济结构促进就业，通过扩大就业推动经济的结构调整，实现良性互动。完善劳动力市场机制，由市场来配置劳动力资源，实现劳动力跨单位、跨行业、跨地区的自由流动，努力建立劳动力自由流动的有效机制。

(2) 加快产业结构调整，拓展就业渠道，更新就业观念。在提高产业科技含量的同时重视发展劳动密集型产业，加快发展多种所有制经济，大力发展中小企业，充分发挥各种产业和企业在吸纳劳动力就业方面的作用。第三产业的就业增长弹性大，调整产业结构，大力发展第三产业，通过第三产业的发展而弥补产业结构调整引发的就业机会减少的问题。

(3) 关注弱势群体，加大就业和再就业工作力度。搞好职业教育和培训，是解决失业问题，特别是结构性失业问题最有效的途径。着力增加就业岗位、完善就业服务、落实和完善再就业优惠政策，组织开展多层次、多形式的技能培训，增强培训的针对性、实用性和有效性，增强劳动者市场就业能力，同时多开展创业培训和咨询，组织有创业愿望的下岗失业人员进行专业技术培训和创业能力培训，提供开业指导，带动更多的下岗失业人员再就业。

(4) 打破户籍制度，促进农民就业。结合城镇化战略的实施，加快城市化的进程，从而推动第三产业的发展，实行城乡统筹就业，为农村劳动力创造更多的就业岗位，使农村劳动力获得与城镇居民平等的就业机会。建立统一的农村劳动力资源信息库和市场需求信息库，及时准确地为用工单位和农村劳动力提供劳务供求信息，尽快形成开放有序的劳务输出社会化服务体系。

第二节 制度上创新：建立和完善多层次社会保障体系

20 世纪 50 年代，中国建立了企业职工养老保险制度，由于人口年龄结构和计划经济体制的支持，基本采取了以企业为单位，现收现付的模式。然而随着市场经济的发展，人口年龄结构也逐步趋于老化，政府开始着手改革社会保障制度。1991 年 6 月，颁布了《国务院关于企业职工养老保险制度改革的决定》，党的十四届三中全会进一步明确提出，建立一个企业职工社会养老保险统筹和个人账户相结合的制度。

目前的社保模式只是名义上的个人账户制、实质上的现收现付制，现收的个人账户资金同时就用作社会保障的支出，造成个人账户中的资金只是账面上的，而且不仅要负担上一代人的保障成本，还要为在职一代积累社会保障资金。这样的模式有相当大的风险，而完全的个人账户模式强调雇员的个人缴费和个人账户的积累，退休者的社会保障权益来自本人在工作期间的积累，且所积累的资金通过投资基金进行运作，特点是具有累积性和增长性，资金供给比较稳定，在经济波动中表现出较强的抵抗能力。所以，目前的实质上的现收现付制需要及时转向以自存自用的个人账户制为基础的社会保障模式，形成个人账户占据主导地位，商业保险和现收现付发挥辅助性职能的社保模式，形成独立于企业事业单位之外、资金来源多元化、保障制度规范化、管理服务社会化的社会保障体系，应对人口老龄化挑战。

一、健全、完善各项具体社会保障制度

现行的社会保障主要包括社会保险、社会福利、社会救济和社会优抚四部分。其中，社会保险是社会保障的核心内容，包括养老保险、失业保险、医疗保险等。(1) 探索养老保险基金来源，依法强化扩面征缴，调整完善社会统筹与个人账户相结合的城镇职工基本养老保险制度。(2) 推进医疗保险制度改革，完善配套政策，建立多层次的医疗保障体系，规范和强化基础管理，同时，继续稳步扩大医疗保障覆盖面，逐步将基本医疗保障扩大到个体经济组织和自由职业者等。(3) 加快推进下岗职工基本生活保障和失业保险并轨，拓宽失业保障范围，完善失业保险制度，促进企业改革的深入发展。(4) 加大落实社会最低生活保障制度，扩大范围，提高标准，保障弱势群体，减轻社会压力。(5) 切实完善社会救助制度，加快社会福利制度的社会化。

二、建立稳定可靠的资金筹措机制和资金运营管理机制，加强社会保障基金监督机构和队伍建设

初步建立以个人账户为主导的社会保障体系后，随之而来的问题是如何建立高效、市场化的社会保障资金的筹措、管理和运作机制，加强社会保障基金监督管理、确保基金安全完整。

现有城镇保障体系的设计，未充分考虑国有企事业单位原有职工的社会保障欠账问题，造成现有社会统筹基金严重入不敷出。中国长期实行低工资制度，劳动者在获得工资之前已经扣除了社会保障资金，由于原有社会保障体系实施现收现付，这些社会保障资金并没有以基金的形式积累起来，而是用于进一步的国有投资，形成国有资产。现在推行社会保障体制向个人账户制转轨，必然会使这些社会保障隐性债务显性化。

同时，目前养老、失业保险基金自身积累加上正在试行的养老保险个人账户实账化，以及为充实养老保险基金而采取的增加养老保险和失业保险财政补助、变现部分国有资产等措施，使得社会保障基金积累出现较快的增长，迫切需要建立社会保障基金投资运营机制。这方面目前存在的主要问题：(1) 社会保障基金收缴乏力，缺少国家权力机关的立法，缺乏应有法律保障。(2) 社会保障基金管理不规范，缺乏社会保险积累基金投资运营的专门机构。(3) 社会保障基金运营机制的建立滞后，保值增值率低。(4) 社会保障基金投资运营的法律规范明显滞后，导致社会保险积累基金投资的盲目性和损失。

建立稳定、可靠、高效、市场化的社会保障资金的筹措、管理和运作机制可以考虑从以下几方面进行：

第一，建立健全社会保障预算管理体系。建立和完善社会保障预算，是加强社会保险基金收缴、发放及运营管理的重要工具，是实现社会保险基金收支两条线管理，规范基金管理的重要保证。(1) 将所有社会保障的收入项目都纳入社会保障预算，统一、规范管理。(2) 各项目实行分项预算管理，资金来源与使用相对应，自求平衡，并根据科学、规范的管理要求，单独编制、分开核算、分别管理。(3) 采取各种方法保持基金收支平衡，保证个人账户的实施。

第二，强化社会保障基金筹集，形成通畅的筹资渠道，完善资金筹集机制，确保社会保障资金来源多元化，不断扩大社会保障基金规模。拓宽融资渠道，充实社会保险基金。(1) 依法扩大社会保险覆盖范围，加强社会保险基金征缴的稽查工作，确保社会保险基金的全额收缴。(2) 有步骤地变现部分国有资产，扩充社会保险基金。(3) 将利息税、遗产与赠与税等收入的一定份额，专项用于社会保险基金。(4) 在健全国债投资渠道的基础上，探索新的投资渠道，提高投资回报率，比如考虑发行社会保险基金专项债券和彩票，征收社会保障税等。总之，要积极开辟融资渠道，充实社会保险基金。

第三，健全完善社会保障资金的管理运作机制。(1) 成立社会保障资金管理机构，对社会保障资金实施统一的强制性管理。鉴于商业银行在进行账户管理、现金存取等方面具有特长和优势，相关的业务和具体管理工作可以委托商业银行办理，同时要保证机构将职责落到实处，促进基金运营的规范化管理。(2) 组建多家竞争性的基金管理公司，实现社会保障资金的保值增值。

第四、加强监督管理，规范管理行为，确保社会保障基金安全，防范风险，形成规范高效的监管体系。成立基金管理公司，负责社会保险基金的市场化运营，成立专门的社会保障基金会监管其运营工作。社会保险基金会定期向社会公布社会保险基金的投资机构和收益及其分配情况，接受社会公众监督。各级社会保险费征收机构、社会保险金发放机构、社会保障基金管理和运营机构，认真履行职责，严格执行有关法规政策，加强对社会保障基金管理和运营机构贯彻执行基金管理法规和政策情况的监督检查，保证基金收支及管理各个环节的正常规范运行。确保基金管理运作的顺利畅通。实施对社会保险费征缴、社会保险金发放、基金管理和运营各个环节的全过程监督。

通过上述手段,形成相互协调、相互制约、职责明确的社会保障基金管理体系,实现社会保障基金运行过程的有序化和规范化。

三、不断扩大保障覆盖范围

健全的社会保障制度应覆盖全体公民,使得全体公民现在或将来都处在国家提供的社会保障制度中。目前,私营企业、个体工商户以及国营集体企业内的临时工,农村劳动力转移形成的城镇外来民工和广大农村居民等都不在制度规定的社会保险的制度覆盖范围之内,这种状况亟待改变。要建立"公共劳动"形式的流动人口的"最低生存保障"体制,以使得外来民工能够通过"公共劳动"稳定生活,促进社会稳定。同时,此种体制,也可以将散乱的农民工纳入一定的管理体系,进行规范管理。由政府组织公共服务型的劳动,形式上是一种就业,实质上是一种社会"安全阀",是一种特殊的保障体制。目前的失业外来民工是社会强劳力群体,而且数量巨大。这样一种体制比单纯的救助体制更有效率,更节省成本,带来更为安全稳定的社会。农村人口应尽快加入社会保障体系,加快形成农村的社会保障体系;农村人口一贯采取子女保障和土地保障等形式,但现行计划生育政策以及新一代的思想观念的转变使得子女保障不能再支撑老龄化的农村养老任务,同时随着城镇化进程以及 WTO 对中国农业的影响,传统的保障形式不再适应农村保障的需要。基于这样的现实情况,对于农村社会保障问题应加强调查研究,探索性开展,以期逐步建立和完善农村社会保障体系。

四、社会保障服务脱离企事业单位,实现社会保障管理服务社会化

建立和完善社会保障体系,一个重要方面就是要实行社会化

的管理和服务，建立独立于企业、事业单位之外的社会保障体系，一方面使企业从繁杂的社会性事务中摆脱出来，投入到提高经营管理水平上，更好地适应市场竞争要求；另一方面切实提高社会保障管理的专业化水平，提高管理效率，促进社会保障制度与管理的规范化、科学化。建立健全社会保险基金社会化征管，发放一系列管理的体系，需要：（1）健全社会保险基金社会化，以及征管、发放一系列管理制度。（2）建立和完善社会化管理的基础数据体系。社会保障社会化管理所需要的基础数据和信息网络管理滞后，造成社会保险基金收缴和发放过程中的盲目性和基金流失。

五、充实完善社会保障各项规章，加快社会保障立法步伐

加快社会保障法制建设是完善社会保障制度的重要保证。随着改革不断深入，社会保障制度中的许多薄弱环节暴露出来，社会保障制度呼唤符合我国社会主义国情、符合国际社会保障立法惯例的社保法律体系。首先要尽快出台社会保障基本法。在基本法的指导下，制定出社会保障几个主要方面的单行法律，然后制定各项规章，以具体贯彻落实社会保障基本法和各单项法律。在切实遵循上述法律法规的前提下，江苏可以结合省情，制定地方性法规。第二，强化执法手段，完善举报和巡视监察制度，加强监察机构队伍建设，查处各种违反劳动保障法律法规的行为。第三，完善执法监督制度，提高行政复议和行政诉讼案件处理的效率和质量，提高劳动保障系统干部职工的法律素质和依法行政水平。同时要注意解决好社会保障立法与现有法律之间的衔接与配套问题，譬如《劳动法》等。只有解决好了衔接与配套问题，我国社会保障法才能在一个内容较为完备、运行机制较为完善的框架中运行。

第三节 把农村社会保障提上议事日程

在计划经济体制下，国家在对农村社会保障进行适当投入的同时，依靠集体经济和家庭保障功能的支持，并充分发挥土地这种保障效能低、但却最具稳定性的保障手段的作用，使传统的农村社会保障得以维持。但是，随着改革开放的不断深化和社会主义市场经济的建立和发展，农村集体、家庭和土地等传统的保障功能由于多种原因而受到了不同程度的削弱。概括地说，现阶段农村社会保障主要存在保障体系不健全、保障能力差、覆盖面窄三方面的问题。建立、完善农村社会保障制度，应从实际出发，以保障农民基本生活为目的，以制度建设为核心，从发达地区、最低生活保障和医疗、弱势群体入手，先试点、再推开，以缩小城乡差别，保持社会的稳定，刺激消费、扩大内需，促进经济健康发展。江苏区域经济发展水平较高，农村保障制度建设应走在全国前面。

（1）注重产业结构调整，拓展就业渠道，促进农村劳动力转移就业，同时加强就业培训力度，提高农村人口素质，增强自身就业能力，减轻农村社会保障压力。实行有利于劳动力开发就业、创业的发展政策，增加对农村的基础设施建设的投入，充分挖掘农业就业空间，为农民提供更多的就业机会。鼓励创业，鼓励发展中小企业、劳动密集型企业，促进就业。加大对农村劳动力的培训。增加对农村的教育投入，扩大技能培训的覆盖面，提高农民整体素质，提高他们在劳动力市场上的竞争力。以改善市场流通、发展第二、三产业为重点，加快中小城镇建设步伐。促进农村劳动力转移。继续支持劳动力市场发展，构造政府和社会多方为农村人口提供就业信息、技术培训、咨询、中介和合法权益保护的服务网，创造有利于农村劳动力就业和城乡就业协调的机制和环境。

(2）尝试推进农村的各项社会保障制度的建立，包括养老保险、医疗保险、最低生活保障等。第一、建立和完善农村医疗保障制度，积极发展与完善农村合作医疗。解决农村的保障问题应该注重农村的医疗保障体系建设，农民抵御重病大病的风险能力很弱，因病致贫、因病返贫的现象在农村常见。加快推进农村卫生体制改革，完善医疗管理体制、收费政策、药品监督检查等相关制度；农村合作医疗的统筹级次应适当提高，以县级统筹为宜，以便增加基金规模；调整医疗卫生的投入结构，重点转向扶持弱势群体和患者。第二、依据各地经济发展水平，有差别地推进农村养老保险制度建设。根据不同地区经济发展水平选择不同的社会保障模式，确立不同程度的社会保障标准。第三、强化农村最低生活保障的力度。科学确定最低生活保障线标准，合理界定低保对象，保障金发放采取和城镇同样的社会化形式。

农村社会保障也应高度重视农村社保基金的管理与保值增值，建立健全相应的财务核算、审计监督等项制度。在确保资金安全的前提下，通过各种方式实现资金的增值。

附录　主要参考文献

1.《邓小平文选》第 3 卷，人民出版社 1993 年 10 月第 1 版。

2.《江泽民论有中国特色社会主义（专题摘编）》，中央文献出版社 2002 年 8 月第 1 版。

3. 江泽民：《全面建设小康社会，开创有中国特色社会主义事业新局面》、《中国共产党第十六次全国代表大会文件汇编》，人民出版社 2002 年 11 月第 1 版。

4.《中共中央关于制定国民经济和社会发展第十个五年计划的建议》，《人民日报》2000 年 10 月 19 日。

5.《中华人民共和国国民经济和社会发展第十个五年计划纲要》，《经济日报》2001 年 3 月 18 日。

6. 国家统计局编：《新中国五十年》，中国统计出版社 1999 年 9 月第 1 版。

7. 国家统计局编：《中国统计年鉴》2000 年、2001 年、2002 年刊，中国统计出版社 2000～2002 年出版。

8. 西蒙·库茨涅兹（美）：《各国的经济增长》，商务印书馆 1985 年版。

9.H. 钱纳里等：《工业化和经济增长的比较研究》，上海三联书店 1989 年版。

10. 杨治：《产业经济学导论》，中国人民大学出版社 1985 年 4 月第 1 版。

11. 刘再兴：《区域经济理论与方法》，中国物价出版社 1996 年版。

12. 严英龙、吴先满、胡发贵：《第三步战略目标与中华民族的发展前景》，《现代经济探讨》2000 年第 12 期。

13. 回良玉：《坚定实践“三个代表”重要思想，为富民强省、率先基本实现现代化而奋斗——在中国共产党江苏省第十次代表大会上的报告》，《新华日报》2001 年 11 月 14 日。

14. 《中共江苏省委关于制定江苏省国民经济和社会发展第十个五年计划的建议》，《新华日报》2000 年 11 月 6 日。

15. 《江苏省国民经济和社会发展第十个五年计划纲要》，《新华日报》2001 年 2 月 24 日。

16. 吴先满等编：《江苏五十年》，中国统计出版社 1999 年 9 月第 1 版。

17. 江苏省统计局编：《江苏统计年鉴》2000 年、2001 年、2002 年刊，中国统计出版社 2000～2002 年出版。

18. 《江苏年鉴》杂志社编：《江苏年鉴》2000 年、2001 年、2002 年刊，该杂志社 2000－2002 年出版。

19. 李富阁、吴先满联合主持：《江苏经济 50 年》，江苏人民出版社 1999 年 9 月第 1 版。

20. 宋林飞、张步甲主编，吴先满、刘东和副主编：《江苏改革与发展 20 年》，南京大学出版社 1998 年 12 月第 1 版。

21. 钱志新主编：《江苏跨世纪的发展》，中国经济出版社 2001 年 8 月第 1 版。

22. 江苏省社会科学院编：《江苏研究报告（第一辑）》(2001 年)、《江苏研究报告（第二辑）》(2002 年)。

23. 宋林飞主编，吴先满参与副主编和编委之一：《江苏经济社会形势分析与预测蓝皮书》，江苏人民出版社 1998 年至

2002 年各年版。

24. 江苏省统计局编：《统计分析资料》2000 年、2001 年、2002 年各期。

25. 江苏省人民政府研究室：《WTO 与江苏经济》，2000 年 3 月。

26. 本课题组：《加入世界贸易组织与江苏经济基本现代化》，《中外企业》2002 年刊。

27. 本课题组：《加快江苏以信息化带动工业化的策略与路径研究》，《江苏经济学通讯》2002 年第 11 期。

28. 吴先满主编：《江苏富民战略研究》，中国财政经济出版社 2002 年 1 月第 1 版。

29. 近年广东、浙江、山东、上海等地统计年鉴。

30. 《江苏经济》杂志 2000～2002 年各期。

31. 中国人民银行南京分行：《金融纵横》2001～2002 年各期。

32. 刘溶沧：《实施积极财政政策的两个重点》，《经济日报》2001 年 1 月 28 日。

33. 赵人伟：《中国居民收入分配再研究》，中国财政经济出版社 1999 年版。

34. 江苏省劳动和社会保障学会 2002 年年会暨理论研讨会材料。

35. 本课题组调研收集的有关资料。